北门

城墙断面

祭政宫

祭祀殿

最古老的水田

最古老的祭坛

大型柱穴

东门

南门　　码头

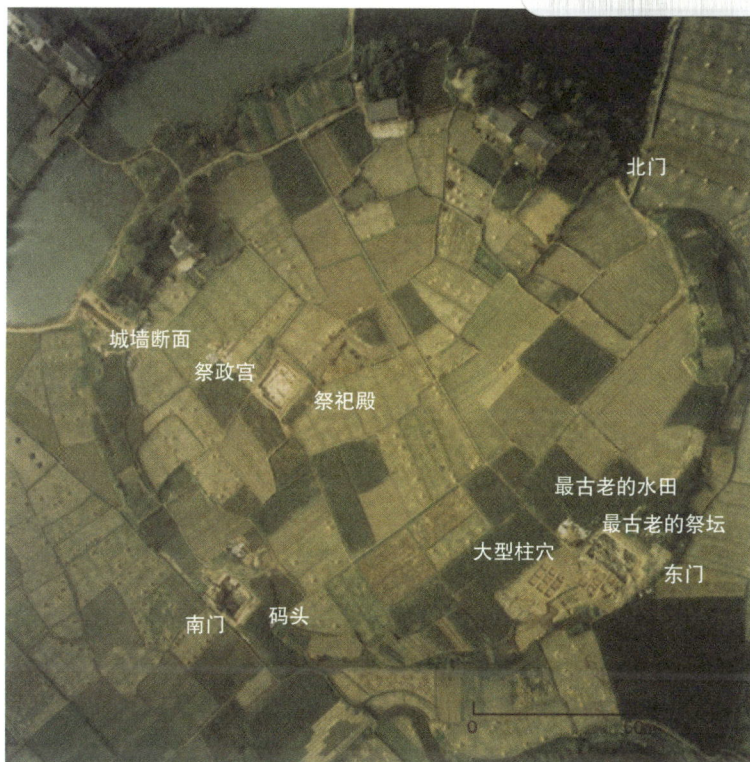

1998年时的城头山遗址（上）

彩版1　2000年时的湖南城头山遗址（下）

部分发掘地点为保存及展示而搭起了棚屋（宫塚义人、工藤忠摄）

彩版2 5300年前湖南城头山遗址用烧制砖铺成的道路，是世界上最古老的铺设烧制砖的道路（安田摄）

彩版3 柬埔寨普恩斯奈（Phum Snay）遗址出土的拔齿人头骨。拔齿是重视"言灵"的族群的风俗（竹田武史摄）

彩版4 柬埔寨普恩斯奈（Phum Snay）遗址出土的有太阳纹饰的陶壶（竹田武史摄）

彩版5 云南昆明羊浦头遗址出土的有太阳纹的陶豆（竹田武史摄）

二者所饰太阳纹极其相似，证明具有太阳信仰的长江文明的创建者沿湄公河而下，到达了柬埔寨。

人文东亚研究丛书

牛建科 主编

稻作渔猎文明

从长江文明到弥生文化

〔日〕安田喜宪 著

李国栋 杨敬娜 曹红宇 译

DAOZUO YULIE WENMING

中西书局

《人文东亚研究丛书》
编辑委员会

《人文东亚研究丛书》
总　序

本丛书既以"人文东亚研究"命名，就有必要首先阐明我们对"人文东亚"的理解和把握。

关于"人文"的理解，我们接受学术界对这一概念的界定，因此不展开讨论。以下稍微展开一下我们对"东亚"概念的把握。关于"东亚"概念，学术界有地理概念（广义和狭义）和文化概念之分，而无论是地理意义上的东亚，还是文化意义上的东亚，在近代以前，可以说基本上都是指以中国为中心的中华文明及其所辐射的周边区域。这种意义上的"东亚"，呈现出文化的同源性与一体性的特征。近代以来的东亚，由于西方文化的冲击以及战争等原因，则主要呈现出差异性和多元性的特征。并且由于种种原因，也曾有"隔阂的东亚"的说法。

其实，从语源学的角度来考察，"东亚"一词最早起源于日本近代学术界，它是从欧洲人文学科的视角出发而被发现的一个概念，"所谓'东亚'，指包括作为文明起源的中国，以及与中国构成同一个文明圈的朝鲜、日本等地域，可以称之为中华文明圈"。而作为文化上区域概念的"东亚"，"乃是一个在以中国为中心的文明圈里，通过从中国以外的国家、地区来观照此文明的新型学术视角而构筑的文明论或文化史概念。这里所谓'新型学术视角'，即成立于欧洲而日本最先接受过来的历史学和考古学，以及文献学、文化史学、宗教史学、艺术史学等。这样，在 20 世纪的早期已经获得这些学术视角的近代日本，率先建立了文明论或者文化史上的'东亚'概念"。[1] 不过，直到第二次世界大战结束，被近代日本学术界所建构的"东亚"概念，不仅仅是一个文化历史概念，它同时还是一个"历史的政治性概念，而绝非单纯的地理概念"[2]。也就是说，追根溯源的话，我们今天所使用的"东亚"概念，是一个被近代日本学术界所建构，并逐渐带有特殊时代背景及意识形态色彩的概念。

20世纪80年代末，随着"冷战"结束，在重建世界新秩序的过程中，围绕着自身的定位问题，日本学术界开始将"亚洲"或"东亚"作为重要问题加以重构；而在20世纪90年代的韩国学术界（知识界）也兴起了"东亚论"，试图超越国家层面来思考地域之间的实际情况，具有了"何为东亚"的问题意识。这些思潮中有关"东亚"的理解，越来越具有一种去意识形态化的趋势，并作为一个区域文化的概念被使用。因此，学术界也有"文化东亚"的说法，我们觉得"文化东亚"是一种对既有状态的描述，尚缺乏把"东亚"作为一种方法的视角。而"人文东亚"则是在承认"文化东亚"的基础上，运用人文的方法对"文化东亚"进行研究和探索，以期在对既有状态进行描述的前提下，对理想状态进行一种尝试性的建构。这是我们将本丛书命名为"人文东亚研究"的初衷。本丛书由"翻译"和"研究"两个系列组成。即将推出的是"翻译"部分，待时机成熟再推出"研究"系列。

诚如学术界的通常理解，"文化东亚"主要指中国、朝鲜、韩国、日本、越南，其中以中日韩为主体。作为文化上的"东亚"，在古代以儒释道及巫俗思想来认识和理解世界、社会与人的生活。而进入近代以来，面对西学的冲击，在如何实现传统向现代的转换过程中，东亚各国所选择的道路大相径庭。究其原因，当然有境遇的不同使然，但文化上或思维上的不同，应该是最为根本的。因此，为了真正把握东亚看似相

---

[1]　参阅［日］子安宣邦著，赵京华译《近代日本的亚洲观》，生活·读书·新知三联书店，2019年，第122页。
[2]　［日］子安宣邦著，赵京华《近代日本的亚洲观》，第56页。

同的文化背后更为本质的区别，我们试图打破文史哲的学科界限，在大人文的视野下来思考东亚世界。

"人文东亚研究"丛书，旨在从哲学、宗教、历史、文学、民俗等多个角度来认识东亚世界，推动对东亚的跨学科式研究，展现学界的最新研究成果或有特点的研究成果。这既是与早期日本学术界有关"东亚"研究在方法上保持了一定的连续性关系，更是在当代学术语境下对带有特殊历史性色彩的"东亚"研究的超越。更希望能够发挥人文东亚的精神，为实现东亚的共同理想做出我们的努力。

出于组织翻译本丛书的具体语境和目的，"人文东亚研究丛书·翻译系列"主要选译的是日本、韩国学界的名作或两国著名学者的代表作，还有欧美学者有关日韩研究的力作，目的在于加深对中国两个最重要邻居的进一步理解。这也与当前我国大力发展区域与国别研究的目的一脉相承。从选译范围来看，主要是对日韩两国及对东亚的整体性研究，其内容大体上涉及日韩两国的佛教研究、儒学研究，日本的神道研究、哲学研究等；还涉及日本与韩国的社会学、民俗学、考古学等相关研究。另外，以"他者"视角，关注欧美学者眼中的"日本学"等研究成果也是本丛书的一大特色。"人文东亚研究"丛书，既传承经典，又激励创新，更希望推出多学科相互交叉的综合性研究成果。希望本丛书能为学界带来一抹新绿，也能为大家的学术研究提供一定的支持和帮助，更希望得到学界同仁的支持与厚爱。

组织出版本丛书的另一个缘由是，山东大学的东方哲学研究（尤其是日本哲学研究）素有传统。20世纪80年代，山东大学哲学系就成立了东方哲学教研室，是国内为数不多的东方哲学教研室之一。同时，山东大学还成立了国内较早的日本研究中心，其后，又成立了韩国研究中心。改革开放四十年来我国所取得的经济社会发展成就，以及随着全球化时代到来而产生的各种挑战，使以中国、日本、韩国等国家为核心的东亚地区的重要性日益提升。另一方面，改革开放以来，国内哲学、宗教、社会文化方面的研究越来越重视欧美地区、重视"西方"的研究成果,而在国际上具有重要影响力的东亚区域的研究还未得到应有的重视,相关研究成果的译介也需要进一步加强。

有鉴于此,山东大学哲学与社会发展学院刘森林院长,着力倡导在发挥山东大学传统优势学科引领作用的前提下,致力于发展以哲学与宗教文化为中心、跨学科、以东亚整体为对象的东亚研究,力争通过五到十年的努力,恢复山东大学在日本、韩国的哲学、宗教文化研究方面的传统优势地位,并希望通过对以中国、日本、韩国为主的东亚作跨学科的整体性研究,提升山东大学哲学与宗教等相关学科的国际国内知名度,为学科建设和人才培养作出重要贡献,取得更大成就。因此,"人文东亚研究"丛书,既是对山东大学学术传统的继承,也是在新形势下对这种学术传统的进一步发扬,是历史与现实的一种有机结合。

之所以出版本丛书,除了时代的需求和学术传统的机缘外,还要特别感谢我校哲学系 80 级校友、湖北贤良汽车投资有限公司董事长胡为胜先生的慷慨捐助,是胡为胜校友的善举,才使这一研究计划得以最终实现。

"人文东亚研究"编委会

牛建科代笔

2020 年 10 月

目　录

第一部　稻作渔猎文明的起源与发展

第一章　寻找森林与稻米的文明 …………………………………… 3

　一、东方与西方的自然观 …………………………………… 3

　二、森林文化的循环性与永续性 …………………………… 9

　三、从吉尔伽美什出发 ……………………………………… 12

　四、科学的关系性与故事性 ………………………………… 14

　五、长江文明之旅 …………………………………………… 18

第二章　稻作农耕的起源 ………………………………………… 26

　一、陶器与稻作、食鱼的深层关系 ………………………… 26

　二、基于年缟的高精度环境史复原 ………………………… 35

　三、晚冰期的气候变化与稻作农耕的起源 ………………… 40

第三章　发现长江文明 …………………………………………… 71

　一、湿润与干燥之间 ………………………………………… 71

　二、发掘城头山遗址 ………………………………………… 77

第四章　4 200 年前的气候变化与东亚民族迁徙 ……………… 113

　一、4 200 年前的气候变化与长江文明的衰亡 …………… 113

　二、绳文文化曾与长江文明互动 …………………………… 126

　三、3 200 年前的气候变化与稻作传播 …………………… 129

四、拔齿象征"言灵文明" ················· 132

第二部　旱作畜牧文明的起源与发展

第五章　黄河文明是旱作畜牧文明 ················· 145

第六章　麦作农耕的起源 ················· 156
　　一、白令温暖期与定居革命 ················· 156
　　二、新仙女木回寒期与农耕的起源 ················· 167

第七章　家畜之民的扩散与世界之统治 ················· 177

第八章　大河之滨的干燥化与旱作畜牧文明的诞生 ················· 197
　　一、5 700 年前的气候变化与都市文明的诞生 ·········· 197
　　二、季风变化与都市文明的诞生 ················· 211

第九章　橄榄栽培的起源与发展 ················· 222
　　一、橄榄栽培的起源 ················· 222
　　二、都市文明的发展与橄榄栽培 ················· 230
　　三、3 500 年前的气候剧变与橄榄栽培 ················· 234
　　四、罗马将橄榄栽培推广到地中海世界 ················· 245
　　五、果树文化的不同走向 ················· 255

第三部　日本为什么缺少农耕革命？

第十章　没有农耕畜牧，日本也曾先进 ……………… 267

第十一章　稻作为什么没有推广开来？ ……………… 281

第十二章　日本文明史中的弥生时代 ……………… 290

第四部　稻作渔猎文明的人类史意义

第十三章　稻作渔猎文明拯救地球与人类 ……………… 303

后记 ……………………………………………………… 326

译者后记 ………………………………………………… 331

作者及译者简历 ………………………………………… 332

第一部
稻作渔猎文明的起源与发展

野生稻（*Oryza rufipogon*）（竹田武史摄）
几乎不结籽实的多年生草本植物

第一章
寻找森林与稻米的文明

一、东方与西方的自然观

愤怒的文明与慈悲的文明　1968 年，梅原猛先生在日本富山县做了一次演讲。1976 年，他将这次演讲结集出版，题为《日本文化论》[1]。在这次演讲中，梅原先生把西方文明界定为"愤怒的文明·力量的文明"，把东方文明界定为"安静的文明·慈悲的文明"。的确，西方文明具有战斗性，君临于其精神世界的基督教甚至认同战争。但与此相反，东方的佛教则立足于慈悲原理。佛教的慈悲不同于基督教的爱，它平等地给予世间所有生命，而基督教的爱则是为了普及自认为正确的理念。在基督教格言"爱你的敌人"中，梅原先生透见到其背后所隐藏的利己本质。梅原先生当时 43 岁，我还是大学三年级的学生。

破坏森林的文明与森林文明　1974 年，我写了一篇论文，题为《农耕传播导致的人类破坏森林比较历史地理学研究——英国与日本》[2]。这是我以森林为中心，比较东西方文明的第一篇论文。通过花粉分析，对西方岛国之代表英国和东方岛国之代表日本的森林变迁史进行了比较研究。

其结果显示，随着农耕的传播，英国的桦树林和枹栎树林遭到破坏，17 至 18 世纪之间有 90% 以上的森林消失了，其间甚至出现了毁灭性的森林破坏时段。在日本，楮树、米槠树等原始森林虽然也由于农耕的传播而遭到破坏，但此后赤松和小枹栎等二次林扩展开来，所以并没有出现英国那样毁灭性的森林破坏。森林的树种变了，但森林景观依然存在，并延续至今。

由此可见，在英国和日本，森林与人类的关系是有根本性区别的。作为背景，除了降水量和气温以外，农耕方式亦与之密切相关。英国的农业是依存于天水的麦作与家畜饲养相结合的混合农业。气候冷凉使得经营规模扩大，劳作方式粗放，有效地利用了土地的生产力。冰河时期由于周冰河作用而形成的平坦地形也易于开垦，这使得农耕地和牧草场在欧洲无休止地扩大（图1-1），森林则不断地减少。

与此相反，日本以水田稻作农业为基础，而且不饲养肉食家畜。在这样的社会里，与其任意扩大经营规模，进行粗放式经营，还不如进行集约型劳动有成效。地形陡峭，水田扩大受到限制。在陡峭的山地放养家畜，还不如保护森林，把森林资源作为水田的肥料加以利用，这样更有利于发挥土地的生产性。要想确保稳定的灌溉用水，就需要水源涵养林；为防止暴雨灾害，也需要有大片森林存在。再加上日本温暖湿润的气候非常适合森林的再生，所以日本出现了强烈依存于森林资源的农耕社会，

图1-1 英国西北部牧草场连绵不绝的风景（安田摄）

人们将村落附近生长着二次林的山称作"里山"，日本人在构建以"里山"森林资源为核心的"自然·人类循环型社会"方面取得了成功。

森林的不同与自然观的不同　麦作和畜牧相组合的西方农业与水田稻作为主的东方农业，这种生计方式上的差异给森林和人类的关系带来根本性差异，而这一根本性差异又与决定东西方文明本质的自然观和世界观密切相关。直到我读到梅原先生的《日本文化论》，才明白了这一点。

欧洲在 12 世纪将麦作和畜牧组合起来，从而进入了大开垦时代。大片的山毛榉和枹栎树森林遭到破坏，站在开垦最前列的便是基督教传教士。他们高喊："森林中没有神。森林是为人类幸福而存在的！"就这样，黑暗的森林被开垦，开垦后的文明之光照遍了整个欧洲大陆；神圣的枹栎大树被砍倒，上面建起了教堂，但誓死保护它的祭司德鲁伊的洁白衣衫却被鲜血染红了。

12 世纪以后，欧洲之所以能够大面积开垦森林，其背后确实有伊东俊太郎在《十二世纪文艺复兴》[3]中所指出的诸如风车、水车或重轮犁等技术革新，但原因绝不仅限于此。直到出现了想要统治自然，即敢于挑战黑暗的森林，并与森林中的魔女进行斗争的基督教传教士，黑暗的森林才被开垦出来。

与此相反，日本传统的自然观是"自然生命存在论"，这是梅原先生在 1967 年的处女作《美与宗教的发现——创造性的日本文化论》[4]中提出的。这本书是他 42 岁时写的处女作，现在看来，梅原先生出版处女作确实是够晚的。但是，这位晚熟的哲学家在之后的 40 年间犹如疾风袭来，连续出版了 300 多部著作，这在当时恐怕谁都没有预料到。

世间万物皆有生命，将所有生命视为生灵，并以此为准则来看待山川草木、人类动物等一切存在，这与在人类和动物之间划出界线，然后只重视人类的西方人道主义之间存在着本质性区别。日本神道中完好地保存着"自然生命存在论"，所以梅原先生在 40 多年前就明确指出："当今日本思想界的最大课题，就是重新评价神道。"

工业革命与勤勉革命　当然，由于水田稻作农业的扩大，日本冲积平原上的原生米槠林和赤杨林也遭到了彻底破坏。但是，日本神道以种植镇守林的方式将曾经存在的大片森林的一小部分保留在水田之中，以此为其镇魂，来表达对于已经遭到破坏的森林的敬畏，来强调与森林共生的重要性。人们为防止过度消耗村落附近的山林资源而制定严格的村规民约，选择与森林共生的道路。

破坏森林的元凶是山羊、绵羊等给人类提供肉食的家畜。朝鲜半岛接受了饲养家畜的习俗，但日本人拒绝了。从鱼贝类中获取蛋白质并利用森林资源，但不饲养家畜。后来佛教传入，杀生之禁进一步增强了日本人的这一倾向。

日本人不饲养家畜而选择了森林。作为其例证，我们可以看一下近世冈山县儿岛郡味野村[5]和浓尾地区[6]的牛马饲养头数与户数的变迁。近世中期以后，这两个地区的人口增加，但牛的头数却反而减少了（图1-2）。倘若在欧洲，人口的增加应该与家畜饲养头数呈正比增加。

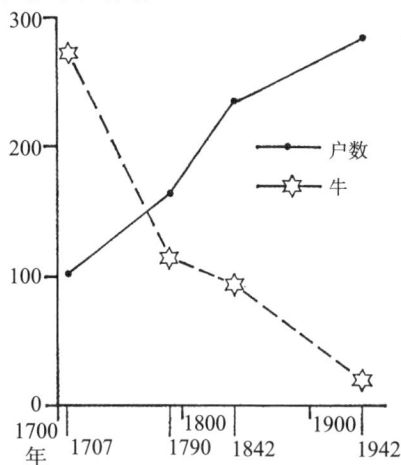

冈山县儿岛郡味野村的家畜头数与户数的变迁（安田，1985）[5]

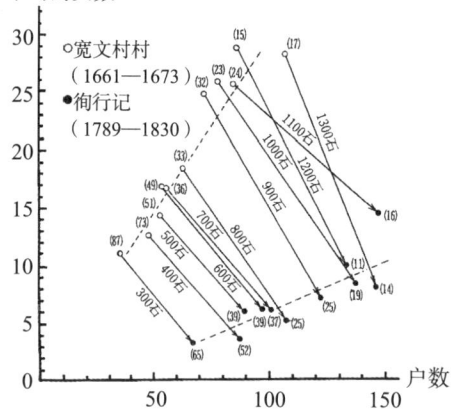

村落规模户数与牛马数的变化（尾张国）
＊村落规模以100石为基数，舍去小数点，所以显示石数皆为概数。括号内数值为村落数（速水，1992）[6]

图1-2 近世冈山县味野村和浓尾平原的人口与家畜头数的变化

但是，在近世中期以后的日本却呈现出负的关联性。究其原因，应该是由于近世中期以后人口增加，森林资源枯竭，所以不允许在山野放养牛的缘故。也就是说，日本人没有选择家畜，而选择了森林。耕地不用牛，而是将自己的心血倾注于大地，最终将不毛之地改变成丰饶沃土。当然，这一选择伴随着重体力劳作。

然而，欧洲不仅饲养家畜，而且作为家畜的替代又选择使用化石燃料，并推行机械化，从而走上了尽可能舒适地掠夺自然的道路，这就是"工业革命"。相反，日本人为替代家畜而投入自身劳力，速水融氏[6]将日本人的这一选择命名为"勤勉革命"。

与"工业革命"相比，"勤勉革命"难道是愚蠢的选择吗？诚然，实现机械化，从而得以大规模掠夺自然的欧洲，在物质文明层面确实获得了令人惊叹的发展，而锁国并推行"勤勉革命"的日本，在明治开国之时也确实目睹了物质层面的落后。所以从那时起，日本以欧美为榜样拼命赶超。但是，同时我们也必须看到，这场"工业革命"以及在其延长线上发展起来的近现代工业技术文明，确实是在榨取自然，破坏生物的多样性。其后果就是 21 世纪的人类必须面对的地球环境问题。人类破坏地球环境，使用化石燃料，从而导致地球温暖化，以至于今天已经有人开始谈论人类自身的生存危机了。现在，人们终于认识到江户时代日本人选择"勤勉革命"的价值。

不使用家畜和机械，把自己的心血倾注于大地，将不毛之地改变为丰饶的沃土。专注于此，并在其中感受喜悦，这样的"勤勉革命"开垦出梯田，维系着森林与水的循环系统，保护了生物的多样性。"工业革命"用机械砍伐森林，制造耕地，创造出只适合家畜、农作物与人生存的世界，但是，"勤勉革命"关注包括人以外的所有生灵。为了使人与所有生灵共存，同时也为了满足人类富足的生活，日本人迫使自己选择了重体力劳作。即使在 21 世纪，日本列岛 70% 的国土仍被森林覆盖，仍然能够维系丰富的水源与生物的多样性，这正是"勤勉革命"的成果。

现代化·工业化与自然观 生计决定自然与人类的关系，但选择怎样的生计，则与每个民族根据当地风土条件而建构起来的自然观和世界观密切相关。欧洲的森林大开垦，是因为有了传教士诸如"森林中没有神"的呐喊。弥生时代的日本人拒绝肉食家畜，江户时代的日本人选择"勤勉革命"，则是由于绳文时代以来森林之民的"自然生命存在论"。马克思把生计界定为自然与人类的媒介，认为只要选择的生计正确，全人类就能够得到幸福。但是，这里有一个很大的疏漏，即分析选择生计的背景时，他忽视了每个民族以当地风土条件为前提而建构起来的自然观和世界观对其选择何种生计的影响。无视长年在某种风土条件下逐渐建构起来的自然观和世界观的差异，这或许就是马克思主义的局限。

面对物质层面的生计与精神层面的自然观和世界观，我们很难决定哪个是"蛋"，哪个是"鸡"。但是，过往的历史观，特别是马克思主义历史观似乎有些过于强调物质层面了。

在资本主义社会貌似取得胜利的今天，经济决定一切的历史观变得越来越强大。21 世纪，物质层面的现代工业技术文明迅速覆盖全球，很多人认为通过现代化和工业化，60 亿人就可以得到富裕与幸福，于是便开始蛮干。人类依靠某种生计方式而开始蛮干，始于农耕革命。12 000 年前出现在西亚的麦作农耕扩展到埃及的尼罗河流域，花费了3 000 年以上的时间，但现代的工业化进程非常迅猛，正在以农业化 10 倍以上的速度席卷全球。

有些国家具备适应现代化和工业化的自然观和世界观（或者说风土），但有些国家则不具备。无视风土和自然观差异的工业化，正在把地球带入无法挽救的地步。其实，现在不好的征兆已经出现，即地球环境问题。

拯救地球的东方自然观　21 世纪的今天，我们最需要的是重新审视和评价支撑人类精神层面的自然观和世界观。梅原先生指出 [7]，作为拯救地球和人类的自然观和世界观，我们应首推日本绳文时代以来，在长达 10 000 年之久的时间中建构起来的"森林思想"。只有"森林思想"才能拯救人类。

1967 年，梅原先生出版了处女作《美与宗教的发现》，当时日本正处于经济高速增长期，公害遍及列岛，自然遭到严重破坏。现在又过去了40多年，公害不仅存在于日本列岛，而且扩大到整个地球，已经成为全球性的环境问题。梅原先生1991年出版的《"森林思想"拯救人类》，正是基于对地球环境危机的思考。从《美与宗教的发现》到《"森林思想"拯救人类》，梅原先生一直在哲学层面关注着地球环境问题。

地球环境问题是20世纪人类制造出来的最大难题，而对于21世纪的人类来说，这一难题已经变成即使赌上生命也要解决的最重要之课题。梅原先生20多年来始终没有忘记环境问题，我甚至认为，构成梅原哲学框架的正是关乎人类存亡的环境问题。这是苏格拉底、柏拉图、海德格尔和尼采都没有提出过的哲学课题。梅原哲学的根基是东方自然观，尤其是"森林思想"。作为世界顶级哲学家，梅原先生的名字必将以拯救人类与地球的环境哲学的体系化而被深深地印刻在人类史上。

二、森林文化的循环性与永续性

具有永续性的森林文化　1975年以来，我一直从事福井县若狭町鸟滨贝塚的环境考古学调查，并根据该调查的结果撰写了《环境考古学入门》[8]，当时我只有33岁。1981年，我在鸟滨贝塚的若狭町作学术演讲，介绍自己的研究成果：现在已经查明，6 000年前的绳文人春季吃野菜、根块类和贝类，夏季以鱼虾为主，秋季采集树木果实，冬季狩猎野猪和麋鹿，他们已经确立起以季节变化为核心的循环型生活方式。

听众中有一位50岁左右的男人对我说："我们从小就是这么过来的，难道这还有什么稀奇的吗？"他的话引起全场大笑。

于是，我回答道："6 000年前鸟滨贝塚绳文人的生活节奏被今天若狭町的你们继承下来，40岁以上的人都有这样的生活体验，这一点难道不是很重要吗?"

不过说实话,现代若狭町的人们能够把 6 000 年前鸟滨贝塚绳文人的生活节奏继承下来,是很不容易的。我真切地感受到这一点,是在我演讲完过了很长一段时间以后。

以 6 000 年前绳文人的季节感为核心而建构起来的循环型生活节奏,不仅仅在若狭町被继承下来。在日本进入经济高速增长期以前,这种生活节奏是普遍存在的。从温带落叶阔叶林的森林文化出发,在不断适应森林生态体系的过程中发展起来的绳文文化,即使在弥生时代的稻作传播过程中也没有出现明显的中断,甚至在近年来的日本山村生活中,依然可以看到它的传承。在此,我们可以看到日本文明的永续性。

如图 1-3 所示,稻作仅仅是叠加在绳文时代以来季节循环型生计系统之上,并没有对以前的循环系统造成破坏。这是由于日本的风土自绳文时代以来没有发生巨大改变,森林环境一直连绵至今的缘故。以季节为核心的循环型生计系统遭受严重破坏,是日本推行现代化和工业化以后,即 20 世纪 60 年代以后。

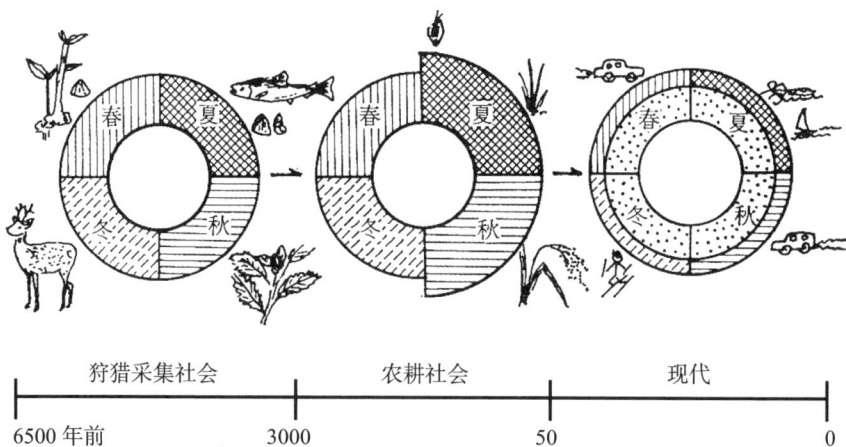

从绳文时代起,通过弥生时代而建立起来的自然与人之间永续存在的循环系统,以经济高速增长期为界线而崩溃。

图 1-3　绳文时代以后以季节为核心的循环系统的变迁(安田,1985)[5]

由此可见，以森林文化为基础，具有季节循环型生计系统的日本文明，比世界上任何一种文明都具有永续性，而支撑这种永续性的正是森林。

日本思想的永续性　终于有了和梅原先生一起研究探讨的机会。那是在探讨如何保护横跨秋田县和青森县的白神山地山毛榉森林的研讨会上。1981年，该研讨会在秋田举行，我获得了大会发言的机会。此次学会的召开，与自然保护协会工藤父母道氏的努力和当地民众保护山毛榉森林的热情是分不开的[9]。

当时，我第一次听到梅原先生的演讲。梅原先生开场便说："我住院做了直肠息肉切除手术，感谢上天再次赐予我生命。保护白神山山毛榉森林是上天再次赐予我生命之后，我从事的第一项工作。"然后，他便热情洋溢地讲述了作为日本基础文化的绳文文化与阿伊努和山毛榉森林的关系。在那次演讲中，我印象最深的是阿伊努"送熊"仪式中的"mi an ge"。梅原先生指出："阿伊努的送熊仪式是将从来世带着'mi an ge'来到现世的熊的灵魂再次平安地送回来世。平安地送回来世是为了那些灵魂能够再次带着'mi an ge'（"mi ya ge"即"土特产"之意，梅原先生当时的发音是mi yan ge，后变更为mi an ge）来到现世。对于阿伊努人来说，人的灵魂和动物的灵魂最终都将被送到来世，做短暂的停留后再回到现世。灵魂永远重复着生与死，现世是暂时的居所，来世也是暂时的居所。万物的灵魂总是在现世与来世永恒的循环中重复着生死。"

梅原先生在1989年出版的《日本人的"来世"观》[10]中指出，万物的生命永远在现世与来世间循环的思想可以追溯到绳文时代，并被弥生时代继承下来，佛教传入以后仍然在日本人的思想深处连绵不绝。"亲鸾的还相回向思想，明白无误地道出了灵魂的永恒循环。与法然的往相回向不同，亲鸾更强调往生后还能回到现世的还相回向。这其实就是绳文时代以来一直传承于日本人思想深层的来世观。"梅原先生说："圣德太子的灵魂生死转世，最后转世成了现世的亲鸾。"（《被误解的叹异抄》）[11]这一令人惊叹的论断，极其清晰地表达出灵魂永远重复生死的循环思想。

1981 年秋田学术演讲会的论文后经整理，终于在 1985 年正式结集出版，题为《山毛榉林带文化》[12]。梅原先生的演讲《日本的深层文化》被列为第一章[13]，第二章便是我的《东西两片山毛榉林的自然史与文明》[14]。在这里，我将日本绳文文化定义为与山毛榉森林保持着紧密共生关系的自然·人类循环型文明的原点，并指出基于自然·人类循环的文明具有永续性。虽说完全是一种偶然，但梅原先生也指出了日本思想的循环性和永续性。我从生计层面探讨森林与人类的关系，指出了日本文明的循环性与永续性，而梅原先生则从思想层面指出了日本文明的循环性与永续性。正如日本人在森林之中维系着永久循环的生计系统一样，日本人的灵魂也在重复着永恒的循环。

在《山毛榉林带文化》一书问世的时候，我已经在广岛大学综合科学部担任了 10 年以上的助手，正处于看不见未来的黑暗之中。虽然看不到希望，却意外地得到了参与《山毛榉林带文化》写作的机会，于是就一鼓作气写出了 200 多页（400 字稿纸）的长篇论文，然后寄给了出版社。担任编辑的池田和彰氏后来联系我，说稿子太长，需要省略一多半，当时我正在土耳其的伊兹密尔市作调研。书出来以后，我看到自己的名字与梅原先生、四手井纲英氏、市川健夫氏等大家的名字排列在一起，真的是非常高兴！

总而言之，正是这部《山毛榉林带文化》在我漫长而昏暗的人生隧道的尽头点亮了一盏希望的灯火。我和梅原先生的共同研讨，就这样以山毛榉森林文化研究的形式开始了。

三、从吉尔伽美什出发

地狱听佛音　在我过往的人生中，在广岛大学担任助手的 15 年可谓苦难深重，我甚至曾扪心自问：自己为什么会如此一事无成？就在第 15 个年头，我所在的学部甚至发生了助手杀死学部长的事件。当时，我正在写《世界史中的绳文文化》[15]。后来我接受出版社提出的用版税买下所有书籍的条件，在 1987 年 10 月出版了这本书。当时，出版社给我寄来很多书，我把其中的一本寄给了梅原先生。

我在《世界史中的绳文文化》中首次谈及梅原先生的日本文化论[16]。梅原先生认为，阿伊努文化受绳文文化的影响最强烈，且将其保留得最纯粹。他甚至说，这些"虾夷"的子孙——阿伊努人才是日本的土著，即继承了旧石器时代人类血脉的绳文人的子孙。梅原先生将绳文文化置于日本文化的根本，并认为绳文文化和阿伊努文化之间存在着紧密联系。我高度评价了梅原先生的这一学说。无论从埴原和郎氏[17]的自然人类学研究成果来看，还是从人类登上日本列岛之初的古环境复原结果来看，梅原先生的这一学说都具有充分的说服力。

1987 年 12 月的一天，我去地学实验室借用扫描电子显微镜，秘书跑过来说："梅原先生来电话了！"我想："梅原先生怎么会找我呢？"等我接过话筒，对面传来略带嘶哑的独特的声音："我想录用你为国际日本文化研究中心（日文研）副教授，你觉得怎么样？"我立刻回答："太感谢您了，非常愿意去！"当时，梅原先生的声音就像在地狱里听到的佛音。

日后听说，梅原先生读过我寄去的《世界史中的绳文文化》后对别人说："我发现了一个和我一样以宏大的框架思考问题的人"，于是就决定把我录用到日文研了。

就这样，我终于逃离了漫长而痛苦的广岛。长时间没有孝敬母亲，现在终于可以孝敬她老人家了。我回到老家，兴奋地告诉母亲从 4 月起自己就能成为日文研的副教授了。但是，也许是我罪孽深重，以此还不足以被原谅吧，就在那以后，母亲却住院了。以前一直没生过大病，父亲早逝后，靠女人一人之力养育了我们兄弟四人的母亲，突然住院了，而且住院后不到 40 天就去世了。我想，母亲是背负着我的深重罪孽去世的；我甚至认为，我到日文研就职是用母亲的生命换来的。1988年5月15日，母亲永远地离开了我们。

母亲去世后，我什么事都不想做。就在这个时候，梅原先生亲手交给我一份用打字机打出来的稿件，说："安田君，我写了个舞台剧剧本《吉尔伽美什》。你长期调查西亚和地中海，帮我看一下《吉尔伽美什》[18]古环境的描述是否贴切。"说实话，拿到剧本时，我无法理解仅对日本古代感兴趣的梅原先生为什么要写《吉尔伽美什》这样的剧本。但是，在阅读的过程中我发现，该剧本敏锐地指出了森林与人类共生的重要性，并对生与死给予了深刻的洞察。对于人类而言，森林到底意味着什么？如果破坏了森林，人类又会怎样？所谓文明和生存，到底为何物？我专心阅读着剧本，并在这一过程中，终于从母亲死后的茫然中解脱出来。由于《吉尔伽美什》，以前只从物质层面观察森林的我开始对森林具有的精神性，即"森林之心"产生了兴趣。这就是我和梅原先生一起迈向森林与文明之旅的第一步。

四、科学的关系性与故事性

森林的故事 "你写的是什么呀？这简直就是故事！"严厉的教授这样批评我。他的意思是说，我的论文根本不叫论文，烂到了不可救药的地步。迄今为止，我多次受到著名花粉研究家的批评，他们说："安田的研究都是故事。"在迄今为止的自然科学界，最大限度地排斥故事性才是正道，从头到尾只记述客观事实才是正确的做法。

但是，以过去发生的现象为研究对象的地球科学和环境考古学，作为历史科学情况多少有些不同。

如果只是从头到尾地记述客观事实，那既不能写出地球史，也不能写出人类史。如同年表不是历史一样，仅仅记述过去的事实，历史是写不出来的。只有讨论过去发生的事实与事实之间的关系性，才有可能写出历史。

但是，要想讨论事实与事实之间的关系性，无论怎样都需要情节，即故事。

我作为一名花粉研究者是合格的。迄今为止，我从世界各地的湿地和湖底的堆积物中提取花粉化石，积累了许多研究成果。而且分析花粉的精度也在逐年提高，数据总量也在逐年增多。但也仅此而已，森林与人类的故事毕竟没有从那里产生出来。

对于已经发生的事实的客观记述是年表，而不是历史。同样，仅仅记录花粉分析的结果，也不可能阐明森林与文明的历史。

如果要讨论森林与文明的历史，就必须谈及自然与人类的关联性。但是，这样做就必须在某种程度上脱离以往立足于客观主义的自然科学，这需要很大的勇气。

迄今为止的自然科学把最大价值置于绝对客观的真理探究之上，推行客观主义和科学至上主义。正因为如此，科学技术飞速发展，给人类带来了幸福与繁荣。

但是，也正是由于绝对的客观主义和科学至上主义，科学家们以科学之名毫无顾忌地制造出给人类带来不幸的器物。我们迄今为止深信不疑的科学，也许只是近现代欧洲文明创造出来的神话而已，科学或许就带有这种性质。

分析出花粉结果，并把它记录下来，这种事只要稍加训练，任何人都可以做。但是，从分析结果中如何解读森林与人类的故事，或者说是否能够建构出森林与人类的故事，这才是一流研究者与非一流研究者的分水岭。

排斥故事性，仅仅从头到尾地记述分析结果的花粉研究者是写不出故事的。现在的生物学，分子生物学、遗传学以及与遗传工程学相关联的学科已经成为主流，花粉学这种分支学科在生物学领域已经被边缘化。这就是说"安田的研究是故事"的那些只是从头到尾地记述花粉形态和分析结果的人造成的后果，而且现在这一后果终于显现出来。在我看来，这种排斥故事性，仅仅从头到尾地记述花粉形态和分析结果的研究者都是"闭门造车之人"。由这些"闭门造车之人"组成的团体，必然会败给分子生物学、遗传学以及当今流行的遗传工程学。

花粉分析文理兼容。花粉研究的方法本身是以生物学为基础的，但对其结果的考察则需要历史学和考古学的知识。要想促进这门文理兼容之学的发展，故事性是必不可少的。花粉分析作为环境考古学和环境史学的重要研究方法，今后也会继续存在下去，但花粉研究者必须学会写故事。

重视关系性　如果认为谁都可以写故事，那就大错特错了。从某种意义上讲，我觉得迄今为止的花粉研究者是因为写不出故事才极力排斥故事性的。有趣的是，上了一定年纪，迄今为止一直从头到尾地记述分析结果的所谓大学者，也写过一些带有故事性的非专业书籍。不过，我看后就笑了，这简直就像外行的脱衣舞表演。要想写故事，就必须注重故事性。没经过训练，是写不出令人感动和兴奋的故事的。

继梅原先生之后而成为日文研领导者的河合隼雄氏[19]也非常重视科学的故事性，他指出："要想重新审视现代科学，故事则具有意义。"

毋庸置疑，要想写故事，就必须注重关系性。重视故事性，也就是重视科学的关系性。

迄今为止，欧洲近现代科学是以个体存在为前提的。笛卡尔所说的"我思故我在"就是其象征。因此，在欧洲近现代科学中阐明个体实态最为重要。其关系性也是以个体存在为前提才能成立的。

但是，我们有必要主客颠倒一下：因为存在关系性，所以个体才能存在。

地球的生态系统健全，所以作为个体的人才能够存在。我在研究使个体得以存在的关系性的过程中预感到，与欧洲近现代科学不同的、崭新的科学即将展现在我们面前。

讨论关系性就是讲故事。但依靠排斥故事性的科学，就无法讨论关系性。

新的科学将从关系性与故事性中产生。对于今后文理兼容的科学来说，关系性和故事性必将成为关键词。

历史观的转变　梅原先生的古代研究创造了一个契机，彻底改变了二战以后一直统治日本的历史观。当权者为使自己的统治正当化而编写历史，《古事记》和《日本书纪》确实有这种倾向。因此，二战以后的日本历史学认为《古事记》和《日本书纪》都是统治者捏造的，从而将其从科学的历史学中排斥出去了。

但是，在这种背景下，梅原先生却尝试重新解释"记纪神话"，向给予《古事记》和《日本书纪》不公正评价的日本历史学会提出了挑战。忠实地解读古典的一字一句，努力领会其背后所隐含的史实，他甚至亲自将《古事记》翻译成现代口语[20]。把《古事记》和《日本书纪》的作者想传达的东西，忠实地、尽可能正确地解读出来——梅原先生的这种态度，与尽可能精确地分析结果，尽可能准确地解读数据意义的自然科学家有相通之处。

从弱者看历史　现在，我们必须质疑世界史。二战以后我们所学的世界史，其实都是为近现代欧洲文明统治全球而编写的，这种倾向现在已经看得很清楚了。近现代欧洲文明把南美的印加文明和中美的玛雅文明，以及非洲和亚洲原住民的文明定义为野蛮未开化的文明，并将其葬送到历史的深渊之中。

拥护近现代欧洲文明统治全球，将白人的神话作为历史事实，甚至作为具有科学意义的历史学研究成果教授给人们。对于这样的世界史，我们必须重新审视。

梅原先生一直关注这个历史深渊，并不断将目光投向被统治者埋葬到历史深渊之中的弱者。梅原先生不是以胜利者的名义书写历史，而是从失败者的视角续写历史。

梅原先生关注日本绳文文化[21]，是由于稻作传入日本列岛以后，日本绳文文化处于失败者的地位。在剧本《日本武尊》[22]中，我们可以真切地听到失败者的呼喊。梅原先生在失败者身上重新发现了能够承担起新时代的价值，并祈祷失败者的复活。这是梅原先生和善的灵魂使然。梅原先生的《为将之由》[23]中完美地描写出这一点，塑造了"和善之将"的形象。

我受梅原先生教诲20年，其间被梅原先生当面斥责只有一次，即考察长江文明时我没能理解玉所蕴含的价值的时候。除此以外，虽然也听别人说过因为日文研的人事和运营等事梅原先生生过我的气，但当面被训斥只有那一次。对我来说，梅原先生确实是一位"和善之将"。

在近现代欧洲文明统治地球的当代，最弱的弱者就是不会说话的自然，和与这样的自然一起生活的原住民。可以说没有比直面地球环境危机的现代更需要以失败者的名义书写失败者的历史[24]了。

我们必须从被统治的弱者和被持续榨取的自然的角度来看待并书写历史，必须从被埋葬到历史深渊之中的原住民的文明的角度来看待并书写世界史。

近现代欧洲文明应该向自然和人类的牺牲者请求原谅，深刻反省并保证不再破坏自然、不再侵略原住民。

梅原先生为解决地球环境问题倾注了全部心血，我认为这正是他的历史观使然。从弱者角度看待历史的历史观来自梅原先生善良的灵魂，而这种善良，正是我与梅原先生最大的共鸣之处。

五、长江文明之旅

第一次受到斥责 前面说过，《世界史中的绳文文化》[15]为我创造了到日文研工作的契机。其后，在良好的研究环境中我参与的第一项工作就是"长江文明的探究"[25]。

但是说实话，这项工作是被梅原先生命令后才勉勉强强参加的。我是绳文派，认为弥生时代的稻作渔猎没有多大价值。我当时心里说："让我研究平日就很熟悉的稻作渔猎文明，根本不用研究我也知道是怎么一回事！"

我当时的态度如图1-4所示，这张照片说明了一切。

梅原先生目不转睛地凝视着玉，而我在旁边毫无兴趣地站着。这是1993年12月访问浙江省良渚遗址储藏库时的照片。浙江省文物局的王明达氏说："这里有稀世珍宝，想给你们看看"，然后便从储藏库里小心翼翼地拿出来一些玉器。我当时想："我还以为是什么呢，不就是一些石头嘛！"

但是梅原先生把一枚玉璧拿在手里，表现出异常的兴奋。看到站在旁边的我毫无兴趣，便斥责道："安田，难道你不懂它的价值吗？"迄今为止，我一直研究地中海文明，而地中海文明的财宝是金银，所以我

图1-4　观看良渚遗址出土玉器的
梅原猛先生（右一）、菅
谷文则氏、安田（左二）
和毛昭晰氏（左一）（西日
本新闻社提供）

19

想："这些石头能有什么价值呢？"

我当时陪同梅原先生来到中国，不如说更介意厕所的气味，想着早点回国。但我发现，看到玉璧的那一瞬间，梅原先生的兴奋确实不同寻常。就在那一瞬间，梅原先生好像已经直觉到了长江文明的存在。

我们看到的，是从5 000年前的良渚遗址群中出土的玉琮、玉璧和玉钺。看过这些良渚玉器，然后又在河姆渡遗址看到7 000年前的稻谷以后，梅原先生便直觉这里肯定存在一个由稻作渔猎民创造的伟大文明。所以回国后，便对京瓷公司的稻盛和夫先生说："我发现了一个伟大的文明，希望您能赞助一些研究费。"于是，1993年末，梅原先生与稻盛和夫先生在进行"大年三十跨年对谈"（NHK）中，便决定成立长江文明学术考察团。

成立长江文明学术考察团 稻盛和夫先生出任长江文明学术考察团最高顾问后，我曾陪他去西湖湖畔的浙江省博物馆考察。在储藏库里出神地看着王明达氏拿出来的各种玉器，过了约定时间也不肯离开。稻盛先生是制瓷专家，他说："这些玉器都是由专业工人遵循严格的程序大量生产出来的，所以没有特定的玉工群体，这些玉器是无法制作出来的。"也就是说，早在5 000年前就已经有专业技工群体，通过分工来制作玉器了，这是一个显示长江文明社会构造的重要指标。厚度约0.2—0.3毫米的神兽人面浮雕纹到底是怎么制作出来的呢？稻盛先生决定在京瓷公司内部成立玉器研究专项计划，专门来研究它的制造过程。

良渚人崇拜的为什么是玉而不是金银财宝呢？樋口隆康先生购买了玉器的复制品，并沉迷其中。他甚至说："把它捂在被窝里一起睡觉的话，我们的肌肤能感受到玉的温暖。"

代表日本的学术巨匠都如此欣赏玉器，而我的脑海中却满是地中海文明的金银财宝。我为它们所俘虏，全然不懂玉器的意义，任凭时间白白地流逝。当然，不能理解玉器，也就不能理解稻作渔猎民所创造的长江文明。我为此感到自卑，有时甚至想，也许是因为我本性卑贱，所以才不能理解玉器的价值和意义。

解开玉之谜 发现长江文明的新闻登上各大报刊，受到世人瞩目。但是，我的内心仍然是空荡荡的。为什么稻作渔猎民不爱金银却独爱玉器呢？十年过去了，但这个谜团一直没能解开。

有一天，我读《山海经》，发现里面总是说"哪里哪里的山可以采到什么样什么样的玉"，山被描述为玉的产地。于是，我终于恍然大悟："玉原来是山的象征！"也就在那一瞬间，迄今为止看不见的东西全都看见了。对于稻作渔猎民来说，水是生命，所以稻作渔猎民崇拜流淌出水的山。但是，他们不能把山带回村寨，所以就把从大山溪流中采到的玉带回村寨，对其进行雕饰后，作为山的象征和祈祷丰收的神器来加以祭祀。

就这样，我终于明白了玉的含义。玉琮是圆形和方形的结合。西汉淮南王刘安编撰的《淮南子·天文训》曰："天道曰圆，地道曰方"，所以玉琮的圆和方意味着天地之结合。稻作渔猎民向天地之结合祈祷丰收，对于他们来说，高耸入云的山就是天地之津桥。日本的会津磐梯山也被称为"岩梯"，也就是说，山是登天的岩石之梯。明白了这一点，我们就能够理解良渚玉璧上巫师头戴鸟羽、手摸虎目的神兽人面纹了。为什么巫师会戴着和非洲或印第安一样的鸟羽冠呢？因为鸟可以往来于天地。

当然，最早的玉器不仅出土于稻作渔猎区域，在旱作畜牧区域也有出土。辽宁省查海遗址的玉器曾和7 000年前的龙塑一起出土[26]。至于玉和龙的关系，我当时并不清楚。对于稻作渔猎民来说，玉是山的象征，而山则是灌溉所需要的、具有生命意义的水的源头。但是，对于依靠天水的旱作畜牧民来说，玉到底具有什么意义呢？

谜团是通过研究太平洋彼岸的玛雅文明解开的。玛雅人也喜爱玉，玛雅遗址出土了口中含玉、牙齿嵌玉的人骨（图1-5右）。中国内蒙古自治区的牛河梁遗址也发现了眼中嵌玉的头骨（图1-5左）[27]。当然，这并不是眼中嵌玉，而是把玉放在眼皮之上，人体腐烂后玉落入眼

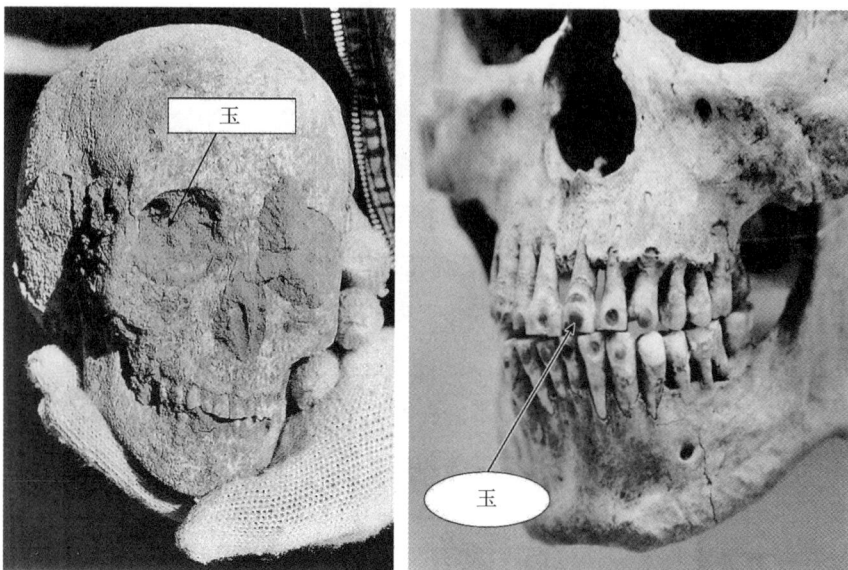

图1-5　眼窝中置玉的中国红山文化头骨（左）（藤田摄，2004）[27]，牙齿镶玉的玛雅文明头骨（右）（安田摄）。两者都使用玉将身体开口处封堵住。

窝而已。古代中国和玛雅相通，都有在身体的开口处，即眼、耳、口、鼻、肛门和性器这九个开口处封堵玉的习俗。玉与永恒的生命密切相关，而且重要的是，这些玉都呈绿色。绿色的玉象征生命，也让人联想到森林之绿。导入"生命"这一概念，玉与龙的关系就能够看得很清楚了。

　　玉是通往"生命文明"[28]的大门，龙是很多动物相互融合的产物。初期的龙被描绘成鹿、猪、鱼等森林动物的融合体[26]。生命的诞生需要融合、交流和结合；生命的成长也需要交流与融合。龙的诞生告诉我们这个道理，所以生命的融合才是中国东北地区的人们祭祀龙的原点，我们甚至可以说，东北亚文明的特征也在于此。霸权主义的龙产生于龙变成皇权象征之后，而原初的龙则体现出生命融合的思想。

　　保护森林与水循环系统的稻作渔猎民　1997年以后，在日本文部科学省COE人文重点科研项目[25]的资助下，我们在湖南省澧县城头山遗址展开了学术考察。在考察过程中，以前毫无感觉的田园风光

（图1-6）开始变得美丽，并渐渐地美得有些无法形容了。我们考察的城头山遗址是6 000年前的遗址，但时至今日仍然维持着充沛的水源与肥沃的土地。在雾霭朦胧的高湿度空气中，夕阳落向西方的地平线。闷热潮湿的风土，在我的眼中变得充满生机。

我以前一直憧憬的希腊文明，最多也不过2 500年的历史。尽管如此，希腊的山是秃山，水从大地上消失，曾经肥沃的大地已经变成荒野。地中海文明崇拜金银财宝，甚至被人们赞美为近现代欧洲文明之母，包括

图1-6 贵州的农村（竹田武史摄）

我在内的许多日本人都曾无比向往。但是，就是这个地中海文明破坏了森林，破坏了水的循环系统，把大地变成了荒漠。不仅如此，让我们充满憧憬的湛蓝的地中海其实是一片死海。当我发现这一事实的时候，对古代地中海文明的向往被彻底地粉碎了。破坏森林而建立的地中海文明必然破坏水的循环系统，使海洋失去养分供给，从而使能够成为鱼饵的浮游生物不再产生，海因此而变成贫瘠之海和死亡的沙漠。

21世纪，人类最大的问题是地球环境问题。充满贪欲的现代文明破坏热带雨林，污染水，持续污染大气。如何才能让这种现代文明的躁动停下来呢？我最后察觉到无论怎么研究现代文明之母的地中海文明，都无法找到解决地球环境问题的启示。梅原先生曾教导我说："安田，你只研究地中海文明是不会弄懂人类文明史的。你不考察东方的稻作渔猎文明，肯定是不行的。"当我察觉到地中海文明的局限性时，终于明白了梅原先生的深意。

稻作渔猎民在土地上劳作，同时保护生物的多样性，维系森林与水的循环系统。只要山上有森林，河里有水，海或河里能捕到鱼，他们就能在大地上生存下去，他们已经建构出极具持续性的文明社会。稻作渔猎民以利他之心利用水资源，其社会温暖和谐，充满为他人着想的慈悲之心。流进自家水田的水是自己的，但也不是自己的。用完以后必须干干净净地还给他人，让他人也能够使用干干净净的水。稻作渔猎社会需要相互祈愿他人的利益和幸福，否则大家都无法生存下去。迄今为止，日本的历史学者和社会学者曾把这种社会定罪为束缚个人自由的封建社会。

但是，事实并非如此。稻作渔猎社会告诉我们，如果想在这美丽的大地上与一切生灵共存，同时让自己的生命闪闪发光的话，就必须控制自己的欲望，就必须考虑他人的幸福。要想把不毛之地变为丰饶沃土，并与一切生灵共同生存下去，那么，从事一些重体力劳作也是不可避免的。如果放纵全部欲望，单方面榨取自然的话，最终就只能像地中海文明圈的荒山那样，稻作文明圈的大地也会变成沙漠，从而自己毁灭自己。

21世纪人类最大的课题，就是在这小小的地球上，在有限的资源中，80亿（2020年）乃至100亿（2050年）的人如何才能生存下去，而能对这个课题给予启示的，正是稻作渔猎民的生活方式，即稻作渔猎文明的精髓。本书的最后一章将探讨稻作渔猎文明如何拯救地球与人类，其原因正在于此。而且我认为，在21世纪研究日本的弥生文化，其意义也在于此。

参考文献

［1］ 梅原猛《日本文化论》，讲谈社，1976年。

［2］ 安田喜宪《农耕传播导致的人类破坏森林比较历史地理学研究——英国与日本》，《人文地理》（26-2），1974年。

［3］ 伊东俊太郎《十二世纪文艺复兴》，岩波书库，1993年。

［4］ 梅原猛《美与宗教的发现——创造性的日本文化论》，筑摩书房，1967年。

［5］ 安田喜宪《作为森林之民的日本人的空间认知》，《历史地理》（27），1985 年。
　　安田喜宪《文明是食用绿色》，读卖科学选书 24，1989 年。

［6］ 速水融《近世浓尾地方的人口・经济・社会》，创文社，1992 年。

［7］ 梅原猛《"森林思想"拯救人类》，创文社，1992 年。

［8］ 安田喜宪《环境考古学入门》，NHK 书籍，1980 年。

［9］ 工藤父母道《山毛榉》，思索社，1985 年。

［10］ 梅原猛《日本人的"来世"观》，中央公论社，1989 年。

［11］ 梅原猛《被误解的叹异抄》，光文社，1990 年。

［12］ 梅原猛等《山毛榉林带文化》，思索社，1985 年。

［13］ 梅原猛《日本的深层文化》，梅原猛等《山毛榉林带文化》，思索社，1985 年。

［14］ 安田喜宪《东西两片山毛榉林的自然史与文明》，梅原猛等《山毛榉林带文化》，思索社，1985 年。

［15］ 安田喜宪《世界史中的绳文文化》，雄山阁，1987 年。

［16］ 梅原猛《古代日本与阿伊努语》，《何谓日本人》，小学馆，1980 年。
　　梅原猛《苏醒的绳文》，《中央公论》（11），1985 年。

［17］ 埴原和郎《日本人的起源》，小学馆，1986 年。

［18］ 梅原猛《吉尔伽美什》，新潮社，1988 年。

［19］ 河合隼雄《故事与人类科学》，岩波书库，1993 年。

［20］ 梅原猛《古事记 日本的古典 1》，学习研究社，1985 年。

［21］ 梅原猛《新版・日本的深层》，佼成出版社，1985 年。

［22］ 梅原猛《日本武尊》，讲谈社，1985 年。

［23］ 梅原猛《为将之由》，光文社，1994 年。

［24］ 梅原猛《日本冒险》（1-3），角川书店，1988 年。

［25］ 日本文部科学省 COE 重点研究科研项目"长江文明的探究"，项目负责人：安田喜宪，1997—2001 年。

［26］ 安田喜宪《龙的文明史》，八坂书房，2006 年。
　　安田喜宪《一神教的黑暗》，筑摩书房，2006 年。

［27］ 藤原富士夫《环日本海的玉文化的始源与展开》，敬和学园大学人文社会科学研究所，2004 年。

［28］ 安田喜宪《迈向生命文明的世纪》，第三文明社，2008 年。

第二章

稻作农耕的起源

一、陶器与稻作、食鱼的深层关系

开始农耕　在人类 600 多万年的历史中，农耕的起源是仅次于人类诞生的重大事件。600 多万年来一直依靠狩猎采集生活的人类，在最后的 1 万年突然开始了农耕。其实，文明的产生与现代出现的地球环境问题，倘若追根溯源，都可以追溯到农耕。

人类开始农耕后便开始储存食物，使有些人变得比其他人富足，从而体会到以财富为背景来统治他人的快乐。而且一旦尝到这种快乐，就在无可救药的恶的增幅作用下构建出为了财富与权力而彼此互相残杀的社会。这样的社会，是迄今为止地球上的任何生物种群都无法创造出来的。

湿润亚洲与干燥亚洲　图 2-1 是吉野正敏氏[1]制作的欧亚大陆大气候区域分布图。吉野氏把湿润与暑热相结合的印度至东南亚以及日本称为"季风亚洲"。相反，把干燥的阿拉伯沙漠至中亚以及亚洲内陆称为"干燥亚洲"。另外，在欧亚大陆西部的大西洋沿岸还存在一个不像季风亚洲那么多雨，且气候凉爽的"大西洋亚洲"，欧亚大陆的北方还有寒冷而湿润的"北方亚洲"。东西部有湿润地带，而两者之间则分布着广阔的干燥地带，这种气候分布对人类文明史的发展发挥了巨大作用[2]。梅棹忠夫氏最早指出了这一点[3]。

欧亚大陆的这种气候分布对人的生计方式产生了巨大影响。在暑热与湿润相结合的季风亚洲，生计方式以稻作和渔猎为主，而在干燥亚洲

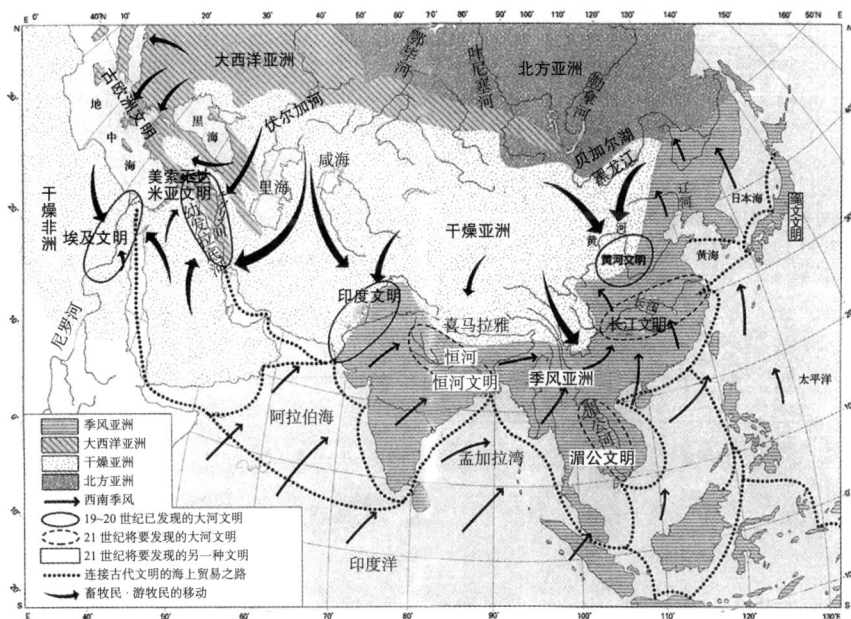

图 2-1　欧亚大陆的环境与古代文明及民族迁徙（安田，2000）[2]

则以畜牧和游牧为主。在西部凉爽而湿润的大西洋亚洲，生活着旱作畜牧民；在寒冷而湿润的北方亚洲，则生活着狩猎采集民和以驯鹿为生的畜牧民。

　　这种欧亚大陆的气候分布形成于距今约 90 万年以前[4]，其背景与喜马拉雅山脉隆起到现在的高度密切相关。由于喜马拉雅山脉的隆起，出现了畜牧民和游牧民得以生存的干燥亚洲。

　　而且从 90 万年前起，冰期和间冰期以约 10 万年的周期在地球上反复出现，今天的季风循环也是在这一期间形成的。

　　文明为何只产生在最后的间冰期？　人类在地球上诞生已经有 600 万年了。但是，人类在绝大部分时间里一直过着以狩猎采集为基本生计的游猎生活，只是到了一万几千年前才开始定居，开始农耕，完成了家畜革命。

　　那是一个从最终冰河时代（也叫做"最终冰期"或 Würm 冰期）向被称为"后冰期（全新世）"的现间冰期过渡的时代，是地球环境发

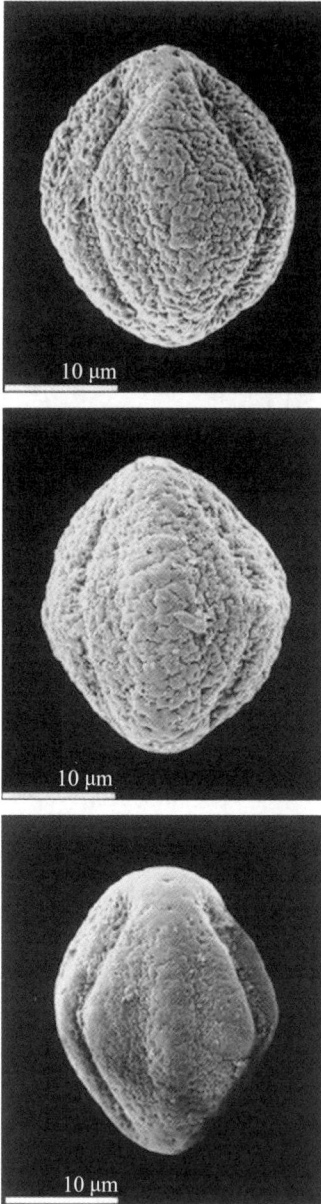

图 2-2　三方湖 14 万年前湖底
　　　　堆积物中发现的南紫薇
　　　　属化石花粉电子显微镜
　　　　影像（藤木利之摄）

生巨变的气候激变期。

地球气候从约 90 万年前起就以约 10 万年的周期重复着冰期和间冰期。冰期比间冰期长，大约持续 7 万年以上，间冰期只有 1—3 万年。但是，在过去 90 万年间存在过 9 个温暖的间冰期，这一点已经得到证实。另外，还有一点也很清楚，就是在那些间冰期中也有比现间冰期更温暖的间冰期，但在那些间冰期期间，不用说农耕革命和家畜革命，甚至连文明都没有产生过。这到底是什么原因呢？

与之前的间冰期相比，现间冰期的气候非常稳定，农耕革命和家畜革命的发生与这一点密切相关。

大约 14—11.5 万年前也是一个间冰期，日本称之为"下末吉间冰期"或"最终间冰期"，欧洲称之为"艾木间冰期"（Emian interglacial period）。通过分析福井县三方湖湖底堆积物的花粉，我们可以实证出最终间冰期的森林变化。在三方湖的若狭湾沿岸生息着现在只生长于屋久岛以南的南紫薇（图 2-2）[5]，可知最终间冰期的气候比现在温暖，是亚热带气候。

但是，在若狭湾沿岸同时也发现了很多现在被称为"山毛榉林带"的、更适于凉爽气候的山毛榉和枹栎花粉。在现在的气候条件下无法共存的植物曾在相邻区域生长（山毛榉很可能是已经灭绝的古种山毛榉）。

现间冰期之前的那个间冰期的四季和温度条件，似乎与现间冰期也有很大不同。代表西日本现间冰期的植物是米槠类和槠类的常绿阔叶林，即照叶树林，但照叶树林的扩大是在最终间冰期即将结束的时候，而且只是在短时期内的小面积扩大。

季风亚洲的文明摇篮是从云南到长江流域以及西日本的照叶树林带。但是，在最终间冰期，作为文明摇篮的照叶树林带只有一点点。不过，到了现间冰期，以米槠类和槠类为主的照叶树森林得到发展，孕育出被称为"照叶树林文化"的森林文化。虽说都叫间冰期，但14—11.5万年前的间冰期与现间冰期在气候和生态条件方面还是有很大不同的。

就在最终冰期向现间冰期转变的一万数千年前，发生了陶器革命、定居革命、农耕革命和家畜革命，而正是由于这些革命，人类才踏出了通往文明的第一步。如果没有陶器革命、定居革命、农耕革命和家畜革命，也就不会出现畜牧革命和游牧革命，不会出现骑马民族国家。

陶器与食鱼 "陶器革命是从重点吃鱼开始的"——这是我最新的学术假说。西亚人在广阔的草原上狩猎成群的瞪羚和原牛，过着迁徙生活的时候，生活在季风亚洲长江中下游至日本列岛的人们便开始制作陶器了。迄今为止，广西壮族自治区的大龙潭遗址（图2-3）、庙

图2-3 广西壮族自治区柳州大龙潭遗址周边的风景（左）和出土了最古老陶器的地层（右）（安田摄）

图 2-4 湖南玉蟾岩遗址出土的最古老的陶器（竹田武史摄）

岩遗址，湖南省的玉蟾岩遗址都发现了 17 000 年前的陶器（图 2-4）。日本列岛的青森县大平山元遗址也出土了 16 500 年前的陶器[6]。由此我们可以知晓，在长江流域至日本列岛的季风亚洲，在 16 500 年前，人们就已经普遍使用陶器了。

在西亚，制作陶器的历史最多不超过 10 000 年，8 000 年前陶器才普及开来。但在季风亚洲，陶器的制作要比西亚早 8 000 年，使用陶器的生活方式从那么久远的年代起就已经存在了。

是否使用陶器，与饮食生活密切相关。陶器非常不适合追赶瞪羚和原牛等动物群的迁徙生活。但是，制作陶器却引发了西田正规氏[7]首次提出的"定居革命"。陶器革命是定居革命的第一步。

定居给饮食生活带来巨大变化。没有蛋白质，人类无法生存。定居革命使人类不再谋求不断迁徙的哺乳动物的蛋白质，而是在聚落周边捕获动物，从中摄取蛋白质。这是一种生活方式的革新。

浙江的河姆渡遗址是最早的农耕遗址之一，那里发现了大量的槠亚属、米槠属、杨梅属等常绿阔叶树花粉，以及菱角属、蒲属、狐尾藻属等湿地性植物花粉。这就说明，在河姆渡遗址周边有生长着菱和蒲草的湖沼，背后的丘陵上有茂密的亚热带常绿阔叶林。在出土的大量动物遗骨中发现了鲤鱼、草鱼、鲶鱼等淡水鱼，鳖、龟、鳄鱼等爬虫类，以及雁、鸬鹚、鹭鸶、鹤等鸟类遗骨[6]，说明生息在湖沼中的动物也是人类重要的食物来源。另外，人们还可以捕获生息在森林及其周边的鹿、四不像、小黄麂、獐和野猪等（图 2-5）。

分类群	中文名	英　文　名	拉　丁　名
鱼　类	鲟鱼	Sturgeon	Acipenser sp.
	鲤鱼	Carp	Cyprinus sp.
	鲫鱼	Crucian carp	Carassius auratus
	鲶鱼	Catfish	Silurus sp.
	香鱼	Ayu	Plecoglossus altivelis
	鲻鱼	Mullet	Mugil cephlus cephalus
	皇帝鱼	Emperor fish	Gymnocranius griseus
爬虫类	绿海龟	Green turtle	Chlonia mydas
	陆龟	Tortoise	Testudo sp.
	广东草龟	Reeves' pond turtle	Chinemys reevesii
	甲鱼	Chinese soft-shelled turtle	Pelodiscus sinensis
	短吻鳄	Alligator	Alligator cf.sinensis
鸟　类	鹈鹕	Pelican	Pelecanus sp.
	鸬鹚	Cormorant	Phalacrocorax sp.
	白鹭	Heron	Ardea sp.
	鹤	Crane	Grus sp.
	鹅	Goose	Anser sp.
肉食兽	恒河猴	Rhesus monkey	Macaca mulatta
	日本犬	Japanese dog	Canis familiaris
	狸	Raccoon dog	Nyctereutes procynoides
	亚洲黑熊	Asiatic black bear	Urusus thibetanus
	黄线貂鼠	Yellow-thread marten	Martes flavgula

（续图）

分类群	中文名	英 文 名	拉 丁 名
肉食兽	黄鼬	Siberian weasel	Mustela sibirica
	猪獾	Hog badger	Arctpnyx collaris
	欧亚水獭	Eurasian riber otter	Lutra lutra
	印度水獭	India smooth coated otter	Lutra perspicillata
	蟹獴	Crab-eating mongoose	Herpestes urva
	虎	Tiger	Panthera tigris
	豹猫	Leopard cat	Felis bengalensis
草食兽	亚洲象	Asian elephant	Elephas maximus
	犀牛	Jave rhinoceros	Rhinoceros sondaicus
	屋顶鼠	Roof rat	Rattus rattus
	豪猪	Porcupine	Hystrix hodgsoni
	猪	Pig	Sus domestica
	野猪	Wild boar	Sus scroda
	麂	Muntjac	Muntiacus gigas
	黄麂	Chinese muntjac	Miunticacus cf.reevesi
	日本鹿	Samber	Cervus Nippon
	麋鹿	Père David's deer	Elephurus davidiensis
	獐	Chinese water deer	Hydropotes inermis
	野水牛	Wild water buffalo	Bubalus Mephistopheles
	鬣羚	Mainland serow	Capricornis sumatraensis

图 2-5　浙江省河姆渡遗址出土的动物化石（Yasuda，2002）[6]

　　由此可见，河姆渡遗址面向湖泊和沼泽地，周边有茂密的常绿阔叶林。人们不仅在湖沼周边种植水稻，还在湖里捕鱼和采菱，狩猎水边的鸟类和森林中的动物。图 2-5 是河姆渡遗址出土的动物化石一览，其特点是出土了森林大型哺乳动物的同时，还出土了许多在水边和湿地里栖息的鸟类和鱼类，以及两栖类、爬虫类。与在广阔而干燥的草原狩猎成群的瞪羚和原牛的西亚人相比，两者的差别是多么大呀！

鱼不是追捕，而是撒网捕捞，追着鱼群逆流而上的渔夫是没有的。作为蒸煮水边鱼贝或各种山地资源的炊具，人类发明了陶器。

我认为，从森林资源中摄取碳水化合物，从鱼贝类中摄取主要蛋白质——这一生活方式的转换与陶器的产生密切相关，而陶器的发明又与通过蒸煮来食用颗粒状食物的稻作农耕有着深层次的关系。

面包是把小麦磨成粉烤制而成的，所以它不太需要陶器。但是，稻米则需要蒸煮后才能食用。没有陶器，就无法蒸煮，也无法食用，所以稻作起源的前提是先发明陶器，而陶器的发明，又始于从森林资源中摄取碳水化合物，从鱼贝类中摄取主要蛋白质的饮食生活。也就是说，食用森林资源和鱼引发了定居革命和陶器革命，而陶器革命又进一步引发了稻作农耕，使人食用颗粒状稻米。当季风亚洲的人们停止追赶在干燥的草原上移动的野生动物群，转而开始依靠森林中的碳水化合物和水中的鱼贝类生活的时候，定居革命便发生了，陶器也产生了，这就是稻作农耕得以产生的一大前提。

在东亚长江流域生活的旧石器时代的人们开始稻作农耕时，应该存在如下的变化过程：食鱼革命→陶器革命·定居革命→稻作农耕革命。我们可以把这一变化称作"季风亚洲的食鱼革命"。在冰期至后冰期的气候剧变期，季风亚洲的饮食不得不从追逐草原上成群的大型哺乳动物变成依靠水中的鱼贝类和森林中的植物食材，这一饮食生活的转换便是东亚产生稻作农耕的第一步。

烧制陶器需要作为燃料的薪柴，也需要作为材料的优质黏土和水。因此，陶器只能在森林资源和水资源都很丰富的风土中产生，而季风亚洲正是这样的地方。而且水稻便是与这种森林资源和水资源丰富的风土相适应的栽培作物，所以我认为，晚冰期季风亚洲的人类史革命，其实就是按照"食鱼革命→陶器革命·定居革命→稻作农耕革命"这一轨迹发展过来的（图2-6）。

农耕在食物生产中的比重提高

食物危机

新仙女木期回寒

选择性地采集由于突然变异而出现的没有脱粒性的稻

采集野生稻，并集中于洞穴

白令亚间冰期的地球温暖化，
野生稻的生长区域扩大。

定居革命

以鱼为主要蛋白源，掌握利用森林植物资源的技术，
开始以家族为单位生活，女性的地位和作用提高。

陶器革命

通过蒸煮使硬的东西变软，扩大食物范围。
杂煮水中、山中食物而获得新的味道。蒸煮消毒，家人围坐于火塘。

由于地球温暖化，
森林和海洋扩大。

食鱼革命

从森林资源中获取碳水化合物，从鱼贝类和小动物那里获取蛋白质。

由于地球温暖化，
大型哺乳动物灭绝。

大型哺乳动物的狩猎与采集

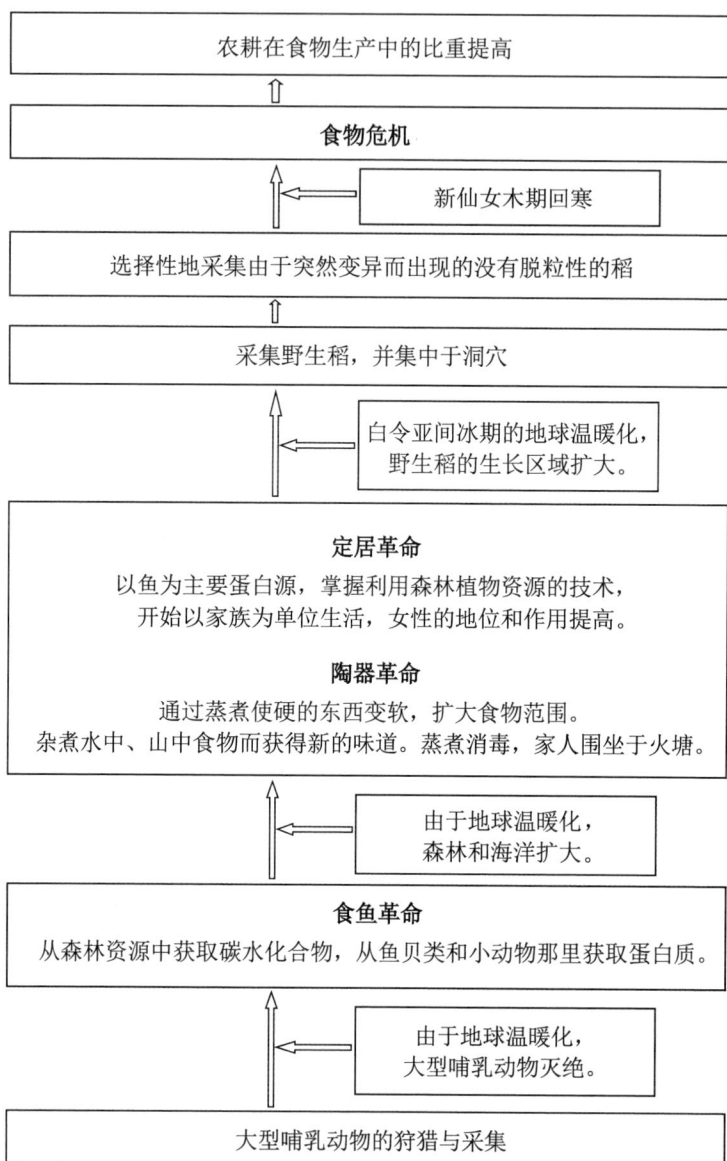

图 2-6　晚冰期季风亚洲的革命进程（安田原图）

二、基于年缟的高精度环境史复原

高精度古气候复原　人们曾经认为，过去的气候是以千年、万年为单位变化的。但是，近年来通过高精度古气候复原，我们终于明白过去的气候在数十年间也曾发生剧烈的变化。

这种高精度的古气候复原，始于格陵兰岛冰床年缟的发现。冰在夏季融化后形成污染层，由于污染层与冬季形成的白色层的密度不同，冰床中就会形成年轮一样的缟纹。在格陵兰岛的中央钻孔，采取 3 000 米下的冰核，然后一根一根地数其缟纹，分析它们在冰中含有的氧同位素[8]，于是我们就会发现，过去 15 万年间的气候在短时期内一直发生着剧烈变化。

在冰河时代末期有一个被称为"新仙女木期"的寒冷期（图 2-7）。

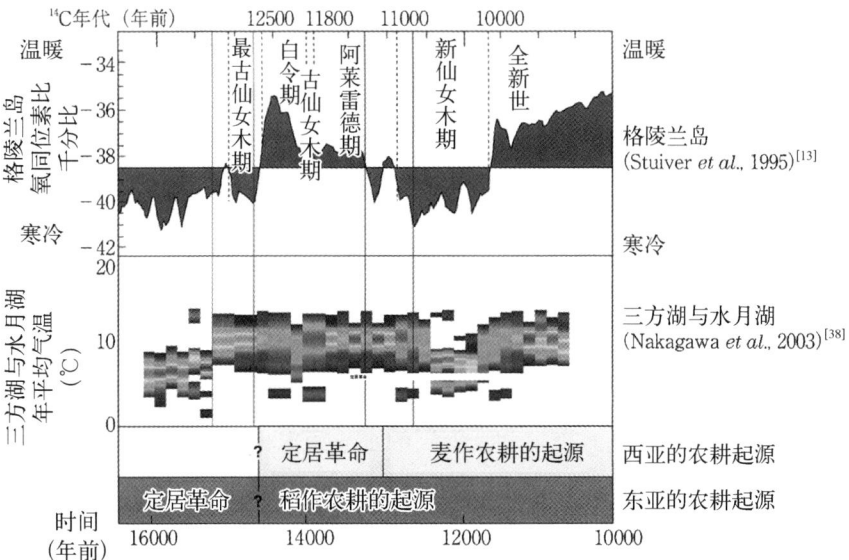

图 2-7　东西方晚冰期气候变化的时间差与农耕的起源（**Yasuda and Catto，2002**）[11]

这个寒冷期结束后，地球就进入了后冰期的温暖期。当气候从新仙女木期寒冷期向温暖期转变时，仅仅在 50 年间格陵兰岛的年平均气温就上升了 7—9 度。50 年不超过人的一生，如果某个人从出生到死亡年平均气温上升 7 度的话，那这个人就等于遭遇了史无前例的地球环境的剧变。遭遇这种地球环境剧变的人确实存在，正是他们给长期的狩猎采集社会画上了句号，他们通过陶器革命和农耕革命促使新型的农耕社会得以产生，他们是人类文明史上的有功之臣。

但是，格陵兰岛位于极地，成为人类居住地仅限于中世温暖期，而大部分时间是没有文明的冰冻之地。因此，无论那里的气候变化被研究得如何详细，我们仍然不能复原亚热带和温带的气候，对于研究亚热带和温带的人类生活以及文明的兴衰仍然无所裨益。不过现在，我们发现了能够高精度复原亚热带和温带气候变化的武器，即"年缟"。

1991—1994 年，作为日本文部省重点领域研究项目"文明与环境"（项目负责人：伊东俊太郎）[9] 的学术考察之一，我们对福井县水月湖湖底进行了钻探取样，采集了 78 米的堆积物，并在这些堆积物中发现了连续的缟纹。2007 年，我们又对秋田县目潟进行了钻探取样，并发现了美丽而连续的缟纹（图 2-8）。

在湖底，每年都会有湖水中产生的浮游生物的遗骸和空中飘落的物体以及河流运来的悬浊物沉积下来。量和质因季节而不同，所以就会在湖底的堆积物中形成年轮一样的缟纹。但是，如果湖底有丰富的氧气，底栖生物和细菌等就会活跃起来，把缟纹搅乱，甚至毁掉。不过，水月湖是因海水流入而形成的湖泊，而海水比淡水重，所以会潜入淡水之下。水在 4 度时最重，冬季寒冷的北风把表层富氧淡水降到 4 度，于是表层淡水想要沉入湖底，但被比它更重的海水挡住，想沉而沉不下去。如果有很高的波浪，湖水被搅动，表层的富氧淡水也会被传输到湖底，但水月湖和目潟呈研钵型，几乎没有强风，很少产生大浪。再加上水月湖水深 35 米，目潟水深 45 米，所以表层富氧淡水无法到达湖底，湖底处于无氧状态，底栖生物和细菌等根本无法活动。于是，缟纹便保存了下来。

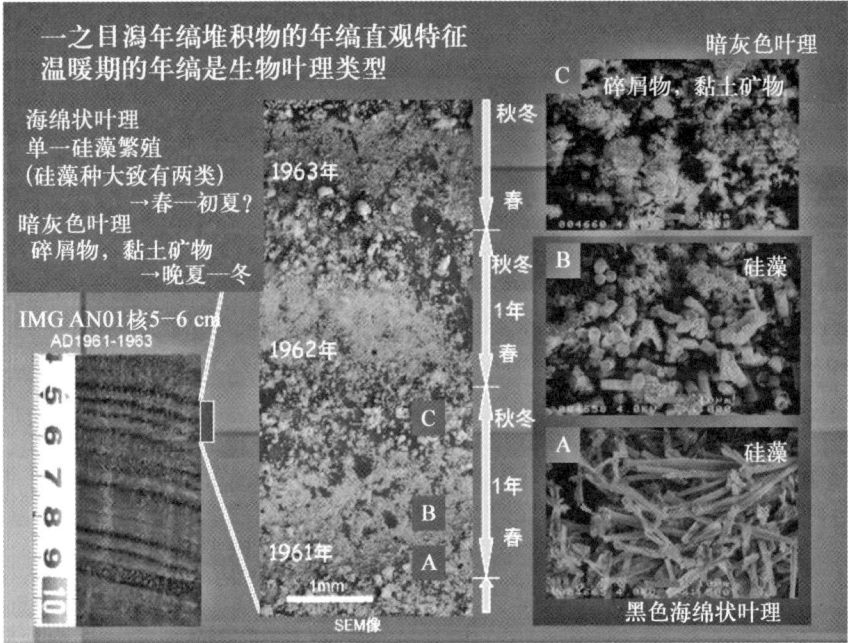

图 2-8　日本秋田县目潟年缟（山田和芳提供）

水月湖和目潟的黑白色缟纹，是由春夏季繁殖的硅藻 AulaCoseira 死后堆积到湖底的白色层，和秋冬季河流与小溪搬运进来的黏土矿物以及空气中落下的灰尘等堆积到湖底的黑褐色层构成的，和年轮一样。年轮中有颜色鲜明的春材与褐色的秋材，水月湖和目潟底部的堆积物中也有春季到夏季形成的白色层与秋季到冬季形成的黑褐色层，它们构成了缟纹，我把这些缟纹命名为"年缟"。

通过解析年缟，过去无法实现的高精度复原温带和亚热带的古气候开始变为可能[10]。水月湖东侧有三方断层，三方断层的西侧地基持续下降。即使每年砂土和硅藻沉积湖底，但由于地基下沉，所以水月湖也没有被完全埋没。于是，水月湖底部便形成了连续 10 万年以上的年缟堆积物。发现连续 10 万年以上的年缟堆积物，这在全世界尚属首次。

在格陵兰岛，年平均气温在 50 年间发生了 7 次变化，但人类居住的温带是否也发生了相同的变化，迄今为止一直是不清楚的。要想阐明气候变化对于人类历史的影响，我们就有必要高精度地复原自古以来便有文明产生的温带和亚热带的气候变化，而不是极地。另外，冰中含有的信息是有限的。例如，能够从冰封的远古空气中测定二氧化碳和沼气的浓度变化，也能够从结冰的水所含有的氧同位素中测定水温和气温的变化，还可以依据大气组成的变化和火山灰来确定远方火山的喷火，等等。但除此以外，有关环境史的信息并不是很多。

在湖底堆积物的年缟中，浮游生物、黏土矿物、花粉、灰尘、火山灰、大型植物遗体，以及炭片、昆虫化石、寄生虫卵等等，包含着各种各样能够多角度复原环境史的分析材料。例如，如果只依靠冰中所含氧同位素的话，我们只能弄清温度和水的变化。但是，从湖底年缟堆积物的黏土矿物种类与量的变动中，我们则可以确定降水量的变化；从灰尘量的变化中，我们不仅可以了解风向以及水月湖和目潟周边的古气候，甚至还可以阐明中国大陆古气候的变化。另外，通过分析硅藻等浮游生物，我们还可以阐明水位的变化、海平面的变化以及水质污染等水环境的变化；通过分析花粉化石，我们也可以阐释周边森林环境的变化以及人对环境造成的破坏。再者，由于年缟可以明确地显示出年单位，所以我们可以通过年缟定量把握气候变化的规模和速度、与之相适应的生态系统的变化规模和速度、森林扩大及缩小的规模和速度，以及人类的农耕对环境造成的破坏规模和速度[11]。

现在，地震、洪水和火山的记录备受关注。由于地震和洪水，粗颗粒堆积物会从周边突发性地流入湖底；地震也会引起湖盆摇动而使年缟变形。因此，年缟中也会保存地震和洪水等灾害的记录。于是，我们就可以确定地震和洪水的规模和年代。细数年缟来确定年代，有助于解析地震、洪水和火山喷发的周期性。特别是目潟的年缟明确地记录了周边的地震和洪水灾害，今后我们可以为灾害史的复原提供革命性的数据。对于今后的地震预报以及气象灾害预报，年缟也将发挥重要作用。

总而言之，我们的研究团队正在努力工作，希望以福井县水月湖、鸟取县东乡池、秋田县目潟为中心，通过对亚太地区年缟的高精度解析来复原过去 10 万年间的环境史[12]。

晚冰期气候变化的年代校正　冰河时代末期的 15 000 年前至 11 500 年前的这段时间，被称为"晚冰期"。

在晚冰期，最古仙女木期（寒冷期）→白令期（温暖期）→古仙女木期（寒冷期）→阿莱雷德期（温暖期）→新仙女木期（寒冷期）交替出现，或寒或暖，时干时湿，气候变化非常剧烈。这一点早已有人指出，其根据是以北欧为中心的花粉分析结果。所谓"仙女木"，是指生长在高山地带的多瓣木属（Dryas. octopetala），该花粉的出现意味着寒冷期的到来。另外，所谓"白令"（Bølling）和"阿莱雷德"（Allerød），都是显示温暖期出现的花粉原始采集地的地名，这两个地点都位于丹麦的泥炭地。

格陵兰岛冰床氧同位素的分析结果（图 2-7 上），显示出最古仙女木期至新仙女木期的高精度气候变化，其中最重要的一点便是，以往根据碳十四确定的年代与一层一层地细数冰中年缟而计算出来的年代之间存在 1 000 年以上的误差。冰期至后冰期，特别是在地球发生剧变的晚冰期，碳十四浓度变化很大，所以这个时代的碳十四年代测定值必须经过年层、年轮甚至年缟的校正才能确定。

图 2-7（上）显示根据以往碳十四测定的年代值，而图 2-7（下）则显示出格陵兰岛年层中所阐明的年代[13]。年层所阐明的年代更加古老，一层一层地细数年层而计算出来的年代无限接近日历年代，但碳十四年代测定值只不过是在大气中的碳十四浓度恒常不变的假定前提下计算出来的年代而已。

近年来，大气中碳十四浓度恒常不变的假定已经动摇，甚至人们已经开始认识到，在过去 5 万年间（碳十四年代的测定极限）大气中碳十四的浓度也曾发生过很大的变化。

因此，为使年代测定更加准确，使其无限接近日历年代，我们有必要对碳十四年代测定值进行校正。

从水月湖的年缟计算出来的年代与碳十四年代测定值之间也存在同样的差距。水月湖的年缟中包含有机物，用加速器（AMS）对其进行年代测定，我们则可以更加清楚地知晓年缟年代[14]与碳十四年代测定值的差距。两者对比下来，仍然是一层一层地细数年缟而计算出来的年缟年代比碳十四年代测定值古老。

本书使用的年代，其实都是对碳十四年代测定值进行校正后换算成日历年代的校正年代。下面，我们就以上述有关气候变化的最新成果为依据，进一步探讨气候变化与稻作起源的关系。

三、晚冰期的气候变化与稻作农耕的起源

15 000 年前的气候剧变　图 2-9 是福井县水月湖的树木花粉相对图表（上）与草本花粉绝对图表（下），图 2-10 是福井县水月湖主要树木花粉图表[15]。面对图表，左侧是碳十四年代测定值，右侧是年缟年代值（vyBP）。我们一眼就可以看出，碳十四年代与年缟年代有很大差异。15 000—14 500 年前植被发生了很大变化，从 15 000 年前起，五叶松亚属、云杉属、铁云杉属等亚寒带、冷温带针叶树木开始减少。14 810 年前（vyBP），五叶松亚属和云杉属终于从水月湖周边消失了。

相反，在最终冰期的最盛期几乎灭绝的杉属却出现了。杉属是伴随着西南季风的活跃而出现的。梅雨和台风等暴雨侵蚀土壤，使表层土流失。但即使在表层土流失后的石砾层，只要有充足的水分，杉树仍然能够生长。不过，山毛榉属和小枹栎亚属在表层土很薄的石砾层是无法生长的。在表层土流失，山毛榉和枹栎类无法生长的地方，杉木进入，并扩展开来。杉树能够扩展到本来是山毛榉和枹栎类占据的地方，多雨气候与土壤侵蚀的频发是主要原因。

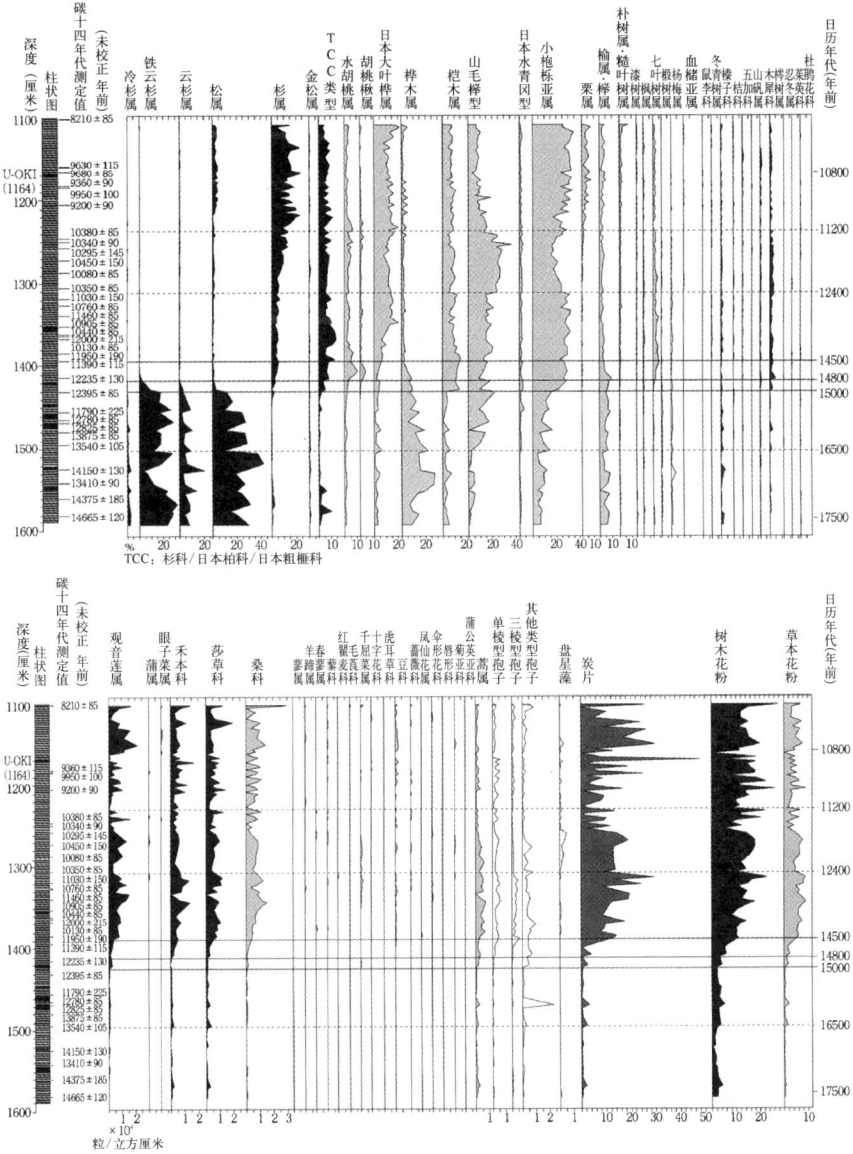

图2-9　福井县水月湖树木花粉相对图表（上）与草本花粉绝对图表（下）（Yasuda *et al.*，2004）[15]

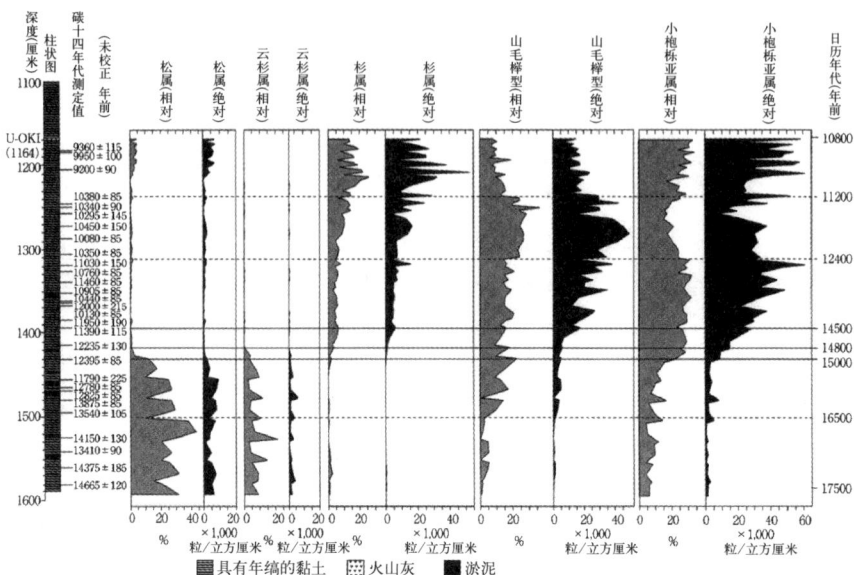

图 2-10 福井县水月湖主要树木花粉图表（Yasuda，2008）[39]

其实，以前已有的山毛榉属、小枹栎亚属等温带落叶阔叶树也在增加，这说明气候在温暖化的同时，也在湿润化，特别是带来夏季雨水的西南季风越来越活跃。在相对花粉图表（图 2-9 上）上，好像出现了山毛榉和枹栎类落叶阔叶树的茂密森林，但在绝对花粉图表（图 2-10）上的出现个数却没有急剧增加。要想看到山毛榉属的绝对花粉量达到 15 000 个 /cc 以上，与杉树混生的冷温带落叶阔叶林扩大面积，我们还要再等 260 年以上。这一事实告诉我们，从地球温暖化所导致的冰期型生态环境的消失，到与新出现的温暖环境相适应的后冰期型生态环境的确立，一共花费了 500 年以上的时间。

水月湖的年缟花粉分析结果表明，由于 15 000 年前的气候温暖化，适应冰期型寒冷气候的云杉属开始减少，直到从水月湖周边消失，总共花费了大约 190 年的时间。由此可知，在这大约 190 年的时间里，日本列岛的年平均气温上升了 5—6 度，而生态的变化却没能跟上急剧的地球温暖化。在水月湖周边出现稳定的后冰期型温带落叶阔叶林，是在气温急剧上升后又过了 500 年的 14 500 年前。

15 000—14 500 年前，水月湖周边的冰期型生态环境变成了后冰期型生态环境，生态环境发生了巨变。

在季风亚洲，过去 10 万年间最大的环境变化，就发生在 15 000 年前。

从水月湖花粉的分析结果来看，15 000—14 500 年前的生态变化非常大，相当于欧洲白令（Bølling）亚间冰期的开始期（图 2-7上）。在欧洲，白令亚间冰期之后，穿插着古仙女木寒冷期和阿莱雷德（Allerød）温暖期。在欧洲晚冰期的编年史上，是用古仙女木寒冷期来区分白令和阿莱雷德这两个温暖的亚间冰期的。但是，在东亚的日本列岛水月湖周边，却很难确认到能够明确区分这两个亚间冰期的古仙女木寒冷期的存在。

白令亚间冰期与稻作的起源　在水月湖周边，相当于温暖的白令亚间冰期初始期的地球温暖化，给森林的生态系统带来了巨变。当初，我[16]曾判断在欧洲和大西洋沿岸的诸多地域引发植被和生态变化的新仙女木回寒期，与西亚的麦作一样，在东亚也曾成为稻作得以产生的契机。但之后，随着水月湖年缟分析的进展，我们逐渐知晓，在东亚，相当于北欧白令亚间冰期初始期的 15 000 年前，才是引发生态环境发生剧变的时代，才是冰期生态向后冰期生态发生转变的时代，而且这个转换期持续了 500 年以上，这期间存在一个生态不稳定的时代。

的确，水月湖的花粉图表显示，在相当于新仙女木回寒期的时代，山毛榉属的花粉和积雪量都增加了（图 2-10）。但是，与 15 000 年前冰期亚寒带针叶林生态转变为后冰期冷温带落叶阔叶林生态的变化相比，其变化小到了几乎无法比较的程度，最多也只不过是在山毛榉为主的冷温带落叶阔叶树生态内的优势种差异而已。

由于环境急剧变化的程度不同，人类所受到的影响也不同。从旧石器时代的狩猎采集生活转变为农耕，这一巨变应该发生在自然环境发生剧变的时代。自然环境发生最剧烈变化的时候，人类生活也必然发生巨变。

在西亚，这一变化发生在新仙女木回寒期。但在东亚，却发生在相当于白令亚间冰期初始期的 15 000 年前。

稻作是如何产生的？ 15 000 年前急剧的气候温暖化，突然改变了以往冰河时代的生态和旧石器时代人们的生活方式。水月湖的花粉图表显示，从 15 000 年前冰期型生态消失到后冰期型生态确立，其间有一个 500 年以上的过渡期，因为植物的转变跟不上急剧的气候温暖化。我们认为，从冰期型生态向后冰期型生态转变的这 500 年间，人类是缺少食物的。

在季风亚洲，在冰期向后冰期转变的过程中，15 000 年前白令亚间冰期的气候温暖化给生态环境造成了巨大影响，而且其影响在过去 10 万年间属于最剧烈的一次。在冰期向后冰期转化的地球温暖化过程中，季风亚洲的温暖化要比欧洲西北部早 3 000 年以上，带来了生态的剧变。15 000 年前，在季风亚洲生态发生剧变的时候，阿尔卑斯以北的欧洲西北部的大部分还为厚厚的大陆冰床所覆盖，人类根本无法居住。对于人类来说，那里尚处于残酷的冰缘环境之中。

相反，季风亚洲已经有了大片的适合人类居住的森林，而且由于15 000 年前的气候变化，初始森林环境又开始向新的森林环境发生转变。我认为，稻作农耕就是为了适应这种新环境，作为新的食物战略而产生的。也就是说，稻作农耕是人类为适应后冰期生态环境的一种生存策略而产生的。

正如佐藤洋一郎氏[17]所指出，普通野生稻（*Oryza rufipogon*）[16]主要生长在东南亚东南部的湄公河三角洲和印度尼西亚的加里曼丹岛，即现在的亚热带和热带。普通野生稻属于多年生禾本科植物，靠根茎繁殖，很少结出籽实（图 2-11）。因此，佐藤氏曾说，越南的农民把野生稻叫做"幽灵稻"。实际上，佐藤氏曾把采集于加里曼丹岛的野生稻带回日本栽培，但据他说，野生稻虽然长出绿油油的叶片，但最终还是没有长出稻穗。

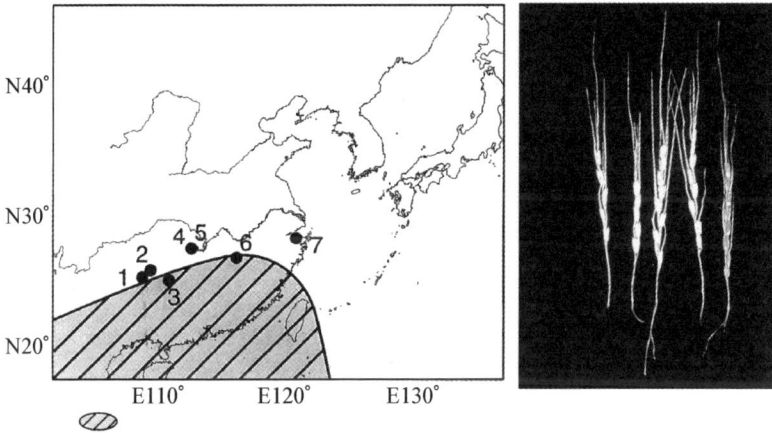

1. 广西大龙潭遗址；2. 广西庙岩遗址；3. 湖南玉蟾岩遗址；4. 湖南八十垱遗址；
5. 湖南彭头山遗址和城头山遗址；6. 江西仙人洞遗址和吊桶环遗址；7. 浙江河姆渡
遗址。

图 2-11 野生稻（*Oryza rufipogon*）（竹田武史摄）及其古今分布（Yasuda，2002）[6]

如果是这种不结种子的野生稻，不论你怎样栽培，稻作农耕也不会产生。那么，野生稻是在何时，怎样转变成栽培稻（*Oryza sativa*）的呢？

在最终冰期最寒冷的 20 000 年前，海面比现在低 100 米以上（图 2-12），东南亚出现了被称为"巽他大陆架"的大陆。我们认为，在最终冰期的最寒冷期，野生稻的核心分布区应该在东南亚巽他大陆架的低地，因为那里可以躲避寒冷。

在最终冰期的最寒冷期，处于黄土台地型干燥草原与冷温带落叶阔叶林分布区边界附近（图 2-12）的长江中游，根本不适合野生稻生长。但是，由于 15 000 年前的全球气候温暖化，野生稻的分布区逐渐扩展到北方，长江中游也开始出现了适合野生稻生长的环境。不过，对野生稻来说，位于野生稻分布区北部边缘的长江中游仍然是非常严酷的环境，稍有一点降温或降水量减少，都会影响到野生稻的生长。15 000 年前的地球虽说已经开始温暖化，但温暖化的程度还达不到现在的水平，环境仍然是不稳定的。

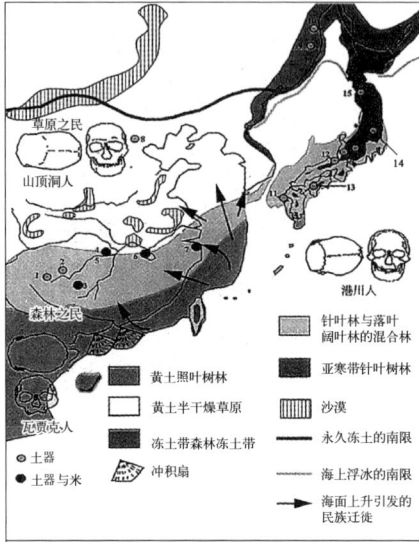

1. 广西柳州大龙潭遗址；2. 广西桂林庙岩遗址；3. 湖南玉蟾岩遗址；4. 湖南八十垱遗址；5. 湖南彭头山遗址和城头山遗址；6. 江西万年仙人洞遗址和吊桶环遗址；7. 浙江河姆渡遗址；8. 河北虎头梁遗址；9. 俄罗斯文美遗址；10. 俄罗斯嘎沙遗址；11. 日本长崎县福井洞窟遗址；12. 日本福井县鸟滨贝塚；13. 日本爱媛县上黑岩遗址；14. 日本长野县下茂内遗址；15. 日本青森县大平山元遗址。

图 2-12 最终冰期最盛期的东亚环境考古图（安田，2004）[37]

特别是湖南省玉蟾岩遗址所在的石灰岩地带的洼地，雨季多雨时会变成湖，旱季少雨时则会干涸。在洞庭湖周边，雨季水位会上升，旱季水位会下降。长江中游的生态环境就是这样的不稳定，所以无论是气候条件还是水文条件，生长在那里的野生稻都无法与东南亚等亚热带或热带的野生稻相比，它们只能被迫适应这种残酷的环境。

以前多年生靠根茎繁殖的野生稻，很有可能为了适应长江中游的这种新环境，便从根茎繁殖转变为种子繁殖，改变了生存策略。这种从根茎繁殖到种子繁殖的转变需要很长时间，这种特性或许是在过去90万年间以10万年的周期而出现的冰期与间冰期的气候反复变化中获得的。的确，一年生的麦在新仙女木回寒期为了保存子嗣而结出大量种子，成为麦作起源的契机。同样，多年生靠根茎繁殖的野生稻为了适应北方新的苛刻环境而转变为种子繁殖，也向稻作农耕迈出了第一步。

在最终冰期的最寒冷期，长江中游的洞庭湖周边曾有大片的黄土草原存在，对于旧石器时代的人们来说，那里曾是狩猎的好地方。在洞庭湖和流入洞庭湖的沅江流域集中着很多旧石器时代的遗址（图2-13），证明那里曾有很大的人口压力。另外，从15 000年前开始的全球气候

温暖化将草原变成湿地，使森林不断
扩大，于是，适于干燥草原的马和野
牛等大型哺乳动物逐渐消失了，猛玛
象也在 15 000 年前从季风亚洲南部的
大草原销声匿迹了[18]。因为干燥草原
变成了湿地草原，所以这些大型哺乳
动物没有了食物。

　　大型哺乳动物的消失使得原来的
草原狩猎者开始面临食物危机。特别
是处在巨大人口压力之下的洞庭湖周
边，危机可能更严重。但是，野生稻
的分布区恰恰北上到这个区域，而且
为了适应北方的新环境已经从根茎繁
殖转变为种子繁殖，结出了大量籽实。

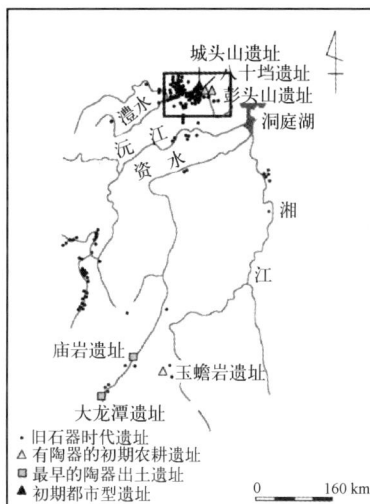

**图 2-13　长江中游是稻作农耕起源
地，也是旧石器时代以来
的人口密集地（梅原、安
田，2004）[26]**

　　于是，生活在长江中游（江西省万年县仙人洞遗址［图 2-14］、湖
南省道县玉蟾岩遗址［图 2-15］），并面临食物危机的旧石器时代的人
们便注意到结出籽实的野生稻，并作为一种新的技术革新而开始了稻作
农耕。面临食物危机而陷入恐慌的时候，众人中必然会有一些人率先进
行技术革新。

图 2-14　江西省万年县仙人洞遗址
山中央的洞穴（竹田武史摄）

图 2-15　湖南省玉蟾岩遗址
中央塔状喀斯特洞穴（竹田武史摄）及其
近影（安田摄）

当然，在现阶段，玉蟾岩遗址和仙人洞遗址的稻作证据还算不上一等证据。江西省万年县仙人洞遗址 15 000 年前的证据是植硅体，而根据植硅体是无法区别野生稻和栽培稻的。玉蟾岩遗址 14 000 年前的稻谷年代不是稻谷本身的年代，是包含稻谷地层中炭片的年代。洞穴遗址的地层认定十分困难，所以我非常希望能对稻谷本身进行年代测定。

虽说还有许多问题，我们也姑且不讨论是野生稻还是栽培稻，仙人洞遗址和玉蟾岩遗址的人们从 15 000 年前起将稻带回洞穴，这件事本身应该是千真万确的。

由于人的干预，原本不结籽实的多年生野生稻变成了结籽实的一年生栽培稻，这一转变不期与冈彦一氏[19]的研究团队想把野生稻遗传形质保存下来的研究相一致，佐藤洋一郎氏[20]曾介绍过他们的研究过程。

冈彦一研究团队采集了少量结籽实的多年生野生稻，并致力于将多年生靠根茎繁殖的野生稻的遗传形质保存下来。但是，将采集来的野生稻种子撒播培育之后，长出来的几乎都变成了一年生靠种子繁殖的栽培稻。

这一事实告诉我们，从不需要种子的稻群中强行取种，并以此繁殖下一代，只要反复这样做，其后代中就会有越来越多的稻想依靠种子繁殖下一代，最后，稻本身也就转变为依靠种子繁殖了。

我认为，这正可以解释稻作农耕起源的契机。虽然还有许多问题需要解决，但我拘泥于仙人洞遗址和玉蟾岩遗址的意义正在于此。大概在野生稻分布区北部边缘地带的严酷环境中，当野生稻从根茎繁殖向种子繁殖转变，对环境变化作出生理性适应的时候，由于人的干预，多年生靠根茎繁殖的野生稻一下子就变成了一年生靠种子繁殖的栽培稻。

具有种子繁殖能力的普通野生稻（*Oryza rufipogon*）与面临食物危机的旧石器时代的人们相遇，从而产生了稻作。但是，野生稻的籽实原本一旦成熟就会自然脱落，根本无法食用。

但我们已经知道，在这种具有脱粒性的野生稻中，由于基因突变也会产生出籽实不脱落的野生稻。或许，正是由于旧石器时代的人们选择性地采集了这种籽实不脱落的稻，人类社会才走向了稻作农耕。根据森岛启子氏[21]的研究，只要在两三年间持续选择由于基因突变而出现的脱粒性弱的种类，水田里大部分的稻就会变为栽培稻。当然，虽说水田的大部分变成了栽培稻，但它们依然是和很多杂草与野生稻混合生长的。大概稻作农耕就是以这种状态开始的。

　　基于上述理由，我非常重视以下三点：（1）15 000 年前的地球温暖化与野生稻向北部边缘地带的扩展；（2）扩展到北部边缘地带的野生稻与因地球温暖化而面临食物危机的旧石器时代的人类相遇；（3）人类对野生稻进行干预。总而言之，北部边缘地带的野生稻与面临食物危机的旧石器时代的人类相遇，于是，稻作农耕便迈出了第一步。

　　稻作的起源与新仙女木回寒期　在季风亚洲，从整体上讲新仙女木回寒期的影响并不大。但是，在湖南省那样的内陆地区，其影响要比沿海地区大得多。因此，新仙女木回寒期很有可能给内陆洞庭湖周边的人们带来了巨大影响。

　　本书第二部还将详细阐述，麦作农耕的起源应该发生在新仙女木回寒期，而且我当初也曾发表过新仙女木回寒期与稻作起源密切相关的想法[16]。受此影响，1998 年北京大学的严文明教授[22]曾发表论文，指出冬季的寒冷是使稻作得以产生的原因。在长江流域，为什么中游的湖南省会成为稻作起源地呢？他注意到该地区尽管纬度很低，但冬季气温也很低。说到这一点，让我想起 1998 年 12 月初从长沙去城头山遗址考察时的遭遇。城头山遗址虽然位于北纬 28 度，却下了冰雹。夜里冷得无法入睡，非常健壮的中国同事一个晚上就得了重感冒。1999 年 1 月再次去考察，考察队最后竟因为大雪而没能到达城头山遗址。北纬 28 度相当于日本的德之岛，但城头山一带的寒冷在日本是无法想象的。那里是亚热带气候，但冬季会下雪。严文明教授[22]指出，这种寒暖变化剧烈的内陆型气候才是稻作在那里产生比在其他地方早的原因。

　　长江中游有广阔的低湿地，与湖沼和洪泛平原交织在一起，野生稻便生长在这种低湿地的周边。初期的稻作很有可能就是在长江中游的这种低湿地周边产生的。开始从事稻作农耕的人们，极有可能是湖沼地带的狩猎采集渔猎民。我[16]1996年曾指出，使稻作普及的契机是气候温暖化过程中由新仙女木回寒期所引发的突然的寒冷期。在低湿地周边从事渔猎采集的人们遇到了新仙女木回寒期，于是，在寒冷化影响最严重的地方便最早出现了稻作农耕，这是我当时的一个假说。

2007年，佐藤洋一郎氏[23]也提出了一个假说，即新仙女木回寒期的到来使本来多年生靠根茎繁殖的稻发生基因变异，转变成一年生靠种子繁殖的稻，这对稻作的产生起到了重要作用。的确，同麦一样，一年生靠种子繁殖的稻遇到环境恶化，就会为维持种群而多结籽实，而这就成为一个契机，使面临食物危机的人们转向稻的栽培。

新仙女木回寒期对稻作农耕的发展带来重大影响，这应该是事实。但是，在新仙女木回寒期，洞庭湖周边是否具有野生稻能够生长的温度条件，还需要进一步探讨。有关新仙女木回寒期的稻作证据，现阶段长江流域的证据还是很匮乏的。其实，尽管还存在不确定性，但能够使人感觉到有稻作存在的，是处于白令·阿莱雷德温暖期的湖南省玉蟾岩遗址和江西省仙人洞遗址，以及新仙女木回寒期结束后的湖南省彭头山遗址和八十垱遗址。

后面章节还将进行详述，麦作农耕的证据的确集中于新仙女木回寒期。但是，稻作农耕的证据多在新仙女木回寒期以前，或10 000年前以降。

现阶段，我倾向于把稻的起源设定在新仙女木回寒期以前的白令温暖期。

一年生靠种子繁殖的麦和多年生靠根茎繁殖的稻，其栽培化过程理应不同。关于麦作农耕始于新仙女木回寒期这一点，我们已经得到诸多证据。但与麦作不同，稻作农耕应该始于新仙女木回寒期以前的白令·阿莱雷德温暖期[24]。

长江中游是稻作起源地　河姆渡遗址的稻作可以追溯到7 600年

前，比麦作的起源晚5 000年以上。但从我的这一假说来看，稻作与麦作一样，也应该起源于冰河期向后冰期转变的地球环境剧变之中。因此，河姆渡遗址稻作的年代显得过于晚近。

另外，河姆渡遗址面向大片的冲积平原，而要开发长江下游如此广阔的冲积平原，只有在技术相当发达之后才能做到。

最重要的是，长江下游冲积平原的形成，是在最终冰期的最寒冷期以后，即海面上升以后。如图2-12所示，最终冰期最寒冷期的海岸线比现在向外海推出500千米以上，10 000年前的海岸线在遥远的海上，河姆渡遗址一带与其说是堆积场域，还不如说是侵蚀场域，当时的三角洲也应该位于遥远的海上。河姆渡遗址周边形成适合稻作的冲积低地，应始于9 000年前以降海平面的急速上升，长江的堆积场域随之向内陆移动。如果说将来在长江下游能够发现最古老的稻作遗址的话，那遗址应该位于现在已经沉入海底的遥远的海上。藤原宏志氏[25]的研究显示，作为中国最古老的稻作遗址而轰动一时的江苏省草鞋山遗址，其薄薄的冲积层下面便是更新世洪积台地堆积物，只是到了最多不超过7 000年前的时候才形成适合稻作的冲积平原。观看河姆渡遗址博物馆中的展品，例如干栏式建筑、骨耜、象牙制纺锤、涂漆陶器以及分成各种类型的陶器，都说明河姆渡遗址的稻作农耕社会已经达到相当发达、相当稳定的高级阶段。

所以我认为，更古老的初期稻作遗址应该在其他地方。而且后来的事态发展就像要证明我的这个假说似的，在长江中游的洞庭湖周边（图2-16），比河姆渡遗址更古老的初期稻作农耕遗址一个接一个地发现了。

图2-16　连接洞庭湖的湖南大通湖的傍晚
平静的水面展现在眼前（安田摄）

　　长江中游的洞庭湖一带处于长江穿过三峡后突然拓宽的位置，从古老的更新世时代起就形成了大片的沼泽地。从湖南省北部到湖北省的"云梦泽"一带，应该就是人类最早开始稻作的地方。

　　另外，长江中游的洞庭湖周边成为稻作起源地的另一个重要因素，就是旧石器时代的人口压力非常大（图2-13）。在洞庭湖周边以及注入洞庭湖的沅江流域分布着许多旧石器时代的遗址。由此可知，洞庭湖周边在旧石器时代肯定是人类的乐园。陶渊明描写的桃花源就在洞庭湖周边。

　　旧石器时代曾是人类乐园的地方，其环境因15 000年前的气候剧变而改变，人类陷入食物危机。于是，部分人在这危机之中寻找新的食物，从而引发了农耕革命。

　　但是，长江下游的河姆渡遗址周边和太湖周边并没有分布着洞庭湖周边那样多的旧石器时代遗址。要想引发农耕革命，则需要很大的人口压力与大量信息，而且人口压力越大，因环境变化而引发的食物危机就越严重。但在当时，长江下游的海岸线远在外海，长江下游的人口集中地恐怕也是在更靠近海岸线的地方，即现在已成为海底的地方。

　　因此，即使从引发农耕革命之前的旧石器时代的人口压力来看，我们也可以认为洞庭湖周边才是季风亚洲农耕革命的起源候选地。美丽的洞庭湖及其周边（图2-16）应该是东亚人类文明的诞生地，是旧石器时代以来人类文明的摇篮。那里就像人类诞生的非洲奥杜威峡谷一样，是东亚稻作渔猎文明诞生的乐园。也许正因为如此，陶渊明才将桃花源设定在那里。

　　湖沼才是农耕起源地　我认为，人类开始农耕的地方是水边，是湖沼周边。本书第二部将作进一步的详述，麦作农耕的起源也是在大裂谷带谷底的湖沼周边。在新仙女木寒冷干燥期，人类为了寻找水源和食物来到大裂谷带的谷底。那里分布着广阔的湖沼，湖沼周边生长着野生麦。人类从野生麦中选择性地采集没有脱粒性的麦，从而走向了麦作农耕。另外，湖中也有可以成为蛋白质来源的鱼和水鸟。大裂谷带的湖沼是候鸟从欧洲飞往非洲的栖息地，所以候鸟也就成了人类宝贵的蛋白质来源。

同样，在长江流域，穿过三峡的长江突然变宽而形成广阔的沼泽，洞庭湖以北被称为"云梦泽"，那一带应该就是稻作起源地。沼泽的周边生长着普通野生稻（*Oryza rufipogon*），人们选择性地采集由于基因突变而失去脱粒性的稻，从而走向了稻作农耕。选择性地采集由于基因突变而失去脱粒性的野生稻，然后在水田里进行栽培，几年后这片水田的野生稻就会变成栽培稻。——有人曾经做过这样的实验。

而且湖中有可以成为人类宝贵的蛋白质来源的鱼。不仅有鱼，还有蛇、青蛙、贝和水鸟，湖沼是人类摄取蛋白质的宝库。

澧水、沅江、资水、湘江从西部和南部流入洞庭湖，而长江从北部流入洞庭湖。于是，以洞庭湖为中心便形成了巨大的湖沼地带。这是冰期向后冰期转变的环境剧变过程中最适合人类生存的地方，也是最适合人类作为新的生存策略而选择农耕的场所之一。

点缀着洞庭湖、大通湖、万子湖等湖泊的湿地周边，有一个古老的稻作农耕聚落——彭头山遗址。在那里，稻作的起源确实可以追溯到8 600年前（图2-17）。

图2-17 湖南省彭头山遗址（安田摄）

图 2-18　城头山遗址发现的稻谷（6 400 年前）和八十垱遗址发现的稻谷（右，7 800 年前）（那须浩郎摄）

研究表明，彭头山遗址是最古老的采取环濠聚落形态的遗址，面积达 6 万平方米。与其邻近的八十垱遗址出土的稻也可以追溯到 7 800 年前。这是使用加速器对出土稻谷（图 2-18）进行碳十四年代测定的结果[26]。

彭头山遗址是定居聚落。这种巨大的稻作农耕聚落不会突然出现在洞庭湖周边。

初期稻作农耕聚落的规模应该更小，应该由生活在洞穴中的人们所经营。因此，发展到像彭头山那样大规模的定居聚落是要花费很长时间的。我当时想，彭头山遗址的稻作证据虽然比长江下游河姆渡遗址的古老，但肯定还不是中国最古老的稻作遗址，更原始的稻作遗址应该还在别的地方。

就在这时，我得到消息，说在湘江上游的道县玉蟾岩遗址出土了 10 000 年前的稻作证据和 17 000 年前的陶器。

玉蟾岩遗址是稻作起源地吗？　2000 年 11 月 7—10 日，我考察了东亚最早引发定居革命和农耕革命的玉蟾岩遗址。不巧赶上下雨，在雨雾中，又细又尖的塔一个一个地映入眼帘（图 2-15），它们其实是石灰岩被侵蚀后形成的塔状喀斯特小山。玉蟾岩遗址离广西桂林不远，我们想象一下桂林的风景，就可以知道其大致形态了。

在塔状喀斯特小山中有钟乳洞或山体崩塌后形成的洞穴，这些洞穴就是最早从事稻作农耕的人的住所。

一个个塔状喀斯特小山就像一户户人家，如果登上小山顶部，就可以眺望远方，作为狩猎的根据地是非常适合的。

洞穴中冬暖夏凉，还可以避雨。在多雨的地方，避雨的场所是必不可少的。如果洞穴的入口再围上石头，就可以躲避熊等肉食野兽的攻击。

在塔状喀斯特小山的
山麓有石灰坑形成的湖沼。
湖沼现在虽然已经变成水
田（图2-19），但那里过去
肯定有成群的鱼和水鸟。

玉蟾岩遗址位于塔状
喀斯特小山的山腰。洞穴
高1—2米，纵深7米，宽
15米，是一个很小的洞
穴。迄今为止进行过三次

**图 2-19　湖南省玉蟾岩遗址周边的塔状喀斯特及
前面的灰岩坑（安田摄）**

发掘，除了鹿、猪、牛和熊以外，还发现了大量的鸟骨。鸟骨有28种，
其中18种是水鸟骨。这就说明，在玉蟾岩周边曾经有水鸟成群的湖沼。

此外，还出土了大量石灰岩地带特有的陆生贝，这曾是人类重要的
食物。

1995年发掘时发现了17 000年前的陶器。其碳十四年代测定值是
用加速器测定陶器中的炭片得出的，信赖度很高。这个陶器是迄今为止
中国最古老的陶器之一，展示在湖南省文物考古研究所。它是一个尖底
灰色陶器（图2-4），厚度1厘米以上。

从发现这个最古老陶器的堆积层的上部发现了四粒稻谷。据说是栽
培稻稻谷。堆积层中炭片的碳十四年代测定值是14 000年前。如果确
实如此，那就意味着玉蟾岩遗址的人们早在14 000年前就从事稻作农
耕了。但是，这个年代是真实可信的吗？

洞穴堆积层的层序认定很困难，即使与炭片同层出土，也不能断定
稻谷的年代就与炭片属于同一个年代。

因此，还需要对稻谷本身进行年代测定，否则就无法得出确实的结
论。我曾再三请求湖南省文物考古研究所所长袁家荣氏直接测定稻谷年
代，但他总是以"太少了，太珍贵了，我们仅有这四粒"等理由婉拒，
所以直接测定稻谷年代的愿望至今没有实现。或许袁所长本人也没有自

信，所以他在犹豫到底是否要进行年代测定。虽然有这样的疑问，但无论如何，只要这四粒稻谷不是现代稻谷掺入，那我们还是可以说，在与陶器烧制年代相差不远的年代，稻作农耕在玉蟾岩遗址就已经开始了。

图2-20 由湖南省永州市道县白公岩遗址洞内看到的外部风景（安田摄）

玉蟾岩遗址所在的湖南省南部是一年两熟地带，而且也属于野生稻分布区。人类对生长在湖沼周边的野生稻进行栽培化，是完全可能的。

除了玉蟾岩遗址，迄今为止从塔状喀斯特小山的洞窟里还发现了六处遗址。其中的三角遗址是12 000年前的遗址，在那里发现了猪、鹿、牛、熊等动物的遗骨和大量石器。另外，8 000年前的白公岩遗址也出土了动物遗骨、石器和陶器。白公岩遗址（图2-20）是比玉蟾岩遗址更大的洞穴，高3米，纵深20米，宽20米以上。此时人口已经有所增加，所以洞穴规模也大了一些。

石灰岩地带与文明的产生 塔状喀斯特小山林立，其间有湖沼湿地，这就是东亚形成的人类最初的生活圈[27]。这里是多雨多雾的亚热带湿润地带，人类由此迈向文明。

在西亚，人类形成最初的生活圈，并开始迈向文明的地方，是夏季干燥的亚热带冬雨地带，但两者之间有一个共同点，即都是石灰岩地带。

另外，玛雅文明的发祥地也是塔状喀斯特小山林立的亚热带石灰岩地带。石灰岩地带的风土与人类文明的关系密切，这是我和松井孝典氏一起考察玛雅文明后的一致意见[27]。

为什么是石灰岩地带呢？这恐怕与水有关。石灰岩地带的很多地方会流出清澈的地下水，这些清流便是文明发祥的第一步。

另外，东亚和西亚除了亚热带石灰岩地带以外，还有一个相同的使稻作和麦作得以产生的风土因素，即冬季寒冷。

虽说是亚热带气候，湖南省的秋冬季，一旦下雨就会感到浸透骨髓的湿冷，冬季也会下雪。我们去玉蟾岩遗址考察的 11 月 8 日，就赶上了下雨，浸透骨髓的冷雨淅淅沥沥地下个不停。

同样，西亚黎凡特地区的冬季也会降下大颗粒的冬雨，有时还会下冰雹。因此，在新仙女木回寒期，人类的生活一定受到了很大影响，这就是麦作农耕产生的契机。在东亚的长江中游，新仙女木回寒期也极有可能出现类似的现象。稻作虽然在 14 000 年前就已经产生，但新仙女木回寒期引发的严重的食物危机，才是使人类转向稻作农耕的契机。

湖南省是稻作两熟地带，但冬季却会遭遇与日本一样的寒冷。我们认为，冬季的寒冷就是使稻的栽培化得以普及的重要契机。玉蟾岩遗址正处于容易受到气候寒冷化影响的亚热带气候的北部边缘地带。

但是，稻与麦不同，稻是亚热带原产的植物。在新仙女木回寒期，玉蟾岩遗址周边的气候到底是否达到了可以允许野生稻生长的温暖程度，今后还需要进行充分的探讨。

综上所述，中国稻作起源地很可能不是长江下游的河姆渡遗址，而是在长江中游。这种可能性逐渐增大，而且其年代确实可以追溯到 10 000 多年前的晚冰期。

森林与草原之间 过去，人们曾认为稻作农耕起源于 7 000 年前，比麦作农耕的起源晚 5 000 年以上。但现在已经可以追溯到 10 000 多年前。因此，我们可以在冰河时代向后冰期转化的全球性环境变化中，特别是在白令亚间冰期的温暖化过程中，对稻作农耕的产生进行阐释。或许，后续的新仙女木回寒期对稻作农耕的发展也发挥了重要作用，请期待我们今后的研究成果。

我推测，初期稻作农耕遗址不是位于广阔的冲积平原，而是像仙人洞遗址、玉蟾岩遗址那样位于很小的山间盆地。

图 2-12 是根据花粉分析结果复原的东亚 20 000 年前最终冰期最寒冷期的古地理和植被分布图。在华北平原一带是分布着藜科、艾属植被

的干燥草原。由于海平面下降，长江的入海口向外海推出 500 千米。那时，森林只分布于长江以南，那里生长着枹栎、栗和松等落叶阔叶树与针叶树混合林，在更南的地方生长着槠类和米槠类照叶树林（常绿阔叶林）。

在稻作农耕产生的晚冰期，森林带虽说整体上已向北扩展，但长江中下游仍是北部草原地带与南部森林地带的交错处，这一点并没有变。把初期稻作农耕遗址重合在植被分布图上（图 2-12），饶有兴味的事实便显现出来，即仙人洞、玉蟾岩等可以追溯到 10 000 多年前稻作起源时代的遗址，都位于南部森林地带与北部草原地带的交错处。那里是森林和草原呈镶嵌状复杂交错的地方，森林中流淌着小河，沿着小河有湿地草原和石灰岩形成的小凹地，就是在这样的环境中稻作产生了。

如本书第二部所述，西亚的麦作农耕也是在森林与草原这种异质生态环境的交错地带产生的，与稻作农耕所产生的环境一样。

重要的是，使人类史发生巨变的麦作农耕和稻作农耕，都是在森林与草原这两种异质生态环境的交错地带产生的。人类文明史中根本性的技术革新都是从异质生态环境的交错地带，即异文化、异民族的交融地带产生的，因为那里的生物种具有多样性，而且有大量异文化交汇的信息。

东亚稻作半月弧与西亚麦作半月弧　1976 年，中尾佐助氏将漆、构树、茶、绢、鸬鹚等照叶树林文化诸要素结合起来考察，发现了以云南高地为中心的文化核心区，然后参照西亚"肥沃的半月弧"，将以云南为中心的半月形地域命名为"东亚半月弧"。他认为，"东亚半月弧"是照叶树林文化的中心，同时也是稻作的起源地。

但是，中尾氏所主张的以云南为中心的"东亚半月弧"过于偏向北纬 30 度以南，所以即使那里是照叶树林文化的中心，也不可能是稻作的起源地。而且那里缺少稻作发展后理应产生的都市文明，与西亚"肥沃的半月弧"对应不上。

稻作的起源地不在云南，而在长江中下游。因此，我想站在中尾学说的延长线上，把"东亚半月弧"的位置从云南移到长江中下游，并将其重新命名为"东亚稻作半月弧"（图 2-21）。

图 2-21 东亚稻作半月弧与西亚麦作半月弧（安田，1999）[4]

　　"东亚稻作半月弧"的中心在长江中游的湖北省和湖南省，东端是长江三角洲，西端是四川盆地。这里是稻作农耕的起源地，有清晰的稻作发展轨迹。6 000 年前曾产生大溪文化，5 500 年前曾产生屈家岭文化，5 300 年前曾产生良渚文化，中国最早的都市文明就产生在这一地域。通过"东亚稻作半月弧"，我们可以从视觉上明确地定位东亚稻作农耕的起源地与都市文明的诞生地。

　　作为西亚麦作农耕起源地及都市文明诞生地的"西亚麦作半月弧"，与东亚稻作农耕起源地及都市文明诞生地的"东亚稻作半月弧"，作为东西两大"半月弧"，都位于北纬 30—40 度之间的温带，所以很适合进行环境史意义上的比较。

　　由于东西两大"半月弧"的设定，比较欧亚大陆人类文明史的视角逐渐明晰起来。东方与西方获得了对等的位置，文明史的平衡得到了恢复。"东亚稻作半月弧"与"西亚麦作半月弧"不仅是稻作和麦作的起源地，同时也是东西方文明的摇篮。

　　"东亚稻作半月弧"与"西亚麦作半月弧"的设定，保证了东方与西方具有级别相同的出发点和文明史地位。东西两个半月弧呈上弦与下弦对称性分布，而且对称性也很有趣。孕育出统治自然思想的"西亚麦作半月弧"，仿佛要统治人类史似地从上向下覆盖；而立足于生命平等，孕育出万物有灵自然观的"东亚稻作半月弧"，则像一个接受万物的容器。

从文明的一元史观到多元史观　至少从稻作和麦作的视角来看，东西方文明的出发点是同时并行的。不，在农耕与陶器的起源方面，"东亚稻作半月弧"可能更加古老。文明一元史观认为，迄今为止的农耕与文明都产生于西亚的"西亚麦作半月弧"，然后传给了希腊、印度和东亚。但是，由于"东亚稻作半月弧"的出现，文明一元史观被彻底颠覆了。农耕与文明在东方和西方是各自独立产生的，文明是多元的。

农耕与文明都产生于"西亚麦作半月弧"，然后传遍全世界的文明一元史观，对于处在麦作与家畜相结合的旱作畜牧文明延长线上的近现代欧洲人来说，是很合适的。因为这一理论拥护近现代欧洲统治世界。农耕革命由"西亚麦作半月弧"引发，并给人类史带来辉煌的发展——戈登·柴尔德（Vere Gordon Childe）[29]的这一新石器革命论，是西欧中心史观的原点，而日本的很多考古学者和历史学者也都极力支持戈登·柴尔德的新石器革命论和绿洲理论[30]（西亚的绿洲地带是农耕起源地），使自己成为西欧中心史观的宠儿。

但是，戈登·柴尔德所说的新石器革命不仅仅发生在"西亚麦作半月弧"。或许同时，或是更早，在东亚的"东亚稻作半月弧"也发生了新石器革命。"东亚稻作半月弧"的出现，迫使人们从根本上改写以往的人类史。

从文明生态史观到环境史观　梅棹忠夫氏的《文明的生态史观》[3]告诉因战败而丧失自信的日本人，日本与欧洲在生态史上处于并行的关系之中，从而给日本人带来了生存的勇气和希望。得知日本稻作渔猎文明与欧洲旱作畜牧文明在生态史上处于并行关系之后，日本人高兴起来，并开始追求富足。于是，40 年后，日本像不死鸟一样复苏了，甚至变成了 GNP 世界第二的经济大国。但是，阻碍在 21 世纪日本人面前的，正是追求富足的"报复"——地球环境问题。现在已经到了不解决地球环境问题，现代文明就无法延续下去的地步。

1967 年，梅棹氏出版《文明的生态史观》时的时代精神中不包含地球环境问题，对于因战败而丧失自信的日本人来说，追求富足、赶超欧美是先决条件。从这个意义上讲，当时的生态史观确实发挥了巨大作用。

但是，世界形势已经发生巨变，而且在地球环境问题上，日本人已经处于引领世界的地位。于是，我们现在需要建构不同于欧美的新的价值观与历史观，即自然·人类循环型可持续价值观。

最重要的是，我们发现了日本人在绳文时代发展起来的森林文明，和弥生时代以来培育起来的稻作渔猎文明，可以解救苦于地球环境问题的 21 世纪的人类。绳文时代以来森林之民的万物有灵论，和弥生时代稻作渔猎民保护森林与水的循环系统的生活方式，正在受到重新评价。不再仅仅是汉堡包，日本传统的饭稻羹鱼的饮食结构也开始被重新认识。40 年前，日本人由于知晓日本与西欧在生态上的并行关系而欢欣雀跃，为赶超欧美而奋勇直前。但现在我们终于认识到，西欧的价值观和历史观是导致地球环境问题的根源。

众所周知，欧美旱作畜牧文明的历史观、世界观及其生活方式已经无法解决地球环境问题。现在已经没有人说大量生产、大量消费型的"饱食大国"美国的生活方式最棒。2008 年发端于次债危机的美国经济的衰落，迫使人们重新思考旱作畜牧民构想出来的可以称为金融至上的市场原理。因此从这个意义上讲，阐述日本与欧洲存在并行关系，并在这种关系中寻找日本活力源泉的《文明的生态史观》，反映了以欧美为目标的文明史观，是已经过时的文明史观。只有认识到生态史观已经过时，日本人才能够从对旱作畜牧文明的憧憬中解放出来，才能够认识到自己身边的稻作渔猎文明的真正价值。也就是说，日本文明的重要性并不在于与西欧的并行关系之中。

梅棹氏[3]的生态史观中还有一个致命性缺陷，即虽然使用了"生态史"一词，却认为地球环境千年不变。但是仅以气候变化为例，地球的气候数年之间就会发生急剧的变化。过去特定地域的环境剧变与特定地域的人类文明史的兴亡使得现在的世界得以形成，我们需要站在这一立场上，从过去定位现在，并将过去连接于未来，从而进一步预测不远的将来。

基于以上视角，我提出了"文明的环境史观"[24]。相对于无比尊敬的梅棹忠夫氏的生态史观而提出不同的环境史观，是需要勇气的，但是为了建构 21 世纪地球与人类共存的世界，我还是提出了"文明的环境史观"。不过，我必须声明，没有梅棹忠夫氏的《文明的生态史观》，就没有我的《文明的环境史观》。我的"东亚稻作半月弧"也是一样，没有中尾佐助氏[28]的"东亚半月弧"，就没有我的"东亚稻作半月弧"。在这里，我要向前辈们表示深深的敬意。

欧亚大陆的新文明模式 "文明的环境史"重视新型文明的创造，以取代在支配自然、榨取自然资源的基础上建立起来的，以近现代欧洲文明为代表的自然·人类榨取型文明[31]。发现取代旱作畜牧文明的新型文明，其核心在于建构自然·人类循环型的可持续文明社会。对生灵万物抱有敬畏之心，将与自然共存视为最高价值，这就是日本人为创造环境和谐型"生命文明"[32]而进行的挑战。

与文明类型密切相关的是人类的存在。只要人类的地球观、自然观、世界观、历史观不改变，也就是说，只要人心不变，环境经济协调型可持续发展的文明社会就无法产生。所以说，改变人心才是"文明的环境史观"所要达到的最终目的。

立足于文明的环境史观，新的欧亚大陆文明地图（图 2-22）就会展现在我们面前[33]。正如吉野正敏氏所指出，欧亚大陆人类居住的大部分风土可以大致分为季风亚洲、干燥亚洲和大西洋亚洲。与此相对应，和辻哲郎氏曾在其名著《风土——基于人类学的考察》[34]中把它们作为季风区域、沙漠和牧场来加以论述。近年来，松本健一氏又在《砂的文明、石的文明、泥的文明》[35]中论及欧亚大陆的文明与环境的相互作用。欧亚大陆的这三种风土条件，无疑对人类文明史给予了

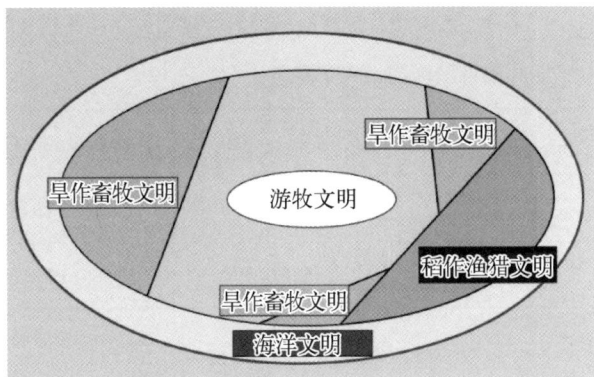

图 2-22　欧亚大陆文明
　　　地 图（ 安田，
　　　2005）[33]

重大影响。

　　我[33]把位于季风亚洲多雨地带的文明定位为"稻作渔猎文明"，即栽培夏季农作物的水稻，并以鱼贝类为主要蛋白质来源的文明。另一方面，欧亚大陆西部的大西洋亚洲则栽培冬季农作物的小麦，以羊肉、牛奶、黄油、奶酪为主要蛋白质来源，我把这种文明称为"旱作畜牧文明"，与"稻作渔猎文明"相对应。在东方的"稻作渔猎文明"与西方的"旱作畜牧文明"之间有干燥亚洲的游牧文明，游牧文明承担了东方"稻作渔猎文明"与西方"旱作畜牧文明"之间的文明交流任务。另外，在欧亚大陆文明地图中，"旱作畜牧文明"夹在"稻作渔猎文明"和游牧文明之间，上面是始于黄河文明的华北文明，下面是始于印度河文明的印度西北部文明。我们设定，"稻作渔猎文明"的基本范围是从印度东部、中国南部，然后到达日本列岛的稻作农耕地带。当然，"稻作渔猎文明"有时也会扩展到"旱作畜牧文明"地带，有时也会出现相反的情况。但是，欧亚大陆的人们时至今日仍然继承着根植于这一风土的传统文明谱系。

　　而且在 21 世纪，当"旱作畜牧文明"所产生的近现代欧洲文明，及其延长线上的美国文明引发地球环境问题，现代文明面临危机的时候，我认为[36]在季风亚洲的"稻作渔猎文明"的精髓之中，可以找到挽救 21 世纪地球与人类的方法和新的文明之路。

表 1　古陶器与稻作农耕相关遗址的碳十四年代（Yasuda，2002）[6]

1. 广西壮族自治区柳州大龙潭遗址（图 2-12）

	¹⁴Cyears BP	cal.years BC	med.years BC
陶器相关	21025 ± 450	21067—19152	20087
陶器相关	18555 ± 300	20563—19601	20087

2. 广西壮族自治区庙岩遗址（图 2-12）

	¹⁴Cyears BP	cal.years BC	med.years BC
陶器相关	15660 ± 260	17568—15986	16761
陶器相关	15050 ± 60	16604—15535	16502

3. 湖南省玉蟾岩遗址（图 2-12）

	¹⁴Cyears BP	cal.years BC	med.years BC
陶器相关	14490 ± 230	16145—14716	15416
陶器相关	14810 ± 230	16500—15074	15783
陶器相关	12320 ± 120	13466—12131	12662
稻作相关	12060 ± 120	13364—11869	12178

4. 湖南省八十垱遗址（图 2-12）

	¹⁴Cyears BP	cal.years BC	med.years BC
陶器与稻作相关	7540 ± 80	6460—6250	6335
陶器与稻作相关	6990 ± 70	5980—5790	5885
陶器与稻作相关	7185 ± 70	6160—5920	6040

5. 湖南省彭头山遗址（图 2-12）

	¹⁴Cyears BP	cal.years BC	med.years BC
陶器与稻作相关	9100 ± 120	8530—8200	8365
陶器与稻作相关	8200 ± 200	7550—6800	7175
陶器与稻作相关	7185 ± 100	6820—6480	6650
陶器与稻作相关	7745 ± 90	6650—6460	6555
陶器与稻作相关	7945 ± 170	7080—6950	6835
陶器与稻作相关	7770 ± 110	6750—6460	6600
陶器与稻作相关	7945 ± 100	7040—6690	6865
陶器与稻作相关	8385 ± 115	7580—7320	7450
陶器与稻作相关	8135 ± 90	7320—7040	7180
陶器与稻作相关	7055 ± 100	6020—5800	5910
陶器与稻作相关	7930 ± 80	7040—6680	6860
陶器与稻作相关	6252 ± 110	5330—5050	5190
陶器与稻作相关	9785 ± 180	9650—8800	9225
陶器与稻作相关	7890 ± 90	7030—6640	6835
陶器与稻作相关	8455 ± 90	7590—7370	7480
陶器与稻作相关	9065 ± 300	8650—7750	8200
陶器与稻作相关	7775 ± 90	6690—6470	6580
陶器与稻作相关	7520 ± 90	6440—6250	6345
陶器与稻作相关	8550 ± 80	7680—7480	7580
陶器与稻作相关	9220 ± 80	8540—8290	8415
陶器与稻作相关	7250 ± 140	6240—5920	6080
陶器与稻作相关	7610 ± 80	6590—6380	6485
陶器与稻作相关	8290 ± 80	7520—7180	7350
陶器与稻作相关	8490 ± 80	7600—7480	7540
陶器与稻作相关	7920 ± 200	7100—6500	6800
陶器与稻作相关	8700 ± 200	8200—7550	7875

6. 江西省仙人洞遗址、吊桶环遗址（图 2-12）

	¹⁴Cyears BP	cal.years BC	med.years BC
陶器相关	19780 ± 360	22535—20425	21419
陶器相关	15050 ± 60	16604—15535	16052
稻作相关	14000	15322—14392	14851
稻作相关	11000	11209—10925	11064

7. 浙江省河姆渡遗址（图 2-12）

	¹⁴Cyears BP	cal.years BC	med.years BC
陶器与稻作相关	6310 ± 100	5650—5030	5650
陶器与稻作相关	6310 ± 170	5650—4800	5650
陶器与稻作相关	6260 ± 200	5650—4800	5650
陶器与稻作相关	6200 ± 100	5650—4800	5650
陶器与稻作相关	6085 ± 120	5350—4700	5350
陶器与稻作相关	6060 ± 100	5270—4700	5270
陶器与稻作相关	5910 ± 90	5000—4540	5000
陶器与稻作相关	5610 ± 80	4620—4320	4620
陶器与稻作相关	5560 ± 80	4590—4220	4590
陶器与稻作相关	5310 ± 09	4350—3970	4350
陶器与稻作相关	5210 ± 100	4350—3750	4350
陶器与稻作相关	5050 ± 100	4050—3445	4050

8. 河北省虎头梁遗址（图 2-12）

	¹⁴Cyears BP	cal.years BC	med.years BC
陶器相关	13080 ± 120	14304—12731	13733

9. 俄罗斯文美遗址（图 2-12）

	^{14}Cyears BP	cal.years BC	med.years BC
陶器相关	13260 ± 100	14544—13086	13957
陶器相关	10345 ± 110	10700—9800	10250

10. 俄罗斯嘎沙遗址（图 2-12）

	^{14}Cyears BP	cal.years BC	med.years BC
陶器相关	12960 ± 120	14050—13200	13625

11. 长崎县福井洞窟遗址（图 2-12）

	^{14}Cyears BP	cal.years BC	med.years BC
陶器相关	12700 ± 500	13900—13200	13100
陶器相关	12400 ± 350	13400—12100	12750

12. 福井县鸟滨贝塚（图 2-12）

	^{14}Cyears BP	cal.years BC	med.years BC
陶器相关	11830 ± 55	12110—11640	11875

13. 爱媛县上黑岩洞窟遗址（图 2-12）

	^{14}Cyears BP	cal.years BC	med.years BC
陶器相关	12165 ± 600	13400—11500	12450

14. 长野县下茂内遗址（图 2-12）

	^{14}Cyears BP	cal.years BC	med.years BC
陶器相关	16250 ± 180	18159—16745	17441

15. 青森县大平山元遗址（图 2-12）

	^{14}Cyears BP	cal.years BC	med.years BC
陶器相关	13780 ± 170	14850—14200	14520

参考文献

［1］ 吉野正敏《季风亚洲的环境变化》,《地理学评论》(72), 1999 年。

［2］ 安田喜宪《大河文明的诞生》, 角川书店, 2000 年。

［3］ 梅棹忠夫《文明的生态史观》, 中公丛书, 1967 年。

［4］ 安田喜宪《东西文明的风土》, 朝仓书店, 1999 年。

［5］ 藤木利之、百原新、安田喜宪《日本的间冰期堆积物含有的紫薇属 Lagestroemia 花粉化石的形态》,《植被史研究》10, 2001 年。

［6］ Yasuda, Y., Origins of prttery and agriculture in East Asia.In Yasuda, Y. (ed.), *The Origins of prttery and agriculture*, Lastre Press and Roli Books, pp.119−142, 2002.

［7］ 西田正规《定居革命》, 新曜社, 1986 年。

［8］ Dansgaard, W. et al., Evidence for general instability of past climate from a 250-kyr ice core record. *Nature* 364, pp.218−201, 1993.

［9］ 梅原猛、伊东俊太郎、安田喜宪《讲座·文明与环境》全十五卷, 朝仓书店, 1995—1996 年。

［10］ Yasuda, Y. (ed), Environmental variability of the East and West Eurasia. *Quaternary International* 105, pp.1−80, 2003.

［11］ Yasuda, Y. and Catto, N. (eds.), Environmental variability and human adaptation since the Last Glacial period. *Quaternary International* 123/125, pp.1−158, 2004.

［12］ 安田喜宪《渡过大灾时代》, WEDGE 选书, 2005 年。

［13］ Stuiver, M. et al., The GISP2 δ18O climate record of the past 16,500 years and the role of the sun, ocean and volcanoes. *Quaternary Reasearch* 44, pp.341−354, 1995.

［14］ Kitagawa, H., van der Plicht, Atmospheric radiocarbon calibration to 45,000 yr B. P.: Late glacial flutuations and cosmogenic isotope production. *Science* 279, pp.1178–1190, 1998.

［15］ Yasuda, Y. et al., Environmental variability and human adaptation during the Lateglacial/Holocene transition in Japan with reference to pollen analysis of the SG4 core from Lake Suigetsu. *Quaternary International* 123–125, pp.11–19, 2004.

［16］ 安田喜宪《特集·稻作的传播与长江文明》,《季刊考古学》56, 1996 年。

［17］ 佐藤洋一郎《DNA 讲述的稻作文明》, NHK 书籍, 1996 年。

［18］ 安田喜宪《气候变动的文明史》, NTT 选书, 2004 年。

［19］ 冈彦一《中国古代遗址讲述的稻作起源》, 八坂书房, 1997 年。

［20］ 佐藤洋一郎《稻的日本史》, 角川选书, 2002 年。
　　　佐藤洋一郎《稻的文明》, PHP 新书, 2003 年。

［21］ 森岛启子《亚洲的野生稻》, 和佐野喜久生《东亚的稻作起源与古代稻作文化》, 佐贺大学, 1995 年。

［22］ Yan, W., Contribution to the origin of rice agriculture in China. *YRCP Newsletter* vol.1, 1998.

［23］ 佐佐木高明、佐藤洋一郎、堀田满、安田喜宪《讨论：照叶树林文化与稻作文化》, 佐佐木高明《何谓照叶树林文化》, 中公新书, 199—309 页, 2007 年。

［24］ 安田喜宪《文明的环境史观》, 中公丛书, 2004 年。

［25］ 藤原宏志《探寻稻作的起源》, 岩波书库, 1998 年。

［26］ 梅原猛、安田喜宪《长江文明的探究》, 新思索社, 2004 年。

［27］ 松井孝典、安田喜宪《地球文明的寿命》, PHP, 2001 年。

［28］ 上山春平、佐佐木高明、中尾佐助《续·照叶树林文化》, 中公新书, 1976 年。

［29］ Childe, V. G., *The Most Ancient East: the Priental Prelude to European Prehistory*, Routledge & Kegan Paul, London, 1928.

［30］ Childe, V. G., *New Light on the Most Ancient East*, Routledge & Kegan Paul, London, 1934.

［31］ 安田喜宪《世界史中的绳文文化》, 雄山阁, 1987 年。

［32］ 安田喜宪《迈向生命文明的世纪》, 第三文明社, 2008 年。

［33］ 安田喜宪《从稻作渔猎文明的社会精神中学到了什么》, 山折哲雄《环境与文明》, NTT 选书, 2005 年。

［34］ 和辻哲郎《风土——基于人类学的考察》，岩波书库，1935 年。

［35］ 松本健一《砂的文明·石的文明·泥的文明》，PHP 新书，2003 年。

［36］ 安田喜宪等《探寻文明的风土》，丽泽大学出版会，2007 年。

［37］ 安田喜宪《长江文明的发现》，安田喜宪编著《环境考古学手册》，朝仓书店，2004 年。

［38］ Nakagawa, T. et al., Asychronous climate changes in the north Atlantic and Japan during the last termination. *Science* 299, pp.688−691, 2003.

［39］ Yasuda, Y., Climate change and origin and development of rice cultivation in the Yangtze River basin, China. *AMBIO* 14, pp.502−506, 2008.

第三章

发现长江文明

一、湿润与干燥之间

古代文明的产生同时而多元　所谓世界四大古文明，是指美索不达米亚文明、埃及文明、印度文明和黄河文明，它们都产生于欧亚大陆的大河中下游。美索不达米亚文明在底格里斯河和幼发拉底河，埃及文明在尼罗河，印度文明在印度河，黄河文明在黄河分别产生，而产生古代文明的这些大河中下游，年降水量都在 500 毫米以下，处于干燥至半干燥地带（图 2-1），并以麦作和畜牧为主要生计。在欧亚大陆还有其他大河，例如恒河和长江（扬子江）。但以前学术界认为，流经湿润地带的这些大河中下游不曾产生过文明。

四大古文明中，美索不达米亚文明和埃及文明产生于 5 700 年前，而黄河文明的产生则比它们晚 1 500 年以上。而且美索不达米亚文明、埃及文明和印度文明都位于北纬 35 度以南的大河之滨，只有黄河文明位于北纬 35 度以北。为什么只有黄河文明的产生要晚 1 500 年以上？又为什么只有黄河文明位于北纬 35 度以北呢？

倡导文明一元论的学者说，这是因为从美索不达米亚到东方的黄河流域，文明的传播花费了很长时间。文明首先在美索不达米亚产生，然后传播到尼罗河流域和印度河流域，最后才传播到亚洲，在黄河流域开花结果。

图 2-1 是在吉野正敏氏[1]制作的欧亚大陆气候分布图上叠印上了古文明发祥地[2]，由此可知四大古文明中的美索不达米亚文明、印度

文明和黄河文明都产生于干燥亚洲和湿润季风亚洲、大西洋亚洲相交错的大河流域。孕育出埃及文明的母亲河尼罗河在沙漠中流淌，其周边正是干燥与湿润的结合部。因此，我们可以认为"干燥与湿润之间"是孕育出四大古文明的风土因素。

那么，为什么四大古文明会产生于干燥与湿润之间呢？畜牧民原本生活在干燥亚洲，旱作农耕民则生活在大河周边。但在5 700年前，气候明显干燥化，以此为契机，畜牧民也集中到了大河周边。我[2]曾指出，以5 700年前气候干燥化为契机的人口向大河周边的集中，以及畜牧民和旱作农耕民的文化融合，才是都市文明得以产生的契机。

四大古文明是由旱作农耕民与畜牧民创造出来的"旱作畜牧文明"。的确，四大古文明中对于普遍文明原理的探究、交易网与护身金属武器的开发、发达的贵金属佩饰、领导群体之王的存在、支配自然的思想等等，这些都是畜牧民的创造。因此，四大古文明产生之际，畜牧民所发挥的作用是不容忽视的。

但是，畜牧民要想深入季风亚洲的湿润地带，则需要很长的时间。因为那里森林茂密，到处都是湿地，很难依靠马移动，而且还有干燥地带无法想象的疟疾等风土病。因此，在季风亚洲湿润地带流淌的大河周边曾被认为没有沐浴过文明的曙光，一直处于未开化的野蛮状态。但是，在湿润地带森林中流淌的大河之滨曾经存在过与四大古文明完全不同的古代文明，其代表就是长江文明。长江文明是稻作农耕民与渔猎民创造出来的"稻作渔猎文明"。

发现长江文明　第一章已经说过，长江文明的发现者是梅原猛先生。1993年冬，梅原先生到中国江南旅行，当走访罗家角遗址和良渚遗址群，在尚未完工的良渚博物馆储藏库里第一次看到良渚古玉的那一刻，就已经觉察到长江文明的存在了。

制作出精美玉器的长江文明规模宏大，我看到良渚遗址群的中心——大观山遗址（图3-1）时，便真切地感受到这一点。东西长630米、南北长450米、高10米以上的人工版筑台基上还有3—4米高的三

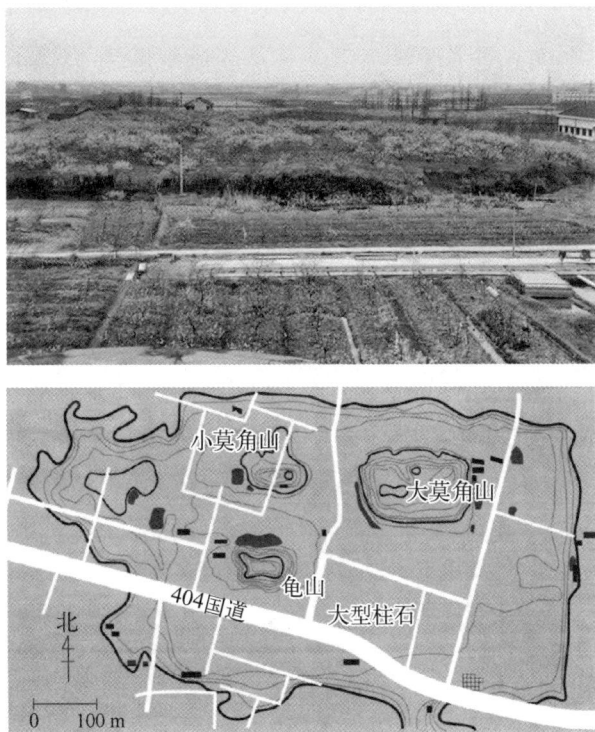

图3-1　浙江良渚大观山遗址示意图（下）与大莫角山（上）（安田摄）

个山丘，被称为"大莫角山""小莫角山"和"龟山"。最大的"大莫角山"东西长166米，南北长96米，据说是宫殿遗址。也可能是传说中的禹王墓。

从相邻的被视为王侯贵族墓的反山遗址（图3-2）出土了大量玉器，这些玉器上雕刻着只有在良渚文化核心区才能见到的怪异的神兽人面纹样（图3-3）。从北部的天目山山麓起已经发现多处出土玉器的遗址，这些遗址形成了一个遗址群，其核心正是大观山遗址。

的确，根据以往的文明概念，要想被称为古代文明，就必须具备都市、国家、文字和金属器。良渚文化虽然具备都市遗址，并具有中心与周边的设计，显示出近似于国家的形态，但没有文字和金属器。不过，若因此而断言它不是文明，其遗物则过于精美，其遗址也过于宏大。因此我们认为，应该还有"另一种文明"存在，这种文明不具备文字和金

图3-2 浙江省反山遗址（安田摄）

图3-3 雕在玉琮上的神兽人面纹
（《良渚文化玉器》，文物出版社，1989年）

属器。于是，我们决定把这种文明称作"长江文明"，其中心之一就是良渚遗址群。

中国文明的源头或许不是黄河，而是长江中下游。长江文明比黄河文明早1 000年以上，长江文明产生的年代恰好与古埃及文明和美索不达米亚文明同时，而且长江文明也处于北纬35度以南。

于是，一个学术假说便浮现出来：始于5 700年前的气候恶化既然曾促使底格里斯河、幼发拉底河和尼罗河中下游产生过古代文明，那同样也应促使长江中下游产生过古代文明，即长江文明。本来，应该列入四大古文明的是长江文明，而不是黄河文明。黄河文明是在长江文明之后产生的文明。

1997年4月，国际日本文化研究中心顾问梅原猛先生、河合隼雄所长和我一起去北京，与中国国家文物局张柏副局长会谈，双方同意开展日中联合学术考察。根据1997年长江全域的考察结果和北京大学严文明教授和梅原猛先生的指示，我们决定重点对长江中游的稻作文明进行学术考察。作为重点区域，我们决定与湖南省文物考古研究所（何介钧氏）合作，对中国一级遗址湖南省澧县城头山遗址及澧阳平原进行环境考古学考察。

1998 年 4 月，我们接到中国国家文物局张文彬局长寄给河合隼雄所长的书信，书信上说中华人民共和国国务院已经特别批准了我们的计划。这真的太令人高兴了！ 1998 年 6 月，我们签订了日中联合学术考察协议，关于具体分工，日本方面主要承担环境考古学、高科技考古学领域的工作，中国方面则主要担任考古发掘。考察期限为三年，1998年至 2000 年。

日中联合学术考察终于开始了。关于此次城头山遗址日中联合考古发掘的成果，2007 年中国方面出版了汉语版 1 500 多页的考古发掘报告[3]。作为日中共同研究的成果，日本方面则出版了三部汉语版考古研究专著[4]、四部英语版考古研究专著[5]，至于探讨长江文明的日语专著，我们已经出版了二十部以上[6]。另外，国际期刊 *Quaternary International* 也刊发了三次专刊[7]。由于长江文明的发现，我也被提名为克劳福德奖（表彰诺贝尔奖中未设领域的奖）候选人，在瑞典皇家科学院做了有关长江文明的学术演讲[7]。受瑞典国王古斯塔夫十六世的邀请所作的有关长江文明的演讲，后来也在国际期刊 *AMBIO* 刊登出来。尽管如此，出版 1 500 多页的大部头考古发掘报告我还是第一次听说，有种被中国人的能量压倒的感觉。当然，在日本文部科学省科学研究项目的结项评价中，我们的研究成果也获得了 A+ 的高度评价。

日中协议书规定，城头山遗址的考古发掘报告首先出版汉语版，然后再出版日语版和英语版，所以就先出版了汉语版。现在，日语版和英语版考古发掘报告都在撰写中。

在刚刚开始做长江文明学术考察的时候，我们受到日本考古学界的各种批判和中伤。曾有人批判我们说："连考古学的'考'字都不知道怎么写的外行，怎么可能把长江文明探究清楚呢？"还有人说："那些人愣是把汉代的东西说成新石器时代的东西！""那些人只会浪费科研经费，连个科研结项报告都写不出来"，甚至还有人造谣说"他们擅自把中国的文物带出来"等等。特别是说我们擅自把中国文物带出的恶劣谣言后来被通报到中国大使馆，最后甚至发展到由中国仓库保管员重新清点当地库存文物的地步，但经过清点，确认文物一件不少。由此可见，只要日本考古学者不改掉这种恬不知耻、恶意中伤的恶习，日本考古学的国际化就根本无法实现，而日本考古学要想作为科学真正地确立起来，也就变得遥遥无期了。其实，这也是日本人文社会科学整体的黑暗面。

当时正值考古学热，新闻记者们拼命寻找最新的考古发现。有些考古学者把自己打扮成明星一样，甚至竟有考古学者恬不知耻地对新闻记者说："我可以给你提供一点儿最新的信息"，以至于最后竟出现了具有"神手"的考古学者伪造旧石器前期石器的事件。旧石器前期石器的伪造，其实正是日本考古学者的这种恶习所导致的必然结果。

这是最近才知道的事，某报社为某纪念活动而召开了一次组委会，当宫塚义人氏拿出将在下节详述的湖南省城头山遗址的航空照片（卷首彩版1），想要谈谈长江文明的时候，日文研的某位先生便大怒道："我不想与相信这种东西的人同席开会，请允许我辞去组委会委员长的职务。"由此可见，当时即使在日文研内部，我们的科研项目"长江文明的探究"也是完全不被认可的。

但是，批判我们的日本考古学者别说出版日中合作研究报告，很多人连他们自己发掘的遗址发掘报告都出版不了。我认为，这种人根本没有资格批判别人。日本考古学者必须提升自身素质，并加强国际化。作为一名考古学者，又快又好地出版使用国民税金而进行遗址发掘的发掘报告是最低限度的义务。

现在，中国已经出版了多部有关长江文明的专著。严文明教授《长江文明的曙光》[8]等近40部有关长江流域文化的系列丛书已由湖北教育出版社出版，中国人也开始把火热的目光投向了长江流域的文化与文明。1987年，当桦山纮一氏在日本出版《长江文明与日本》[9]的时候，将日本文化与长江文明或长江流域的文化联系起来进行考察尚未成为主流。但是，由于我们的努力，长江文明的真相逐渐清晰起来；随着梅原猛、安田喜宪《长江文明的探究》[10]等一系列有关长江文明研究[4][5][6][7][11]书籍的出版，日本的考古学者和历史学者，甚至民俗学和神话学研究者也开始从长江文明的视角来思考日本古代史，而且这一思路正渐渐成为研究的主流。佐佐木高明先生[12]过去主张的从南方思考日本文化的视角获得了高度评价，而且越来越多的学者开始从南方视角来研究日本文化与日本人的来历，佐佐木高明先生所期待的时代终于到来了。

二、发掘城头山遗址

长江文明产生的背景　前文说过，长江文明的产生有赖于制陶定居的定居革命，和以定居革命为背景的稻作农耕。现在，我们再来回顾一下。

图2-12是根据以往花粉分析和古地理数据复原出来的最终冰期最寒冷期的东亚古地理复原图。东亚北部气候偏干燥，分布着黄土地和干燥草原，而在长江以南的中国大陆，一直到因海平面降低而陆地化的东海一带，沿海岸线生长着以楮类和米楮类为主的照叶树林，内陆和北部则生长着针叶林和落叶阔叶林的混生林。在最终冰期，东亚北部和内陆分布着草原，南部和沿海分布着森林，这两种异质生态环境形成了鲜明的对照。

近年来随着中国考古发掘的进展，关于陶器的起源不断有新的发现。在广西壮族自治区庙岩遗址、柳州大龙潭遗址（图2-3）发现了可以追溯到20 000年前的陶器，江西省万年县仙人洞遗址（图2-14）、吊桶环遗址、湖南省道县玉蟾岩遗址（图2-15）也发现了可以追溯到17 000年前的陶器（图2-4）。也就是说，世界上最古老的陶器起源于长江中游的南部，时间可以追溯到最终冰期最寒冷期末期的20 000年前。另一方面，从日本列岛北部到西伯利亚远东地区，俄罗斯的嘎沙（gaasya）遗址、文美（fuumi）遗址和日本青森县大平山元遗址、中国河北省虎头梁遗址等，都发现了16 500年前的陶器（图2-12）。

　　如果把世界最古老的陶器出土地点叠印在最终冰期的古地理图上，饶有兴味的事实便会浮现在我们眼前，即大部分古老陶器的出土地点都分布在接近森林的地带，而且那里生活着身材矮小且头部长度偏短的森林之民，港川人和爪哇人（Wadiak man）就是其代表（图2-12）。由此可知，最终冰期最寒冷期末期快要结束的时候，森林之民最早开始制作陶器，并先于世界其他地区，最早进入了定居生活。从冰期到后冰期的气候变化中，在森林环境最早扩展开来的中国南部出现了20 000年前的陶器。在16 500年前，日本列岛北部至沿海一带也开始了陶器制作。

　　最早开始制作陶器，并进入定居生活的森林之民开创了稻作农耕。稻作的起源或许与麦作同样古老，甚至可以追溯到更古老的时代。

　　根据目前的研究成果，我们认为稻作农耕始于长江中游。从仙人洞遗址和吊桶环等塔状喀斯特洞穴遗址中出土了可以追溯到15 000—14 000年前的稻属植硅体。但是，农耕的起源总会伴随着人类"以故乡为荣"的情结，所以我们必须注意某些学者随意地、不正当地将农耕起源越论越古的倾向。玉蟾岩遗址出土的最古老的陶器和四粒稻谷一直被认为是大致可信的。玉蟾岩遗址的陶器可以追溯到17 000年前，这一点应该没有问题，但关于15 300—14 800年前这一稻谷检测年代，由于是对包含稻谷地层中炭片的测定值，所以很难说绝对无误。因此，我们现在只能说最古老的稻作能够追溯到14 000年前的可能性很大，不要把话说满为好。

　　确确实实发现了稻作遗存的，是位于湖南省澧阳平原的八十垱遗址（图3-4）和彭头山遗址（图2-17）。彭头山遗址出土的炭化米年代是8 650±790年前，我们测定的八十垱遗址出土的稻壳碳十四加速器年代是7 800±760年前（图2-18）。因此，长江中游的稻作起源确实可以追溯到8 500年前。

　　迄今为止，长江下游的河姆渡遗址（图3-5）作为中国最古老的稻作遗址而备受关注，其年代为7 600—7 030年前。两者相比，长江中游的稻作起源更古老。

图 3-4　湖南省八十垱
遗址（竹田武史摄）

图 3-5　浙江省河姆渡
遗址（安田摄）

　　是定居于森林之中，吃鱼并开始制作陶器的森林之民最早开创了稻作。在晚冰期到后冰期的气候剧变中，森林扩大了，人类为了适应森林和湿地草原相交错的环境而发明了陶器，并在森林中开始了定居生活。这是人类掌握植物栽培技术的契机。由于人口增加，人类需要获取新食材，于是，掌握植物栽培技术的人们便开始稻作农耕。当时，渔猎民发挥了重要作用。

　　城头山遗址　以稻作农耕为背景，长江流域在 6 300 年前出现了都市型聚落——城头山遗址。如果说稻作的起源可以追溯到 14 000 年前的话，那到城头山遗址出现已经过去了 8 000 年。城头山遗址是中国最古老的都市型聚落。

城头山遗址位于湖南省省会长沙市西北，洞庭湖西岸，即湖南省常德市澧县澧阳平原（北纬29度41分6秒，东经111度39分18秒）的黄土台地之上。其东南方约1.5千米处有彭头山遗址，这一带自古就有稻作农耕。

根据成濑敏郎氏[13]的分析，城头山遗址所在的黄土台地，由第8阶段间冰期的赤色土与之后的冰期黄土和赤色土相互叠加构成，厚度约5米。最上面的1米堆积着17 500年前以来形成的黑色土。根据高桥学等人[14]的分析，遗址位于海拔45米的中位岗地南端，其南侧有侵蚀形成的低湿谷底平原，适合制造水田（图3-6）。我们可以想象，人们曾在那里造田种稻。年平均气温17.5度，年降水量1 450毫米。

中国最古老的城墙　宫塚义人氏和工藤忠氏利用航拍飞机进行空中拍摄，获得了清晰的遗址全貌。直径360米的圆形城墙环绕遗址，面积10万平方米（卷首彩版1与图3-7）（鹤间和幸编著，日本放送出版协会2000年出版的《四大文明 中国》中，收录了冈村秀典的《中

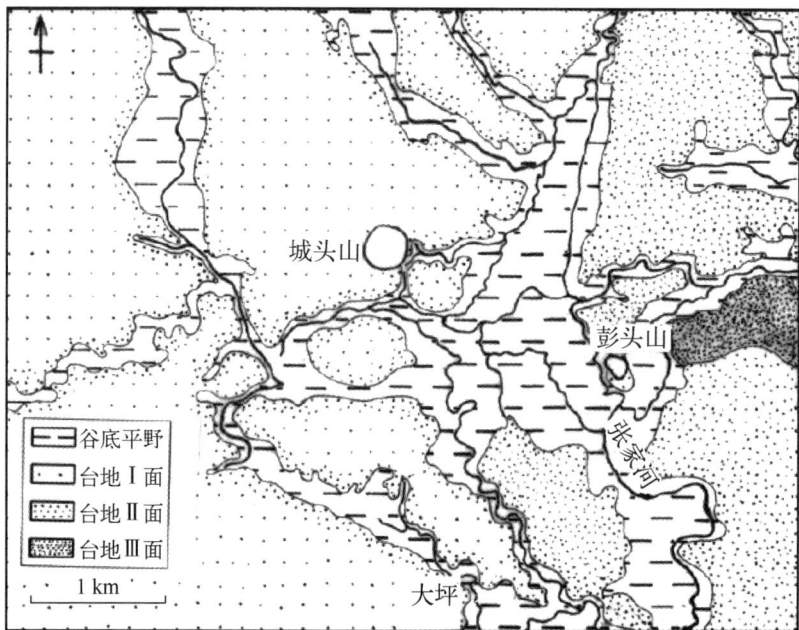

图3-6　城头山遗址周边地形（成濑，2007）[13]

图 3-7　湖南城头山遗址（宫塚义人、工藤忠摄）

国文物的起源》，该文图 3-4 使用了本书卷首彩版 1 和图 3-7，却标注
为文物出版社提供。我必须指出，此标注是错误的。2008 年 11 月在金
泽大学召开的日本中国考古学会网络宣传海报上也擅自使用了本书卷
首彩版 1，而且没有注明出处。本航拍照片是在文部科学省重点课题
项目"长江文明的探究"〔项目负责人：安田喜宪〕的经费支持下拍摄
的，著作权在我本人。使用时需要通知我，或标明出处。）根据宫塚义
人氏[15]的测量，遗址城墙宽 50 米，高 4.83 米，北、东、南各有一门
（图 3-8）。另外，在时间序列上，城头山遗址经历了汤家岗、大溪、屈
家岭、石家河四个文化时代。

　　根据高桥学氏的航拍照片和 IKONOS 影像判读，在直径 360 米圆
形城墙的外侧，还有直径约 1 000 米的土累状微高地环绕着城头山遗
址，其南侧被侵蚀形成的旧河道切开一道口子（图 3-6）。由此判断，
城头山遗址的范围实际上是直径 1 000 米的范围，我们发掘的直径 360
米被城墙环绕的部分，很有可能只是城头山遗址的中心区。

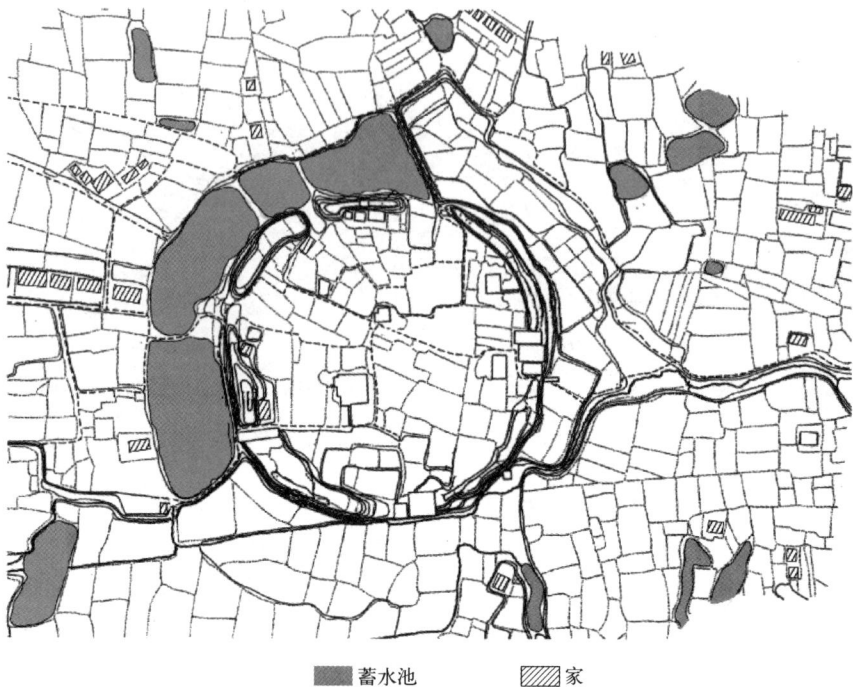

■蓄水池　　　　▨家

图 3-8　城头山遗址地形图（宫塚，2007）[15]

现在，露于地表的圆形城墙是 5 300 年前屈家岭文化时代的产物，其西北方有蓄水池。以蓄水池为起点，有南北两条水路或环濠沿城墙经过，在东门形成堰塘，流向更低的洪泛平原。在岗地段面东端构筑了灌溉用的蓄水池或环濠，控制着下游洪泛平原的水田灌溉，这应该是屈家岭文化时代城头山遗址的重要功能之一。中方将环绕城墙的环濠复原出来，在南门发现了曾经可能是船埠头的宽 50 米以上、深 10 米的凹地。环濠很有可能是环绕整个遗址周边的。

根据迄今为止的考察，在屈家岭文化时代的城墙下部还埋着大溪文化早期的城墙与蓄水池（图 3-9）。根据大溪文化早期遗物包含层的木片碳十四年代测定值（图 3-10），大溪文化早期的年代是公元前 4 300 年前，也就是说，城头山遗址的城墙可以追溯到 6 300 年前，是中国最古老的城墙。6 300 年前就出现了圆形城墙环绕，且具有规划的都城遗

图 3-9 湖南省城头山遗址的城墙断面图及图片（安田摄）（湖南省文物考古研究所，2007）[3]

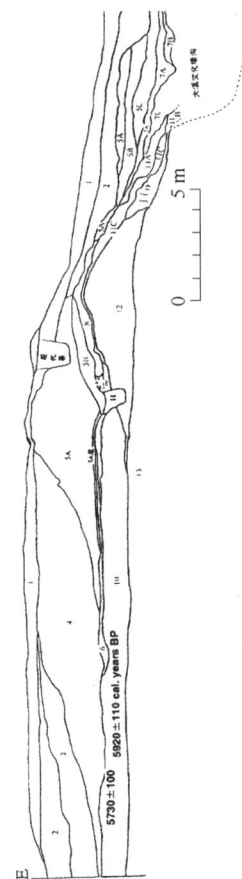

测定序号	采集地点	考古年代	测定试料	测定值(BP)	日历年代(BC)
NUTA2-2154	99LCT6405 (18)	大溪文化早期	木片	5370±50	4332-4046
NUTA2-2155	99LCT6355 (21)		〃	5360±60	4333-4042
NUTA2-2150	99LCT6355 (22)		〃	5450±50	4365-4220
NUTA2-2157	99LCT6355 (22)		〃	5480±90	4463-4217
NUTA2-2159	99LCT6355 (22)		〃	5450±40	4358-4224
NUTA2-2146	99LCT6404 (23) 5		〃	5360±30	4325-4048
NUTA2-2147	99LCT6404 (23)		〃	5350±40	4325-4044
NUTA2-2151	99LCT6355 (23 upper)		〃	5540±60	4464-4318
NUTA2-2153	99LCT6355 (23 lower)		〃	5470±70	4363-4231
NUTA2-2145	99LCT6345 (24)		〃	5440±50	4340-4248
NUTA2-2193	JT-1		稻谷	5350±45	4310-4304
NUTA2-2194	JT-2		〃	5380±60	4328-4273
NUTA2-2195	JT-3		〃	5440±45	4339-4313
NUTA2-2196	JT-4		〃	5400±45	4330-4269
NUTA2-2199	JT-5		〃	5480±45	4358-4321
NUTA2-2200	JT1R3		〃	5620±60	4497-4466
NUTA2-2201	JT3R2		〃	5490±50	4436-4423
NUTA2-2202	JT4R2		〃	5390±45	4329-4271
NUTA2-2276	JT4R1		〃	5220±40	4215-4213
NUTA2-2277	JT4R7		〃	5245±55	4219-4198
NUTA2-2278	JT5R2		〃	5165±40	4037-4021
NUTA2-2279	JT5R3		〃	5170±35	4036-4023
NUTA2-2149	99LCT6404 (11)	大溪文化 中·后期	木片	4890±70	3803-3519
NUTA2-2156	99LCT6455 (11)		炭片	4900±30	3757-3724
NUTA-6798	99LCT1			4990±100	3808-3689
NUTA-6797	99LCT2	屈家岭文化		4750±100	3641-3500
NUTA-6757	99LCT3		〃	4550±110	3376-3089
NUTA-6796	99LCT4		〃	4440±100	3120-3008

图 3-10 城头山遗址碳14年代测定结果（Yasuda et al., 2004）[35]

址，这在人类史上值得大书特书，很可能中国都市革命的起源可以追溯到 6 300 年前。到屈家岭文化时代为止，城头山遗址共有三次城墙修筑，时代越晚，城墙就越向外侧扩展。

图 3-11　城头山遗址堆积着很厚的有机物黏土层的蓄水池状遗构
推测为船码头（安田摄）

森林环绕的干燥台地

1997 年，在南门附近大溪文化城墙外侧发现了可能是扩展环濠时的船埠头遗构（图 3-11）。遗构埋在屈家岭文化时代城墙的 7 米之下，大溪文化的堆积物由 3 米以上的有机物黏土层构成。该遗构的最深层发现了加固木桩、竹制编织物等大溪文化早期（6 300 年前）的遗物。该遗构在大溪文化中后期的 5 700—5 300 年前被快速填埋，在它上面修筑了屈家岭文化时代的城墙。通过分析该遗构中有机堆积物的花粉和植硅体，再加上对昆虫化石、寄生虫、大型植物遗存进行分析，我们终于复原了大溪文化时代的环境。

首先是守田益宗氏[16] 的花粉分析（图 3-12）。在大溪文化早期前段的 6 000 年前，在距城头山遗址不太远的地方生长着以常绿槠类（QuerCus）为主，并混生着落叶枹栎类、米槠类（Castanopasis）、枫香属（Liquidamber）、松属（Pinus）的森林。古代很发达的美索不达米亚文明和印度河文明的发祥地都是森林很少的干燥地带，但在长江流域的湿润地带，森林要多得多。长江文明就是在这种森林环境中诞生的森林文明，而城头山遗址就位于这种照叶树林环绕的比较干燥的台地之上。

根据那须浩郎氏[17] 的研究，在植物遗存中有很多生长在路旁的陆英和作为旱地杂草的野芝麻属、悬钩子属、灰菜属，古城内有部分

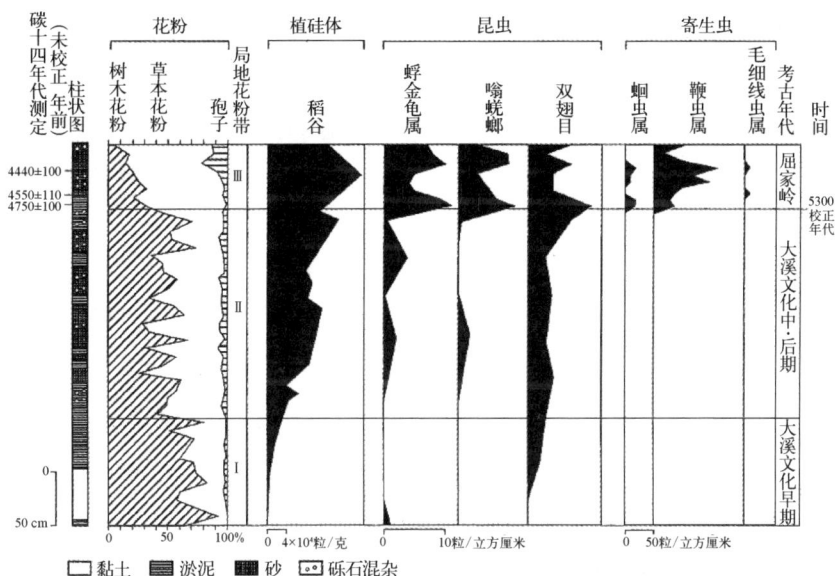

图 3-12 城头山遗址南门蓄水池遗构（地点 C）的花粉、植硅体、昆虫、寄生虫的分析结果（Yasuda et al., 2004）[35]

荒地，比较干燥。在环濠和蓄水池中生长着菅草和荧乌贼属等水湿性植物。另外，遗址周边的台地上生长着禾本科白茅和艾草，是比较干燥的草原。外山秀一氏[18]在城头山遗址内检测出大量的稻壳和稻属植硅体，说明大溪文化中期以后，城头山遗址周边的稻作农耕开始发展起来。

过去的假说认为，初期稻作是在一望无际并生长着芦苇的低湿地进行的，但这一环境复原的结果与之完全不同。在离遗址不远的地方生长着森林，遗址周边没有芦苇，而是生长着白茅的半干燥草原。点缀其间的湿地很有可能就是从事初期稻作的地方。从周边的环境和杂草种子结构判断，在稻作初期，栽培的很可能是佐佐木高明先生[19]所说的水陆尚未分化的稻。与稻作同时，粟等旱作农耕也发挥了重要作用。那须氏[20]发现了 5 800 年前的粟种（图 3-13），证明城头山遗址不仅栽培稻，也栽培粟等旱作作物。

萩原秀三郎氏[21]指出，现在白茅仍然是长江流域少数民族的信仰

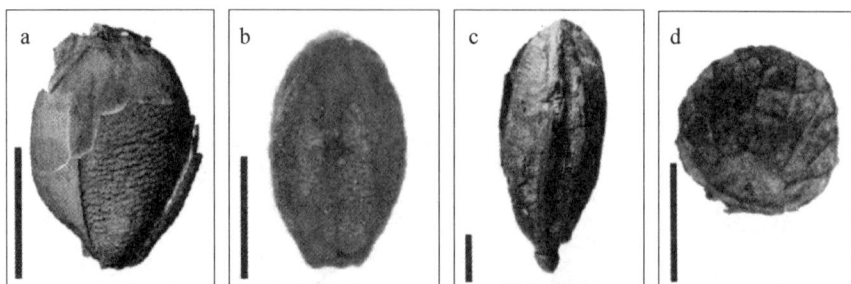

图 3-13　城头山遗址出土的炭化粟种（a，b）、炭化稻谷（c）和炭化紫苏属（d），
棒状长度单位 1 毫米（Yasuda et al., 2004）[35]

对象，代表良渚文化的玉琮的圆孔中就曾插入白茅进行祭祀。长江流域重视白茅而不是芦苇，这与初期稻作农耕的环境密切相关。半干燥地带的湿地周边种稻，岗地上则生长着许多白茅。

发现最古老的水田　1998 年，日中联合考古队对东门内侧进行考古发掘时，发现了修筑城墙以前汤家岗文化时期的水田（约 6 500 年前）（图 3-14）。这是当今世界上最古老的水田。外山秀一氏[18] 的植硅

图 3-14　城头山遗址世界最古老的水田（竹田武史摄）

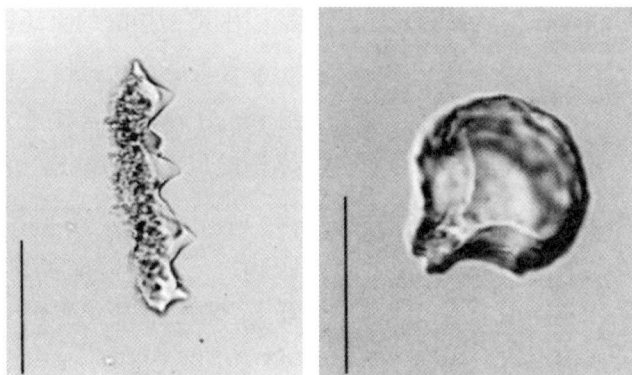

图 3-15　城头山遗址出土的 6 000 年前的稻谷表皮细胞植硅体（左）和稻叶运动细胞植硅体（右），棒状长度单位 1 微米（外山秀一提供）

体分析结果显示，在 7 000 年以前的地层中仍然有大量的稻属植硅体，所以该地区的水田很有可能可以追溯到 7 000 年以前。

水田分上下两层，上层处于从汤家岗文化到大溪文化的转变期，相当于 6 500—6 400 年前，检测出大量的稻谷植硅体（图 3-15）。在普通的水田遗构中检测出如此大量的稻谷植硅体是非常罕见的，我们可以认为，在大溪文化初期的水田中，或许曾举行过使稻谷大量残留下来的宗教祭祀。日本池上曾根遗址以及滋贺县白凤时代的西川原森内遗址也检测出大量稻谷植硅体堆积层，外山氏[18]将这些类似实例与城头山遗址进行比较，认为城头山遗址曾把大量的稻谷从外部聚集到城内。

城头山遗址东南方约 1.5 千米处有彭头山遗址，在那里发现了 8 600 年前的稻谷。另外，在城头山遗址东北约 30 千米的八十垱遗址也发现了 7 800 年前的稻谷（图 2-18）。由此我们可以知晓，城头山遗址所在的澧阳平原是最古老的稻作起源地之一。

我们曾在直径 360 米的城墙外侧的中位岗地探测水田遗构，但没有探测到。我们推测[22]，当时的农耕并不是佐佐木高明先生[12]所指出的"火耕水耨"。不过，如果真像高桥学氏[14]所指出的那样，外侧直径 1 000 米由圆形土垒环绕的部分都在都市型聚落范围内的话，那我们探测水田遗构的地点还处于城内，水田很有可能是在直径1 000米的土垒之外。

发现最古老的祭坛　在2000年的考古发掘中，我们在东门内侧发现了使用巨大木柱的建筑物遗构（图3-16），椭圆形大型土坛（图3-18）和40多个祭祀坑。

图3-16　城头山遗址东门祭坛背后发现的大型柱穴和祭祀坑（宫塚义人摄）

土坛周边还发现了大量的红烧土、炭片和陶片。中国人所称的"红烧土"，其实就是烧制砖。被称为"红烧土"的烧制砖集中出土在几处，可知在土坛上曾有用这些烧制砖建造的建筑物。在土坛上部发现了一个深1米以上、直径1米左右的土坑，从该土坑中发现了炭化稻谷、红烧土和陶片。在土坛的中央发现了棒状石（图3-18），还有柱穴。

另外，从方形或长方形的土坑中发现了四具人骨（图3-17）。人骨都是头朝东南方向的屈肢葬。其中M774的土坑最大，其左侧发现了屈肢葬人骨，其右侧发现了牛科动物的下颚骨。而且在人骨上面发现了本乡一美氏判定的鹿科动物骨（与牙獐最近似，但无法判定）。

在土坛南部还检测出一些又大又深的土坑，从中发现了炭化稻谷和烧过的犀牛骨和象骨。北川浩之氏对这些动物骨进行了碳十四加速器年代测定，由于胶原质残留量太少，没有得到有意义的结果。

七田忠昭氏[23]曾报告说，吉野里遗址也发现了祭坛和数量庞大的祭祀用陶器，而且都是红陶。这次在城头山遗址祭坛周边发现的祭祀用陶器也是红陶，所以我们推测两者之间应该有某种联系。对稻作渔猎民来说，红色和黑色是神圣的颜色。

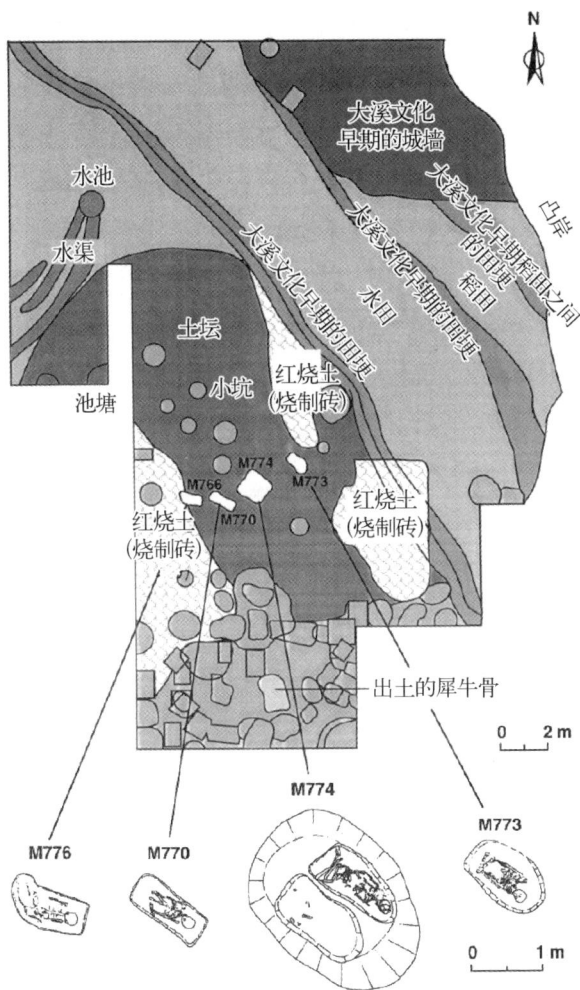

图 3-17　城头山遗址东门（地点 F）出土的中国最古老
　　　　 的祭坛和水田（安田，2000）[2]

图 3-18　城头山遗址祭坛与屈肢葬人骨及埋岩圆坑（安田摄）

我们认为，城头山遗址设在城内的水田和祭坛与祈祷稻作丰收的农耕仪礼密切相关。当然，用于生产的水田在城外，城内的水田只用于某些仪式。从检测出大量的稻谷植硅体来推断，这里肯定举行过有关稻谷的祭祀。

祈祷稻作丰收的祭祀　日本各地都保留着有关稻谷的祭祀，由此推测，在城头山遗址内的水田里举行的，很可能是分配翌年稻种的仪式。牛下颚骨与人骨埋在一起，犀牛骨上有过火痕迹。在人骨之上还发现了日本弥生时代被视为神兽的鹿科动物骨，上述动物很可能是用于农耕祭祀的牺牲品。人骨埋葬处完全没有随葬品，是膝部遭到强行扭曲的屈肢葬，所以我认为他们也应该是牺牲品。

《播磨国风土记》中曾记载把活鹿的血洒在稻种上来祈祷稻作丰收。即使在今天，依然可以在东南亚和印度的广大区域看到这种稻作仪礼。佐佐木高明[12]等人曾指出这种血祭仪礼在稻作农耕社会的重要性，并对此进行过调查研究。

我们可以认为，此次发现的城头山遗址祭坛是最早进行稻作血祭的祭坛。在稻种上涂上鹿血或牛血，或通过沾血来祈祷丰收。祭坛上发现的四具屈肢葬人骨，恐怕也被用作血祭。

这种血祭仪礼曾被认为起源于东南亚，但在最古老的稻作起源地——长江中游，6 000 多年前就已经存在了。在汉代云南昆明滇池周边发展起来的滇王国青铜器贮贝器上，也描绘着用牛作牺牲的仪式。即使现在，苗族也仍然用水牛作祭祀牺牲。或许我们可以将这种血祭仪礼追溯到 6 000 年前，我们在城头山遗址发现了有关其原型的证据。

这种祭祀也可以认为是日本"新尝祭"的原型。这一发现在思考日本文化源流方面不容忽视，具有划时代的意义。

此次调查发现，城头山遗址的城墙在 6 300 年前就已经出现了，它是中国迄今为止最古老的城墙。城内还发现了约占整个空间 1/160 的小面积水田，水田旁边还有祭坛。

丰收仪礼与王权诞生　是否可以把这城墙环绕的空间称作都市，现在还有争议。但我个人认为，城头山遗址可以称作都市，因为它东、南、北三个方向有城门，并通过有计划地修建的城墙把城内与周边区隔开来，在区隔出来的城内发现了祈祷稻作丰收的祭祀场所。

作为都市形成的标志，此次发现的祭坛具有重要意义。对稻作农耕民来说，稻种是决定翌年丰收的关键，是最重要的东西。祭祀稻谷中的稻魂，即使在今天的日本也很普遍。对稻种实施血祭，举行祈祷丰收的仪礼，并主持分配稻种的仪式，王的神权恐怕就是从这里产生的。

至少在现阶段，在长江流域，除了以往人们经常指出的武力、交易等使都市得以形成的因素以外，我们可以说稻作丰收仪礼是使人们向都市集中，使王权得以诞生的主要原因。

"大尝祭"是日本天皇即位时举行的最重要的仪礼。关于"大尝祭"有各种各样的观点，如果"大尝祭"由"新尝祭"发展而来的学说是正确的话，那此次发现的可以视为"新尝祭"原型的祭祀，也就可以称为"大尝祭"的原型。当然，关于日本天皇谱系，迄今为止最著名的是江上波夫氏提出的"骑马民族征服王朝说"[24]。但是，如果说天皇即位仪礼中最重要的仪礼源自长江流域稻作农耕社会的话，那"稻作渔猎民征服王朝说"也就可以成立了。因此，从这个意义上讲，此次的发现很有可能成为"骑马民族征服王朝说"向"稻作渔猎民征服王朝说"转变的一个契机。

稻作农耕与太阳信仰　此次在东门发现了曾举行最古老稻作仪礼的祭坛，由此我们可以认为，仪礼与太阳升起的方位密切相关。金关恕氏[25]很早就指出，在日本弥生时代，稻作农耕、太阳信仰、鸟信仰这三者的关系是很密切的。中国的研究者们随后也相继指出了长江文明与太阳信仰和鸟信仰在稻作农耕社会中的重要性。其中，太阳信仰与鸟信仰很可能起源于8 000多年前的长江中下游，而城头山遗址中的祭坛就是举行以太阳信仰和鸟信仰为背景的稻谷丰收仪礼的地方，它使我们联想到日本的"新尝祭"。

1996年，日中联合发掘了四川省龙马古城宝墩遗址。在长1 100米、宽600米的长方形城墙内对角线的中心部位发现了土坛，在这个土坛的东北角还发现了可能是用作牺牲的人骨。我曾指出，在土坛上举行的这种祭祀才是使人们集中到都市的原因。根据碳十四年代检测，城墙的年代为公元前2 500年，可以肯定该城墙及城内的空间都是4 500年前的遗存。但是，关于土坛的年代，由于汉代破坏明显，中国研究者与日本研究者的意见未能达成一致。因此，在部分报道中说整个龙马古城宝墩遗址是汉代遗址，让人感觉长江文明不曾存在过一样，这确实是令人遗憾的。

但是，此次在城头山遗址再次发现了土坛，而且确认是祭坛，祭祀的具体情况也得到部分证实。也就是说，我们发现了比龙马古城宝墩遗址的祭坛还要早将近2 000年的古代祭坛，由此我们可以断定，在以稻作为生计的长江流域，都市产生的重要原因就是设土坛于城内，并举行稻作丰收祭祀。

从城头山遗址和龙马古城宝墩遗址的共通性中，我们可以归纳出长江文明共通的文明模式，即修筑城墙，在城内修筑土坛，在土坛上举行稻作丰收祭祀，而这就是使人们向都市集中的重要原因。也就是说，在远古稻作农耕社会，都市强有力地发挥着"祭祀中心"的功能。

近年来，日本佐贺县的吉野里遗址也发现了规模和形态与龙马古城宝墩遗址极其类似的祭坛，规模 45 米×48 米[23]。因此我认为，日本弥生时代的稻作农耕社会继承了长江文明的模式。

发现世界最古老的烧制砖　1998 年的时候，人们曾认为变成红色的黏土块是由于火灾自然形成的。但是，2000 年发掘扩大到祭坛背后，发现祭祀坑底部也铺满了被称为"红烧土"的物块。虽然大部分是不定型的，但其中明显有 20 厘米 × 10 厘米左右接近长方形的物块（图 3-19）。这不是由于火灾被偶然烧成的，是有意识地烧制，并铺于祭祀坑底部的。

图 3-19　城头山遗址出土的 6 300 年前的烧制砖（竹田武史摄）

因此，这些被称为"红烧土"的物块很可能就是用黄土烧制，并作为祭祀活动和建筑材料加以利用的烧制砖。于是，我们采集了一些样本，用荧光 X 线分析了它们的烧制温度和化学成分。分析由渡会素彦氏[26]担任，从黄土样本与烧制砖化学成分中的二氧化硅（SiO_2）、氧化铝（Al_2O_3）、氧化铁（Fe_2O_3）的含有比例来看，该烧制砖使用了约 20 万年前第 8 阶段间冰期的古红土。第 8 阶段古红土埋存于中位岗地地下约 5 米处。我们认为，为了使砖显示出红色，人们是特意挖出含有大量氧化铁（Fe_2O_3）、氧化铝（Al_2O_3）的第 8 阶段古红土作为烧制砖原料的。

为了测定烧制温度，我们又分析了烧制砖的矿物成分，发现含有高岭土、石英、长石和赤铁矿。通过红外线吸收光谱分析，检测到高

岭土热分解变为超高岭土之际的结晶结构的变化。黄土用 400 度、600
度、800 度分别在大气中加热一小时，然后检测到的红外线吸收光谱如
图 3-20 所示。在不加热的状态下，波数 3 700 凯塞时可以看到起因于
高岭土的吸收。但是伴随加热，其吸收峰值变小，加热到 600 度以上的
时候，其吸收峰值便消失了。这是因为高岭土通过加热脱水分解而消
失的缘故。于是，我们做了烧制砖中含有高岭土红外线吸收光谱检测
（图 3-20 下），但每个样品都没有检测出高岭土峰值。由于火灾等原因
自然形成的砖着火面被高温加热，但被称为"红烧土"的物块是整体被

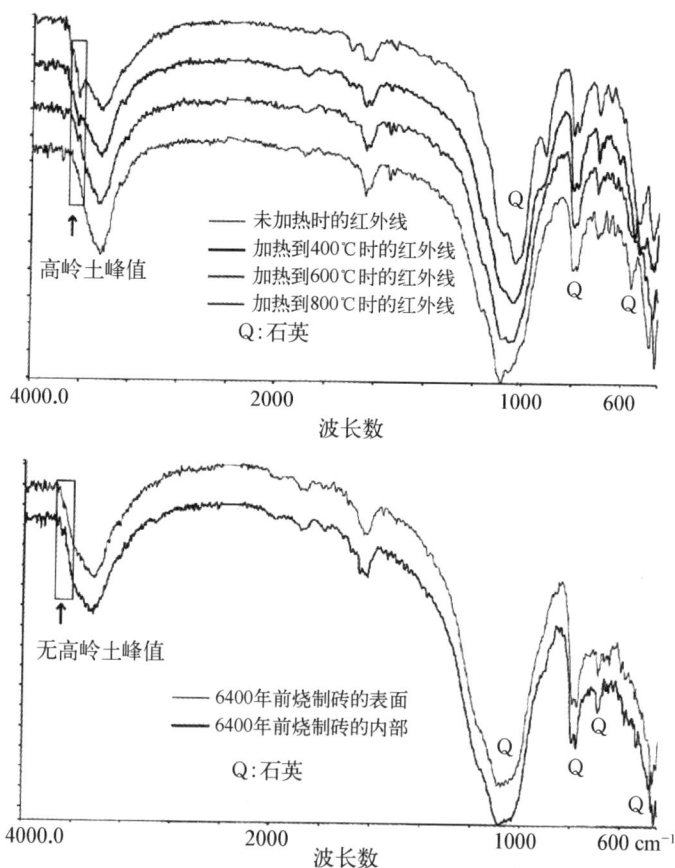

**图 3-20　第 8 阶段黄土红外线吸收光谱（上）和被称为"红烧土"
的烧制砖红外线吸收光谱（下）（渡会素彦提供）**

加热到 600 度以上的。由此我们可以知晓，大溪文化早期的"红烧土"是以 600 度以上的温度人工烧制的烧制砖。

迄今为止，世界上最古老的砖被认为出土于印度文明公元前 4000 年的巴基斯坦美赫尔尔遗址的 1A 期[27]。年代虽然与城头山遗址的烧制砖相同，但它是日晒土坯砖。美索不达米亚长期使用日晒土坯砖，烧制砖的出现是在公元前 3500 年。此次在城头山遗址发现的烧制砖，作为烧制砖是目前世界上最古老的。

另外，在 2000 年的发掘中我们还发现，进入 5 300 年前的屈家岭文化时代以后，路表面全部铺上了烧制砖。不定型的烧制砖约 10—15 厘米厚，铺满了道路表面（卷首彩版 2）。作为铺满烧制砖的道路，印度文明摩亨佐·达罗 4 500 年前的道路曾被认为是最古老的，但此次在城头山遗址发现的 5 300 年前表面铺满烧制砖的道路，才是世界最古老的例证。

在比美索不达米亚和印度更加多雨湿润的长江流域，倘若使用日晒土坯砖的话，建筑马上就会坏掉。于是，人们就想出了烧制砖。花粉分析结果显示，离城头山遗址不远的地方有槠类和米槠类森林，森林提供了烧砖燃料。我认为，长江文明是森林文明，而烧砖则是森林文明的高科技。森林环境提供了大量燃料，所以我们可以认为，世界上最古老烧制砖产生的主要原因就在于此。

从城内堆积物中检测出大量稻壳植硅体，这说明由于某种目的脱粒后的稻壳被大量搬入城内。在稻作农耕地带，稻壳多用作燃料，所以渡会氏进行了砖是否能用稻壳烧制的实验。其结果表明，埋在稻壳中烧制二十四小时后，几乎能够达到与大溪文化时代烧制砖同等的硬度。因此，稻壳极有可能是作为烧制砖的燃料而使用的。

现在，柬埔寨和巴厘岛仍然使用稻壳烧制陶器和砖。因此，搬运到城头山遗址城内的大量稻壳，一部分应该是作为烧制陶器和砖的燃料而使用的。

发现中国最古老的祭场神殿与祭政宫　迄今为止的考古调查表明，

城头山遗址 6 300 年前出现城墙，城内有小块水田，水田旁边还有祭坛。稻作丰收仪礼使人们集中到都市，这是促使都市产生的一大原因。但是，要想说城头山遗址是长江文明最古老的都市遗址，那就必须找到王宫与神殿。

2000 年，终于发现了王宫和神殿。在位于城头山遗址最高处的遗址中央偏西的 G 地点（图 3-21）发现了铺满烧制砖的建筑物遗址，属于 5 300 年前屈家岭文化时代早期（图 3-22）。虽然作为建筑物地基的烧制砖大多已经变形，但仍然有一些是可以确认原形的，其中包括 20 厘米 ×30 厘米的砖。作为使用烧制砖的建筑物地基，这也是世界上最古老的。这个在红色烧制砖地基上建造起来的大型建筑物，很可能是首领级公馆。

根据宫本长二郎氏[28]的考察，我们可以列举出大型居住遗址共通的建筑特征："① 建筑物的侧壁是土台式墙壁，先挖壁槽，然后在槽内

图 3-21　城头山遗址大型建筑群地点 G（宫塚义人摄）

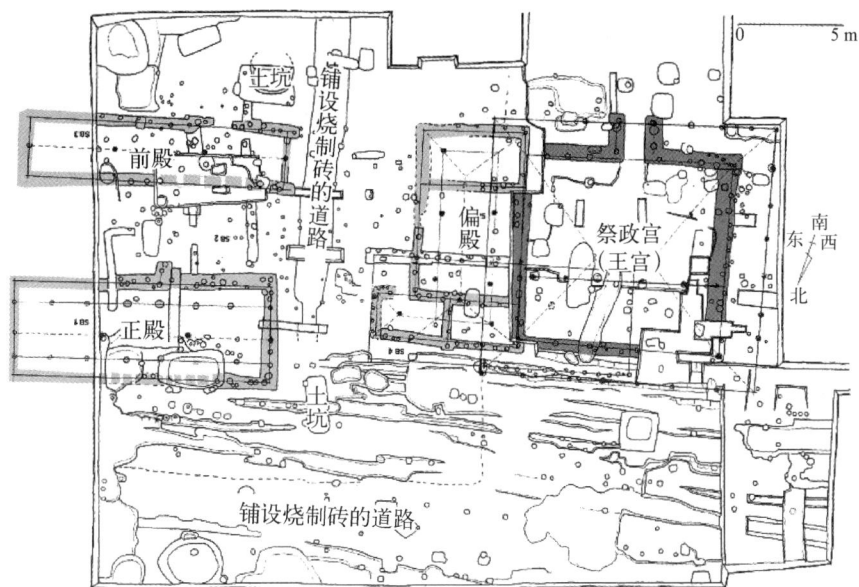

图 3-22　城头山遗址神殿祭政宫和铺设烧制砖的道路（梅原、安田，2004）[10]

以 50—20 厘米的间隔挖坑立壁柱，以此加固土台式墙壁；② 栋梁和侧梁不用 '人'字架和 '东'字架来支撑，而是从地上立起梁柱和主柱支撑，显示出古老的建筑样式；③ 主要建筑物的出入口有突出的围墙；④ 建筑规模和柱间尺寸有一定规格。屈家岭时代的建筑群在用烧制砖平整过的大溪文化末期的墓区内建设起来，而且其建筑平面由正殿、前殿和偏殿组合而成。这就说明，该建筑遗址具有作为祭祀殿祭祀祖灵，举行仪礼的特性。"[28]

　　该祭祀殿西侧发现了大型住所（图 3-23）。"其规模呈东

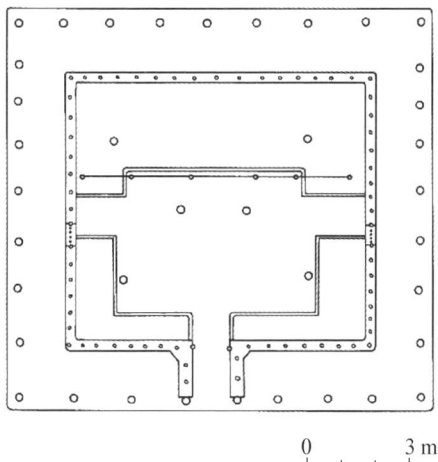

图 3-23　城头山遗址祭政宫平面图（宫本，2007）[28]

西 9.7 米，南北 8.7 米的方形，方形周围有沟槽，在南面中央沟槽处向南折，在正面出口处向外突出 1.7 米设入口。在沟槽外部，与沟槽平行的南、西、北三面有支撑屋檐的檐柱柱穴，构成侧壁外侧的回廊。回廊比南、西两面侧壁突出 1.7 米，比北面侧壁突出 1.6 米，整个建筑具有列柱回廊的形式。"[28]（图 3-24）

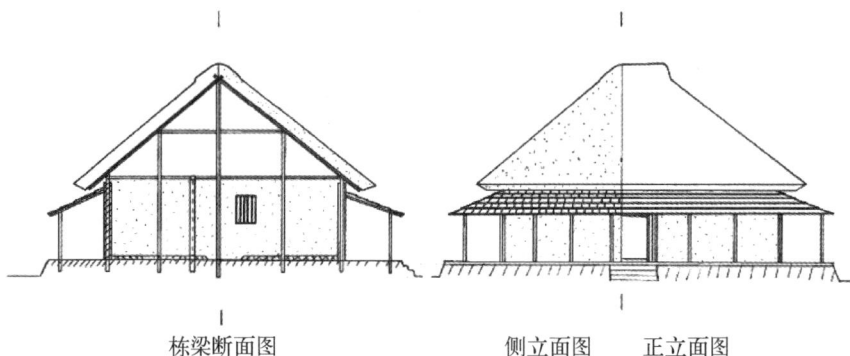

栋梁断面图　　　　　　　　侧立面图　　　正立面图
图 3-24　城头山遗址祭政宫（5 300 年前）立体图（宫本，2007）[28]

"屋内沿侧壁四边有床状遗构，北部三分之一处有一列分割柱穴。床状遗构除东西南面的中央部位，沿各面墙壁有高 10 米的土坛。土坛南面宽约 1 米，东、西面的南半部宽 1.5 米，北半部宽约 2.6 米，接北面土坛的东、西两面的北半部土坛比南半部稍宽。由于后世的扰乱，屋内地面保存状态不是很好，但在检测南面床状遗址时，发现上面有方眼状细沟，有可能床状遗址上面铺设了木板床面。"[28]

屋内有分割房间的柱穴。我们认为，屋内的隔断不是固定的墙壁，而是布帘那样的隔断，就像谒见日本天皇时前面隔着的御帘一样。

屈家岭文化前期的大型建筑物近乎方形，四周环绕列柱回廊，有烧制砖垒成的床状遗构，所以我们认为，该建筑是城内首领级公馆的主要建筑。作为住宅使用过，但没有日常做饭的炉灶遗迹，且规模宏大，有开放式间隔，以内室为首领宝座，由此宫本氏[28]判断，这里曾是举行首长仪礼的祭政宫。

令人感兴趣的一点是，比这个祭政宫晚两千多年的河南二里头遗址主体殿堂的复原图（图 3-25），和湖北武汉二里冈文化时代盘龙城遗址的宫殿复原图，与城头山遗址祭政宫的复原图极其相似，而且都具有列柱回廊。当然，2 000 年后的二里头遗址和盘龙城遗址的宫殿比城头山遗址的祭政宫大数倍，但列柱回廊这一建筑样式是一样的。或许二里头文化时代和二里冈文化时代的宫殿原型，就是城头山遗址的祭政宫。中国的考古学者把二里冈文化时代的大型建筑物称作宫殿。也有人认为二里头遗址是中国最初的王朝——夏王朝的王都所在地。其建筑样式真有可能源自城头山遗址环绕列柱回廊的祭政宫。

就这样，我们在城头山遗址发现了作为神殿的祭祀殿和作为宫殿的祭政宫，它们是一对组合，再加上以前发现的祭坛，我们可以说，城头

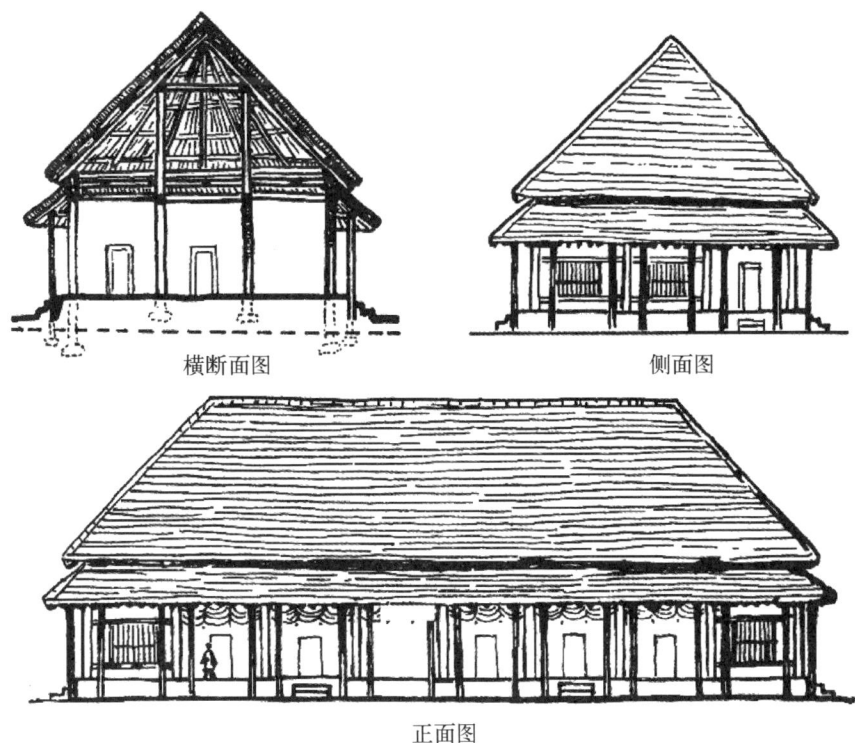

横断面图　　　　　　　　　　侧面图

正面图

图 3-25　河南偃师二里头遗址宫殿立体图（湖北省文物考古研究所，2001）[39]

山遗址是长江文明最古老的都市。

长江流域的建筑样式与日本　宫本长二郎氏[28]将城头山遗址的建筑样式与日本先史时代进行比较后指出："城头山遗址的聚落结构和建筑样式，与日本绳文时代前期至弥生—古坟时代的特征非常相似。特别是城内有墓区和祭祀场所这一聚落形式，在日本绳文时代前期以后的聚落中可以普遍看到。在绳文时代前期的栃木县根古谷遗址和青森县三内丸山遗址，大型祭祀遗构与墓地也是相邻存在的。弥生时代的聚落也都伴随出现可以视为首领级公馆的大型建筑物和祭祀遗构，而且与城头山遗址一样，外围有土垒和环壕。

房屋侧壁的沟槽建筑样式，在绳文前期的根古谷遗址以及弥生时代的北九州、山阴、北陆地区的干栏式建筑中都可以看到。另外，用两根栋梁柱支撑屋顶的建筑样式与伊势神宫完全一样。从绳文时代晚期到弥生时代，伴随稻作农耕的传播，大型支柱建筑以北九州地区为中心普及开来。在思考日本神道的根源方面，城头山遗址的大型建筑也具有极其重要的意义。

另外，被视为首领级公馆的大型建筑的外突型入口，在 6 世纪末的滋贺县穴太遗址也可以见到，而日本床状遗构始于弥生时代中期的四国和九州地区，直至古坟时代前期，在关东以南的日本可以普遍看到。

城头山遗址的建筑文化虽然没有长时间、间歇性地移入日本，并以其原有形式普及开来，但其技术对日本孕育新的建筑文化给予了强烈影响。日本建筑有一个特征，即绳文时代以后的每个时代的过渡期都会发生巨大变化。变化的原因之一就是来自近邻诸国的影响，日本也因此产生了多种多样的地域文化，其中长江流域的文化对绳文时代前期和弥生时代的社会及建筑技术给予了重大影响，这一点通过此次城头山遗址的发掘而得到证实。"[28]

总而言之，宫本氏认为，日本的建筑样式中有很多是绳文时代前期以后由长江流域传入的。

日本绳文时代前期以后的聚落结构和建筑样式，与城头山遗址首领级公馆和神殿类似，表明绳文时代前期以后，长江流域与日本之间就有了交流。特别是绳文时代晚期以后西日本建筑样式与城头山遗址建筑样式的类似，说明随着水田稻作的传播，其建筑样式也由长江流域传播过来。宫本氏特别指出，由两根栋梁柱支撑大型建筑这种样式很可能是伊势神宫建筑样式的源头，我认为这一点是极其重要的。

也许有人会突发奇想，认为绳文人曾去长江流域获取稻米，但即使能够把稻米取回来，其建筑样式也取不回来，所以比较妥当的看法是，随着水田稻作的传播，掌握长江流域建筑技术的人来到了日本。

这些长江文明的建筑并不是干栏式，这一点非常重要。日本弥生时代遗址的大型建筑，为使其与东南亚的房屋相似，大部分被复原为干栏式。但是，长江流域的祭政宫和神殿都不是干栏式。所以今后复原弥生时代大型建筑时，有必要参考一下城头山遗址。

古代都市的自然破坏与污染实态 出现祭政宫和神殿的 5 300 年前，楮类和米楮类森林受到严重破坏，守田益宗氏[16] 的花粉分析证明了这一点。森林破坏的原因之一，就是大量烧制砖。另外，森勇一氏[29] 的昆虫化石分析显示，聚集于人粪和兽粪的马粪金龟子属 Aphodius sp.、食粪性甲虫粪虫属 Onthophagus sp.、聚集在排泄物中的大型蝇类的黑蝇科 Calliphoridae 及家蝇科 Mluscidae 的蛹、食尸性隐翅虫科 Staphylinidae 及步行虫科 Carabidae 等都市型昆虫，从屈家岭文化时代起急剧增加。这与金原正明氏所指出的屈家岭文化时代以后出现大量鞭虫卵的结果形成很好的印证[30]（图 3-12）。

同时，上述情况也与屈家岭文化时代以后，用烧制砖建造大型建筑、用烧制砖铺设道路等城头山遗址大规模的都市化相互印证。随着城头山遗址都市化的进展，城内的污染也蔓延开来，这说明在屈家岭文化时代的 5 300 年前，人们已经过上了都市生活。从寄生虫卵的出现数量推测，当时城头山遗址的污染程度已经达到日本平城宫的两倍，当时城头山遗址内的人口大概达到了 2 000 人。

长江文明的创建者 从米延仁志氏[31] 所做的城头山遗址出土

木材和炭片的分析结果来看，在城内检测出的木材大部分是枫香木（Liquidamber formosana），其出现比例达到整体的80%以上（图3-26）。遗址周边最多的常绿槠类和米槠类木片和炭片几乎没有在城内发现。守田益宗氏[16]的花粉分析结果显示，在遗址周边，大溪文化早期以后便生长着以常绿槠类为主，外加米槠属、枫香树属、松属混生林。但是，最常见的常绿槠类木片和炭片几乎没有在城内出土。在遗址周边，枫香树花粉的出现比例不到整体的10%，说明枫香树在周边森林中的占比并不高。但是，在遗址城内发现的木片大部分都是枫香木。周边复原后的环境结构与城内发现的木材结构大不相同。

另外，那须浩郎氏[17]分析大型植物遗存时，并没有发现枫香树的叶与果实。如果在靠近城头山遗址的地方生长着枫香树，那就应该能检测出花粉和大型植物遗存。由此可见，城头山遗址城内发现的枫香木，应该是人们选择性地采伐枫香树，去除枝叶和果实后运到城内，作为建筑材料或燃料使用的。

米延仁志氏[31]指出，枫香树的材质柔软，使用当时的石器容易采伐，作为建筑材料也容易加工，而且干燥后，枫香树木材就会变得很坚硬，这应该是城头山遗址城内出土大量枫香木的原因之一。相反，常绿槠类和米槠类的木质较硬，用石器不容易采伐。于是，选择性地利用枫香树这一文化持续了近2 000年。

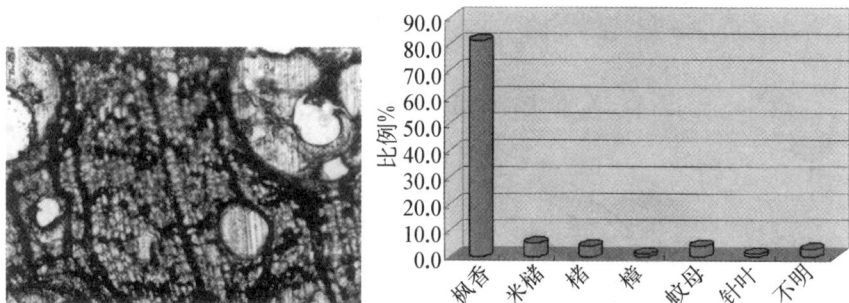

图3-26　城头山遗址出土枫香木显微镜摄影（左）及遗址出土木材比例（右）（米延，2007）[31]

绳文人多利用栗树，而城头山人则多利用枫香树。如果人们和枫香树维持了长达2 000年的亲密关系，那肯定会建构出与枫香树具有某种必然联系的文化。

关于这一点，我们有可以类推的例证。在中国

图3-27　广西融水县安太乡的芦笙柱（安田摄）

现在的少数民族中，苗族将枫香树作为本民族的生命树加以崇拜，并认为自己是枫香树的子孙。在祭祀之日，苗族人在聚落中心立起枫香木制的芦笙柱（图3-27），穿上鸟羽装饰的盛装，敲击枫香木鼓，踩着鼓点围着芦笙柱跳舞。司马迁的《史记》中曾记载长江流域生活着被称为"三苗"的民族，而根据苗族传说，他们的祖先也确实曾在长江流域生活，后被追剿才逃到山地。

松下孝幸氏[32]检测城头山遗址出土的人骨，其结果显示所有人的身材都比较矮小，身高都在160厘米以下。生活在长江流域的人，包括苗族，一般都比中原人矮小，这说明城头山遗址的居民很可能是现在已经成为少数民族并在云贵山地静静地生活的苗族、侗族等非汉族族群。苗族、侗族、哈尼族等至今依然继承着森林文化，是森林之民，作为长江文明的创建者是非常合适的人选。长江文明的创建者肯定是苗瑶、百越等非汉族族群。

六个最古老　迄今为止对城头山遗址的考古发掘告诉我们，城头山遗址6 300年前的城墙是现阶段中国最古老的城墙，城头山遗址内还有7 000年前世界最古老的水田，和6 000年前中国最古老的祭坛。另外，也有中国最古老的首领级公馆、神殿和世界最古老的烧制砖。现在，我们把这些要素称作"城头山遗址六个最古老"，并归纳如下：

①最古老的城墙——6 300年前

②最古老的水田——7 000年前

③最古老的祭坛——6 000 年前

④最古老的祭政宫（首领级公馆）——5 300 年前

⑤最古老的祭祀殿（神殿）——5 300 年前

⑥最古老的烧制砖——6 000 年前

综上所述，我们可以得出这样的结论：城头山遗址是中国最古老的都市遗址。

根据迄今为止的考察，再加上想象，我们可以对城头山遗址的远古风景进行如下复原：穿过槠类和米槠类照叶树林，眼前出现了高 5 米的城墙，环绕着城头山古城。进入城东门，映入眼帘的首先是祈祷稻作丰收的祭坛，和附属于祭坛的红色烧制砖建筑。城墙周围有环濠，有人划船从南门进入，今天正是祈祷稻作丰收的祭日。祭坛旁边有神圣水田，和被杀死的犀牛及牙獐，它们是祭祀牺牲。祭坛背后有芦笙场，装饰着羽饰的人们正围绕着枫香木制的芦笙柱跳舞。铺满红色烧制砖的道路向西延伸，其尽头可以看到非常高大的建筑。首先是祭祀祖灵的祭祀殿（神殿），然后是首领所在的祭政宫（首领级官邸），都朝向南方。祭祀殿有正殿、前殿和偏殿，人们为了供养祖灵而礼拜。西面的祭政宫高 7 米，外围有列柱回廊。进入里面，有首领谒见厅，比地面高出一级。谒见厅用布遮挡，不能直接看到首领的脸。首领开始讲枫香树的故事：我们是枫香树的子孙，长江文明是森林文明……

比美索不达米亚更古老的都市文明　5 700 年前的气候变化，对美索不达米亚文明、埃及文明和印度文明的产生具有很大的影响，关于这一点，本书第二部还将进行详述。分析地中海沿岸各地花粉，特别是叙利亚西北部加布（Ghab）峡谷的花粉，我们可以清晰地看到 5 700 年前的气候变化（详见第八章）。

欧亚大陆西部北纬 35 度以南的大河流域，气候从 5 700 年前起变得干燥，周边的畜牧民开始向大河之滨集中。在农耕民与畜牧民的文化融合以后，便产生了都市文明。分析芬兰岛北部的昆虫化石（Chironmidae）[33]，我们也得到了相同的气候恶化结果。以往的研究已经指出，从 5 700 年前起，七月的平均气温显著降低了。

　　但是，比美索不达米亚早 500 多年，即 6 300 年前，长江流域就已经出现古城，向都市文明迈出了第一步。这里与美索不达米亚不同，没有创造都市文明契机的畜牧民。那么，是什么原因使长江文明得以产生的呢？从日本鸟取县东乡池的年缟分析[34]和中国云南省洱海花粉的分析中，我们找到了答案。

　　东乡池是潟湖，位于鸟取县西部北纬 35 度 28 分、东经 133 度 55 分，通过桥头川（hashizukawa）与日本海相连。在东乡池湖底发现了美丽的年缟，对年缟中的硅藻进行分析[36]，结果如图 3-28 右端所示，以 6 300 年前为分界线，外洋与内湾环境的硅藻种类开始减少，淡水性藻属（Aulacoseira）开始增加。6 110 年前，内湾的小环藻属（Cyclotella）几乎消失，由此可知海平面显著下降了。6 300 年前，季风亚洲已经进入使海平面下降的气候寒冷期，全新世气候最温暖期已经结束。

　　图 3-28 左侧显示的，是藤木利之氏做的中国云南洱海的花粉分

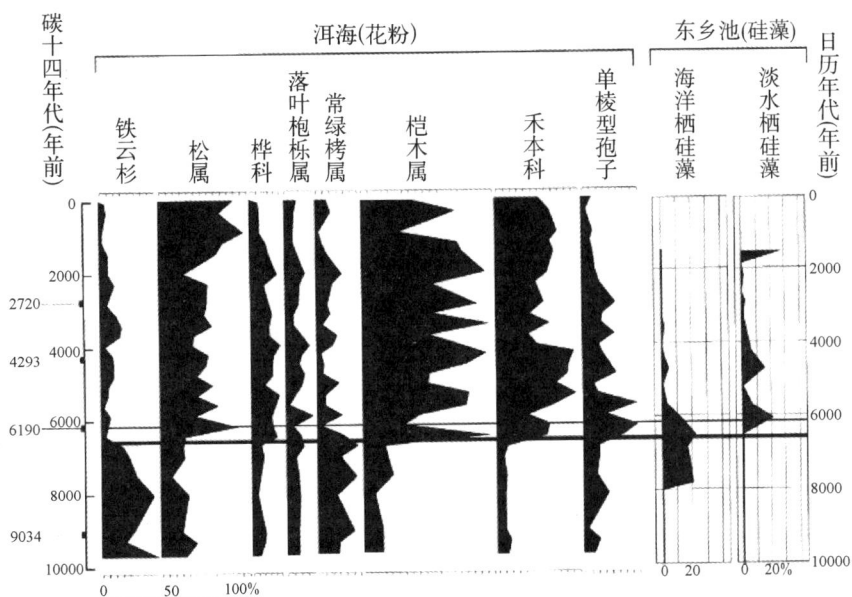

图 3-28　洱海花粉（左）与东乡池硅藻分析结果（右）（Yasuda et al., 2004）[35]

析[35]。洱海受印度季风和亚洲季风双重影响，在复原季风剧变方面处于绝佳位置。其花粉分析结果显示，6 300年前，湖水位下降，生长着桤木属的湿原不断扩大。从6 300年前起，全新世最温暖期结束，气候开始寒冷；印度季风和亚洲季风的活动减弱，夏季降水量减少，于是湖水位便下降了。

东乡池和洱海（图3-28）的分析结果显示，从6 300年前起，气候寒冷化和夏季季风的弱化与长江文明的产生密切相关。夏季季风的弱化导致夏季降水减少，引起气候干燥与湖水位下降，而湖水位下降又使得可耕作水田扩大，促进了生产力发展。另外我认为，由于气候干燥就需要确保灌溉用水，为了控制灌溉用水则产生了都市与王权。

长江流域都市文明的产生比西亚早500年以上，我认为这是因为全新世最温暖期结束后的气候恶化最早影响到季风亚洲的缘故。西亚气候的显著恶化是在5 700年前，比季风亚洲晚500年以上。欧亚大陆东西气候变化的地域差与时间差，给文明的产生带来了重大影响。

以前人们一直认为，气候变化是全球性的，全球几乎同时引发，森林等环境变化也会几乎同时发生，这曾被确信无疑。

我本人发现长江文明的契机，也是基于气候变化具有全球性，所以古代文明当然也具有共时性的想法。但是，通过基于年缟分析的高精度气候变化复原，我逐渐认识到，欧亚大陆的东部和西部在气候变化上存在时间差和地域差[37]。

正如本书第二章《稻作农耕的起源》所述，生态系统对于气候变化的反应，在东部和西部明显存在差异，东部的反应早，很快就确立起适应新气候的新生态环境。因此，受到生态环境影响的文明在东部和西部也就自然会产生于不同的时期。

如图2-7所示，陶器起源、定居革命和农耕起源，都是东部早于西部。由此我们可以认为，在冰期至后冰期（全新世）的气候温暖化过程中，东部比西部更早确立起适应新气候的新生态系统[38]。同样，与全新世最温暖期结束相伴的气候恶化也在东部表现明显，对东部的人们产生了显著影响，这很可能就是6 300年前东部都市文明产生的契机。

早于西部的东部环境变化与文明的诞生　过去，人们无法充分说明迄今为止世界最古老的陶器在中国和日本产生的理由。稻作农耕很可能比麦作农耕早2 000年以上。要说伴随陶器的定居革命出现在季风亚洲的时间，还要再往前推6 000年（图2-7）。至于为什么季风亚洲能够领先于世界最早产生陶器文化和定居革命，正如我[38]所指出的那样，是因为在冰期至后冰期的气候剧烈变化过程中，季风亚洲最早确立起后冰期型生态环境。也就是说，中国长江南部和日本列岛南部最早完成了向温带阔叶林生态环境的过渡。在大陆冰床影响严重的欧洲和北美，后冰期型生态环境的确立是在8 000年前，但在季风亚洲，14 500年前稳定的后冰期型生态环境就已经确立起来了。两者相比，欧洲和北美的后冰期型生态环境的确立，比日本列岛南部和中国南部晚6 000年以上。在冰期至后冰期的过渡期，季风亚洲领先于世界最早完成了从冰期型生态环境向后冰期型生态环境的过渡，这才是季风亚洲的人们最早掌握陶器文化和农耕文化的最主要的原因。

不仅仅是陶器和农耕的起源，东部都市文明的诞生也很可能早于西部。长江文明在6 300年前就已经进入筑有城墙的都市型遗址阶段。因此，都市文明的诞生也很可能是由于6 300年前全新世最温暖期结束，夏季季风弱化而导致季风亚洲生态环境变化的缘故。相反，在西亚和欧洲，全新世最温暖期结束后的气候显著恶化是在5 700年前，所以有一种学术假说认为，气候变化上的时间差带来了都市文明的时间差。如果说东亚都市文明的诞生比西亚早的话，那么，气候变化的地域差和时间差就很可能不仅与农耕和陶器的起源有关，同时也肯定与都市文明的诞生有关。

这种东部和西部气候变化的时间差和地域差，以及由此而导致的文明兴亡的时间差和地域差，则是今后环境史研究的重要课题。

参考文献

［1］ 吉野正敏《季风亚洲的环境变化》,《地理学评论》72，1999 年。

［2］ 安田喜宪《大河文明的诞生》，角川书店，2000 年。

［3］ 湖南省文物考古研究所《澧县城头山——新石器时代遗址发掘报告》，文物
出版社，2007 年。

何介钧、安田喜宪《澧县城头山——中日合作澧阳平原环境考古与有关综合
研究》，文物出版社，2007 年。

［4］ 迄今为止有关"长江文明的探究"的中文研究成果单行本：

严文明、安田喜宪《稻作陶器和都市的起源》，文物出版社，2000 年。

高崇文、安田喜宪《长江流域青铜文化研究》，科学出版社，2002 年。

安田喜宪《神话祭祀与长江文明》，文物出版社，2002 年。

［5］ 迄今为止有关"长江文明的探究"的英语研究成果单行本：

Yasuda, Y. (ed.), *Forest and Civilization*, Lustre Press and Roli Books, 2001.

Yasuda, Y. (ed.), *The Origins of Pottery and Agriculture,* Lustre Press and Roli
Books, 2002.

Yasuda, Y. and Shinde, V. (eds.), *Monsoon and Civilization*, Lustre Press and Roli
Books, 2004.

Fujiki, T., Zhou, Z. and Yasuda, Y., *Asian Environmental History 1: The Pollen
Flora of Yunnan, China*, Lustre Press and Roli Books, 2005.

［6］ 迄今为止有关"长江文明的探究"的日语研究成果单行本（年代由近及远）：

安田喜宪《迈向生命文明的世纪》，第三文明社，2008 年。

佐佐木高明《何谓照叶树林文化》，中公新书，2007 年。

安田喜宪、松本健一、欠端实、服部英二《探寻文明的风土》，丽泽大学出
版会，2007 年。

安田喜宪《一神教的黑暗》，筑摩新书，2006 年。

安田喜宪《山岳信仰与日本人》，NTT 出版，2006 年。

安田喜宪《龙的文明史》，八坂书房，2006 年。

竹田武史《大长江》，光村推古书院，2005 年。

安田喜宪《渡过大灾时代》，WEDGE 选书，2005 年。

梅原猛、安田喜宪《长江文明的探究》，新思索社，2004 年。

安田喜宪《文明的环境史观》，中公丛书，2004 年。

安田喜宪《气候变动的文明史》，NTT 选书，2004 年。

安田喜宪《环境考古学手册》，朝仓书店，2004 年。

小林道宪、安田喜宪《询问文明的心》，丽泽大学出版会，2003 年。

安田喜宪《古代日本人的根源：长江文明之谜》，青春出版社，2003 年。

川胜平太、安田喜宪《制造敌人的文明　形成和平的文明》，PHP，2003 年。

安田喜宪《日本，成为森林的环境国家吧》，中公丛书，2002 年。

安田喜宪《龙的文明·太阳的文明》，PHP 新书，2001 年。

安田喜宪《环境考古学的劝说》，丸善图书，2001 年。

石弘之、安田喜宪、汤浅赳夫《环境与文明的世界史》，洋泉社，2001 年。

松井孝典、安田喜宪《地球文明的寿命》，PHP，2001 年。

安田喜宪《保护森林的文明·统治的文明》，PHP 新书，2001 年。

梅原猛、严文明、樋口隆康《长江文明的曙光》，角川书店，2000 年。

安田喜宪《大河文明的诞生》，角川书店，2000 年。

安田喜宪《东西文明的风土》，朝仓书店，1999 年。

徐朝龙《三星堆·中国古代文明之谜》，大修馆书店，1998 年。

徐朝龙《长江文明的发现》，角川书店，1997 年。

[7]　迄今为止有关"长江文明的探究"的英语国际期刊专刊（专刊上分别发表了
课题组成员和合作者的论文 10 篇以上）：

Yasuda, Y. (ed.), Environmental variability in East and West Eurasia. *Quaternary International* 105, pp.1–80, 2003.

Yasuda, Y. and Catto, N. (eds.), Environmental variability and human adaptation since the Last Glacial period. *Quaternary International* 123/125, pp.1–158, 2004.

Flenley, J. and Yasuda, Y. (eds.), Environmental variability and human adaptation in the Pacific Rim and the sustainability of the islands. *Quaternary International* 184, pp.1–204, 2008.

Yasuda, Y., Climate change and the origin and development of rice cultivation in the Yangtze River basin, China. *AMBIO* 14, pp.502–506, 2008.

Yasuda, Y., The discovery of the Yangtze River civilization. *The Royal Swedish Academy of science* 14, November, 2001.

Nasu, H., Momohara, A., Yasuda, Y., The occurrence and identification of Setaria italivca (L.) P. Beauv. (foxtile millet) grains from the Chengtoushan site (ca. 5800 cal B. P.) in Central China, with reference to the domestication centre in Asia. *Vegetation History and Archaeobotany* 16, pp.481–494, 2007.

Nakagawa, T. et al., Asynchronous climate changes in the north Atlantic and Japan during the last termination. *Science* 299, pp.688–691, 2003.

［8］ 严文明《长江文明的曙光》，湖北教育出版社，2004 年。

裴安平、熊建架《长江流域的稻作文化》，湖北教育出版社，2004 年。

曲英烈《长江古城址》，湖北教育出版社，2004 年。

［9］ 桦山纮一《长江文明与日本》，Benesse，1987 年。

［10］ 梅原猛、安田喜宪《长江文明的探究》，新思索社，2004 年。

［11］ 竹田武史《大长江——寻找亚洲的原风景》，光村推古书院，2005 年。

［12］ 佐佐木高明《东·南亚农耕论》，弘文堂，1989 年。

［13］ 成濑敏郎《澧阳平原的黄土与地形》，何介钧、安田喜宪《澧县城头山——中日合作澧阳平原环境考古与有关综合研究》，文物出版社，32—39 页，2007 年。

［14］ 高桥学、河角龙典《长江中游澧阳平原的微地形环境与土地开发》，何介钧、安田喜宪《澧县城头山——中日合作澧阳平原环境考古与有关综合研究》，文物出版社，18—31 页，2007 年。

［15］ 安田喜宪、宫塚义人《澧阳平原初期农耕遗址的数字（照片）测量及复原》，何介钧、安田喜宪《澧县城头山——中日合作澧阳平原环境考古与有关综合研究》，文物出版社，173—180 页，2007 年。

［16］ 守田益宗、黑田登美雄《从城头山遗址沉积物的孢粉分析看农耕环境》，何介钧、安田喜宪《澧县城头山——中日合作澧阳平原环境考古与有关综合研究》，文物出版社，67—83 页，2007 年。

［17］ 那须浩郎、百原新《城头山遗址的大型植物遗存》，何介钧、安田喜宪《澧县城头山——中日合作澧阳平原环境考古与有关综合研究》，文物出版社，90—97 页，2007 年。

［18］ 外山秀一《从地形分析和植硅石分析看城头山遗址的环境及稻作》，何介钧、安田喜宪《澧县城头山——中日合作澧阳平原环境考古与有关综合研究》，文物出版社，44—66 页，2007 年。

［19］ 佐佐木高明《东亚水田稻作的形成——从烧田到水田》，佐佐木高明《日本农耕文化的源流》，日本放送出版协会，1983 年。

［20］ Nasu, H., Momohara, A., Yasuda, Y., The occurrence and identification of Setaria italica (L.) P. Beauv. (foxtile millet) grains from the Chengtoushan site (ca. 5800 cal B. P.) in Central China, with reference to the domestication centre in Asia. *Vegetation History and Archaeobotany* 16, pp.481-494, 2007.

［21］ 萩原秀三郎《山与村的民俗文化的特质》，安田喜宪《山岳信仰与日本人》，NTT 出版社，2006 年。

［22］ 佐佐木高明《何谓照叶树林文化》，中公新书，2007 年。

［23］ 七田忠昭《吉野里遗址的祭祀与长江文明》，安田喜宪《神话祭祀与长江文明》，文物出版社，2002 年。

［24］ 江上波夫《骑马民族国家》，中公新书，1967 年。

［25］ 佐原真、金关恕《古代史发掘 4 稻作的开始》，讲谈社，1975 年。

［26］ 受教于京瓷株式会社渡会素彦氏。

［27］ Possehl, G. L., *Indus Age-The Beginning*, Oxford & IBH Publishing Co. Put. LTD, 1999.

［28］ 宫本长二郎《城头山遗址建筑遗构之复原考察》，何介钧、安田喜宪《澧县城头山——中日合作澧阳平原环境考古与有关综合研究》，文物出版社，164—172 页，2007 年。

［29］ 森勇一《城头山遗址的昆虫和硅藻化石》，何介钧、安田喜宪《澧县城头山——中日合作澧阳平原环境考古与有关综合研究》，文物出版社，164—172 页，2007 年。

［30］ 金原正明《城头山遗址的寄生虫分析》，何介钧、安田喜宪《澧县城头山——中日合作澧阳平原环境考古与有关综合研究》，文物出版社，120 页，2007 年。

［31］ 米延仁志《城头山遗址的木材分析》，何介钧、安田喜宪《澧县城头山——中日合作澧阳平原环境考古与有关综合研究》，文物出版社，115—117 页，2007 年。

［32］ 松下孝幸《骷髅的诉说》，长崎新闻新书，2001 年。

［33］ Korhola, A. et al., Holocene temperature changes in northern Fennoscandea reconstructed from Chironomids using Bayesian modeling. *Quaternary Science Review* 21, pp.1841-1860, 2002.

［34］ 石原园子等《东乡池湖沼年缟堆积物的硅质微化石群集成分变化》，福泽仁之《基于湖沼·内湾·黄土堆积物的季风亚洲变化的诱因阐释》，东京都立大学，2002 年。

［35］ Yasuda, Y. et al., Environmental archaeology at the Chengtoushan site, Hunan Province, China, and implications for environmental change and the rise and fall of the Yangtze River civilization. *Quaternary International* 123/125, pp.149–158, 2004.

［36］ Kato, M. et al., Varved lacustrine sediments of Lake Tougou-ike, Western Japan, with reference to Holocene sea-level changes in Japan. *Quaternary International* 105, pp.33–37, 2003.

［37］ Nakagawa, T. et al., Asynchronous climate changes in the north Atlantic and Japan during the last termination. *Science* 299, pp.688–691, 2003.

［38］ 安田喜宪《文明的环境史观》，中公丛书，2004 年。

［39］ 湖北省文物考古研究所《盘龙城》，文物出版社，2001 年。

第四章

4 200 年前的气候变化与东亚民族迁徙

一、4 200 年前的气候变化与长江文明的衰亡

4 200 年前的气候变化　使长江文明得以产生的，是 6 300 年前全新世最温暖期结束后的气候寒冷化与干燥化。同样，导致长江文明衰亡的，也是气候的变化。

城头山遗址大约在 4 200 年前被遗弃。其后，虽有湖北石家河遗址等延续了长江文明，但在 4 000 年前，这些遗址也都被遗弃了。浙江良渚遗址和四川龙马古城宝墩遗址也是在大约 4 000 年前被遗弃的。总而言之，4 200—4 000 年前是长江文明的衰退期。那么，到底是什么原因导致了长江文明的衰亡呢？

旱作畜牧民的古代文明破坏了森林，使大地变成荒野，所以一旦出现微弱的气候变化，特别是出现干燥化和盐碱化，就会导致文明崩溃。如果现在我们站在美索不达米亚"肥沃的半月弧"的话，就很容易理解这件事。美索不达米亚文明曾经繁荣过的大地，现在已经变成盐碱化荒野。但是，城头山遗址所在的大地至今仍然是富足的粮仓。所以说，导致长江文明衰亡的并不是对自然的掠夺和环境的破坏。

那么，使城头山遗址被遗弃的原因到底是什么呢？当然，环境污染或许是原因之一。屈家岭文化时代城头山遗址的污染状况是日本平城宫的两倍，由此我们可以推测出城头山遗址曾有过严重的污染。因此，城头山遗址被遗弃有可能是由于人口增加而引发的严重污染和疾病的蔓

延。但是我认为，气候变化所引发的民族迁徙才是城头山遗址被遗弃的最主要原因。

如图 4-1 所示，加藤惠（megumi）[1]等人对鸟取县东乡池年缟堆积物硫黄总含量的变化进行了检测。该图清晰地反映出从日历年 5 300 年前起硫黄总含量在反复增减的过程中呈整体下降的趋势，并在日历年 4 200 年前出现了显著的下降期。硫黄总含量的下降一直持续到 4 000 年前。硫黄总含量的下降与海平面下降相互联动，反映出气候的寒冷化。总而言之，4 200—4 000 年前是气候恶化的寒冷期。

在东乡池硫黄总含量的变化图表上叠加长江文明遗址的面积变化（图 4-1），有趣的事实便浮现出来[2]。湖南的彭头山遗址和八十垱遗址

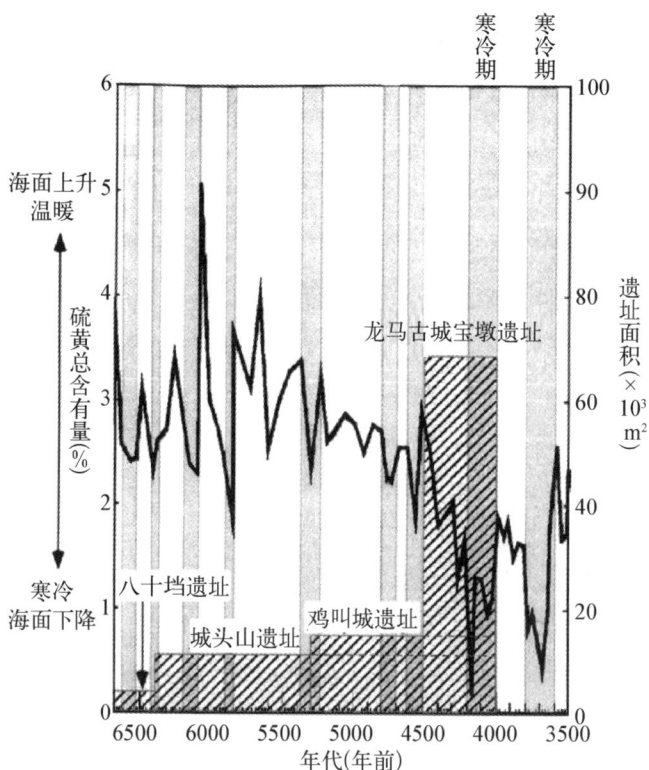

图 4-1 基于东乡池年缟分析的海平面变化与长江文明遗址面积的变化（Yasuda, et al., 2004）[2]

是最古老的定居式稻作农耕聚落，其面积大约是 5—6 万平方米。始于
6 300 年前的最古老的都市遗址——城头山遗址的面积是 10 万平方米，
始于 5 300 年前的鸡叫城遗址是 15 万平方米。由此可见，遗址的规模
虽然在逐渐扩大，但还没有出现爆炸性的扩张。但是，到了 4 500 年前
的四川龙马古城宝墩遗址，遗址规模就突然扩大到 60 万平方米，同时
代的湖北石家河遗址和浙江良渚遗址的面积都超过了 100 万平方米，出
现了超大规模的遗址。以 4 500 年前为分界线，长江文明的遗址突然爆
炸性地扩张，由此我们可以判断，长江文明 "4 500 年前已经进入超大
都市时代"。但是，这些超大的都市在 4 000 年前突然消失了。好像巨大
的恐龙灭绝一样，长江流域的超大都市在 4 000 年前都被遗弃了。

　　这些超大都市被遗弃的背后到底隐藏着什么原因呢？我认为，这首
先与 4 200 年前显著的气候恶化密切相关。即使在美索不达米亚，像塞赫
那城（Tell Leilan）（图 4-2）那样的超大遗址也几乎在同一时间被遗弃了。
白苏（H. Baisu）博士[3] 提出一个假说，认为其背景是气候的干燥化。

图 4-2　4 200 年前因干旱而放弃的叙利亚塞赫那城遗址（安田摄）

袭扰欧亚大陆的 4 200—4 000 年前的恶劣气候（寒冷化与干燥化），很可能是使古代文明衰亡的一个原因。特别是长江文明，导致其衰亡的决定性因素是气候寒冷化所诱发的、以金属制武器武装起来的北方旱作畜牧民的南下。像美索不达米亚那样最大限度地榨取自然而使人口膨胀的地方，4 200 年前的气候干燥化对塞赫那城的崩溃起到了决定性作用。但是，在长江流域的温暖湿润地带，气候的寒冷干燥化并没有那么大的影响。不过，气候寒冷干燥化对黄河流域影响很大，所以就引发了旱作畜牧民的南下。事实上，到了石家河文化时代末期，北方黄河文明的要素已经明显地表现出来，中原文化的影响已经波及长江流域。这一点从石家河遗址出土的遗物中就可以看得很清楚，所以我现在认为，北方旱作畜牧民的南下，对长江文明的衰亡具有决定性的意义。

从平原到山地的民族迁徙　中尾佐助、佐佐木高明等人[4]认为，从云南到长江流域，再到西日本的照叶树林地带有共通的文化要素，并将其称为"照叶树林文化"。这一学说在世界上首次认识到森林生态系统与人类文化和文明之间的深层关系，具有划时代的意义。但是，这个学说有一个致命的误判，即把稻作起源地设定在了照叶树林文化的故乡——以云南为中心的山岳地带。

因此，他们认为长江中下游低湿地的稻作文化是从上游的山地传播而来，从而引发了文化和文明的"下山"，这就给东亚文明史的阐释带来了重大误导。毋庸讳言，佐佐木高明先生烧田稻作早于水田稻作的理论，进一步强化了稻作文化是从山地传播到平原的错误学说。

稻作文化从云贵山地向长江流域低湿地的下降式传播——这一论断也在如何阐释少数民族文化方面造成了严重谬误。

例如，生活在云贵山地的苗族举行盛大祭祀活动时会杀大量的水牛，但水牛在山地原本是难以生存的。为什么居住在山地的苗族在盛大祭祀活动时要特意杀掉本来喜欢在低湿地生存的水牛呢？对于这个问题，从山地向平原传播的山地文明论是无法回答的。

在那个时代，萩原秀三郎氏[5]一直对文明从山地向平原下降式传播的照叶树林文化论提出异议。萩原氏反复指出，稻作文明的起源在水边，而不在山地。

1997 年启动的文部科学省重点科研项目"长江文明的探究"证明，文明从山地向平原下降式传播的理论是错误的，长江流域的稻作渔猎文明反而是从平原向山地传播的。这种逆向的文明传播得到了彻底的证明。

通过"长江文明的探究"这一课题研究，首先明确的一点就是稻作起源地在长江中下游，可以追溯到 10 000 年以前。如前文所述，在湖南城头山遗址发现了 6 000 年前的水田，甚至有可能还会发现 7 000 年前的水田。

相反，云南省最古老的稻作遗址只能追溯到 4 000 年前，而且最初进行稻作的人们，很可能就是今天生活在云贵山地的少数民族。这一点是通过城头山遗址木材分析等环境考古学研究阐明的。

选择性地利用枫香树 在 1997 年启动的湖南省澧阳平原日中联合学术考察中，我们对城头山遗址进行了发掘，检测出大量的木片和炭片。米延仁志氏[6]分析了那些木片和炭片，但觉得不可思议的是，不论分析多少样本，几乎都是枫香树（图 3-26）。会不会是因为抽样有所偏颇？米延氏再次对城头山遗址的木片和炭片的材质进行分析，结果仍然相同。除枫香树以外，只检测出少量的蚊母树与米槠树。

大量的枫香木到底说明了什么呢？首先容易想到的，就是城头山遗址周边有枫香树林，利用起来最方便。

于是，为了复原当时的森林环境，守田益宗氏[7]对城头山遗址土壤中的花粉化石进行了分析。花粉出现比例对于复原远古森林环境非常有效，分析结果显示，虽然出现了枫香树花粉，但其出现比例意外的低，不到 10%，还不如槠类和米槠树类高。

城头山遗址周边的确有枫香树，但不成片。更多的是槠树和米槠树林。另外，那须浩郎氏[8]分析了遗址土壤中的大型植物遗存，也未发现枫香树的树叶和果实。

如果靠近城头山遗址有枫香树林的话，应该会飞来大量的花粉，甚

图 4-3　枫香树（竹田武史摄）

至有时候会飞来树叶与果实。但是花粉的出现比例很低，至于树叶和果实，则完全没有检测出来。

由此我们判断，城头山遗址中检测出来的大量枫香树木材，是人们有选择地从远方搬运过来的。那么，为什么城头山遗址的人们会有选择地利用枫香树呢？

枫香树（图 4-3）属于金缕梅科落叶阔叶树，汉语名叫"枫香树"。在微风中摇曳的枫香树叶使人感觉清爽，仿佛飘着香风。高大的枫香树可达 40 米，树干直径 2 米以上。枫香树的分布如图 4-4 所示，原产于中国南部，黄河流域没有分布。

城头山遗址的人们由于某种原因选择了枫香树，而且从 6 300 年前到该遗址被遗弃的 4 000 年前，在长达 2 000 多年的时间里一直大量使用枫香树。

是什么原因使城头山遗址的人们如此喜爱枫香树呢？

至今仍然祭祀枫香树的民族　即使是现在，云贵山地仍然居住着非常喜爱枫香树的人，他们就是苗族。正如萩原氏[5]所指出，对于苗族来说，枫香树是掌管本民族生命世界的宇宙树。用枫香木制作的芦笙柱立于聚落广场正中，这根芦笙柱就是苗族的生命树，是宇宙的中心。

芦笙柱的顶端有鸟和太阳（图 4-5），鸟朝向太阳升起的东方。有的芦笙柱中段还有木制牛角造型（图 3-27）。

苗族每隔十二年举行一次祭祀祖先的鼓藏节，用作牺牲[9]的水牛有时会达 100 头以上。

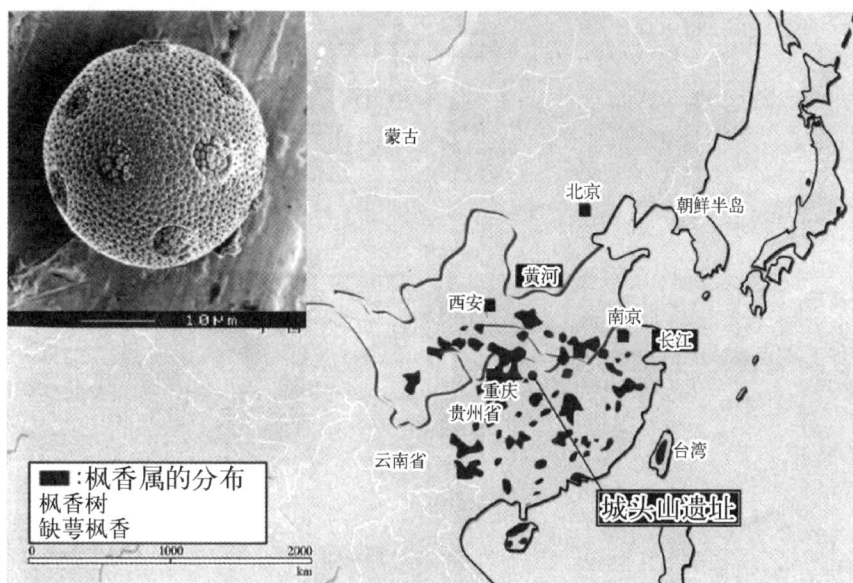

图 4-4　枫香树的分布及其花粉化石（藤木利之摄）

图 4-5　树立在苗寨中央的芦笙柱（竹田武史摄）

119

　　另外，据说在"鼓社"的祭祀中要制作木鼓。先掏空枫香树干，然后蒙上水牛皮（图4-6）。伴随着木鼓和竹制芦笙以及铜鼓的沉重音调，穿着漂亮盛装的年轻人绕着芦笙柱跳舞，从夜晚一直跳到天明（图4-7）。在铜鼓中央，有光芒较长的雄性太阳纹或光芒较短的雌性太阳纹。

图4-6　掏空枫树干而制成的木鼓（安田摄）

图4-7　穿着盛装，围着芦笙柱跳舞的苗族村民（竹田武史摄）

苗族也有枫香树神话传承至今。枫香树的树叶比普通枫树叶大，秋季变成深红色，而且在这深红色的枫叶中隐含着一个悲剧："祖先与黄帝及其子孙打仗，战败被砍了头。在祖先的头被砍落的地方就长出了枫香树，祖先的鲜血则变成了枫香树深红色的树叶。"[10] 由此我们可以明了，苗族是枫香树的子孙，是将枫香树置于本民族生命世界之根本的枫香之民。

城头山遗址出土的木片全部是人工加工过的，大部分是枫香树。大量使用枫香树，说明城头山遗址的人们特别重视枫香树。倘若我们寻找大量使用并崇拜枫香树的民族，最终一定会找到苗族。包括城头山遗址，长江文明的遗址都没有发现文字，贵州省和云南省的苗族也没有文字。

苗族不用文字，在制定村规民约时埋下岩石。这个仪式称作"埋岩"，埋一块岩石来保证守约（图4-8）。

在城头山遗址东门内侧发现了6 000 年前中国最古老的祭坛。在祭坛中除埋葬了四具人骨以外，还埋了一块长 20—30 厘米的石头，石头是从祭坛上圆形凹地中发现的（图 3-18）。

城头山遗址位于黄土台地之上，而这样的石头只有远处的河滩才有。所以，这块石头肯定是因某种目的被特意运来，安放在祭坛上的。这块石头应该与苗族"埋岩"具有同样的意义。

图4-8　苗族埋岩（竹田武史摄）

松下孝幸氏[11] 鉴定了埋葬在祭坛中的人骨，发现这些人骨头颅小，身材矮，身高在 160 厘米以下。松下氏指出，黄河流域的中原人，头大体长，城头山遗址 6 000 年前的人骨显然与中原人不同。松下氏认为："在中国大陆，身体矮小属于南方特征。"

司马迁的《史记》以及《战国策》《春秋大事表》等古代文献中有多次记录，长江中游城头山遗址所在的澧阳平原和江汉平原曾经居住着"三苗"，他们曾与中原人发生过战争。通过此次对城头山遗址的环境考古学考察，我们几乎可以确定，"三苗"之中肯定包含苗族。

要想使这一假说确立起来，当然需要对人骨进行 DNA 测定。我们对城头山遗址出土的所有人骨进行了 DNA 测定，但由于人骨的保存状态较差，现在还没有得到良好的结果。

鸟越宪三郎氏[12]认为，城头山遗址所在的澧阳平原原本居住着倭族。苗族从北方的黄河流域来到这里，消灭了以城头山遗址为中心的澧阳平原王国。也许苗族原本居住在枫香树无法自然生长的寒冷地带，来到长江流域，接触到枫香树后才创造了枫香树神话。但如果真是这样的话，苗族南下到长江流域就应该在 6 000 年以前，因为早在 6 000 年前，大量使用枫香树的民族就已经生活在城头山遗址了。

神话与传承是该民族长期形成的东西。苗族有枫香树神话，也有将枫香树置于生命世界之根本的世界观。这种世界观，难道是苗族从黄河流域来到枫香树自然生长的长江流域后才形成的吗？值得注意的是，6 000 年前城头山遗址的人们已经大量使用枫香木，而且从那里出土的人骨也与黄河中游人在体质上有很大差异。因此，即使如鸟越氏[12]所指出，苗族的根源在北方，那苗族从北方来到长江中游也远早于 6 000 年前。

通过对城头山遗址进行环境考古学考察，我们阐明了一个重要事实，即现在众多生活在云贵山地的少数民族曾经都生活在长江流域的低湿地带，并推动过长江文明的发展，现在我们至少可以肯定，苗族就是其中的一个民族。苗族的盛大祭祀以大量的水牛为牺牲，在芦笙柱上悬挂水牛角，这些其实都是曾经在低湿地生活的历史遗痕。

在云贵山地生活的人们当中，有许多人是由于北方汉族势力的扩张而被驱逐，从平原逃进山地的，于是稻作文明也因此从平地传播到山地。

百田弥荣子氏[13]最近指出，彝族的神话传说与苗族类似，而且有比苗族更加浓厚的山神信仰和神树信仰。苗族、侗族以及彝族中一部分人的祖先曾在长江流域的低湿地创造过长江文明，现在，我们已经到了从这个视角来重新评价上述少数民族文化的时候。

鸟越宪三郎氏[12]一直认为生活在长江流域的人不是汉族，而是倭族。倭族是不是苗族暂且不论，但创造城头山遗址并推动长江文明发展的人肯定不是汉族。他们曾经被称为"三苗"和"百越"。在"三苗""百越"当中，肯定包含着现在崇拜太阳和鸟，崇拜枫香树，并以水牛为祭祀牺牲的苗族、侗族等少数民族的祖先。也就是说，长江文明是非汉族创造出来的文明（图 4-9）。

枫香树与栗树之民 作为长江文明创建者的苗族是枫香树的子孙，是把枫香树置于生命世界之根本的森林之民。与苗族类似，日本绳文人是栗树的子孙。在青森县三内丸山遗址出土的巨大木柱等木材中，栗树最多，其比例具有压倒性。

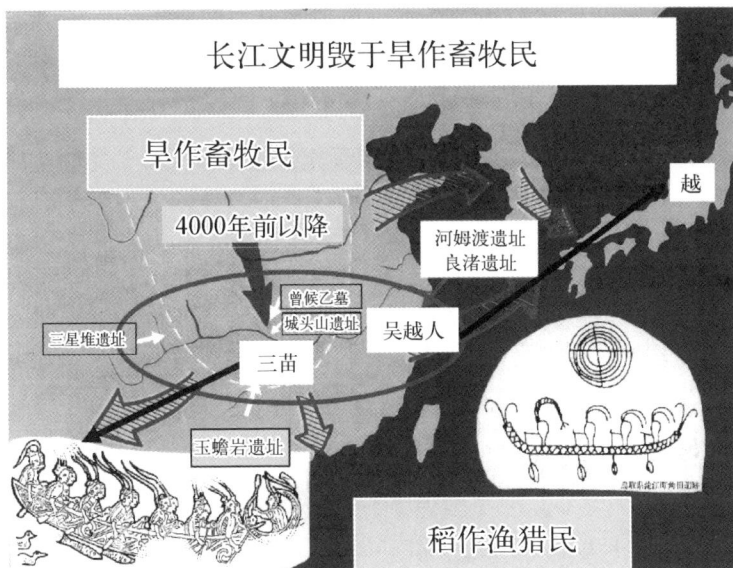

图 4-9　4 200 年前旱作畜牧民的南下与稻作渔猎民的逃亡（安田制）

如果说长江文明的创建者苗族是"枫香树之民"的话，那么，绳文文明的创建者绳文人则可以称为"栗树之民"。苗族人传承着枫香树神话，绳文人则讲述着栗树神话。

我们能够清楚地看到，长江文明是"枫香树文明"，绳文文明是"栗树文明"。栗树和枫香树都很适合用石器砍伐，绳文人与苗族看来是非常了解它们的这一特点的。这显示出森林之民的"高科技"。

把枫香树或栗树作为生命树置于生命世界之根本的森林之民创造出森林文明，这是长江文明和绳文文明的相同之处。地球上曾有丰富的森林，这种森林文明曾在几个区域存在过。但是，旱作畜牧文明不认为森林是其生命世界之根本，而且具有杀害森林之神的神话（如《吉尔伽美什叙事诗》）。于是，在旱作畜牧文明不断扩张的过程中，"森林文明·稻米文明"则被埋葬到历史的深渊之中。我们的"长江文明的探究"之旅，其实就是要探究这种已经失去的"森林文明·稻米文明"，这一点是在我们研究的过程中逐渐地清晰起来的，与梅原猛先生合著的《长江文明的探究》[15] 则汇报了这方面的最新成果。

4 200 年前的气候恶化引发了以黄河流域为原始聚居区的北方旱作畜牧民的南下。他们骑着马，手里拿着青铜武器，怒涛般地南下。于是，长江文明的创建者——稻作渔猎民逃进了云贵山地（图 4-9）。现在，我们认为已经变成少数民族的苗族、侗族和彝族的一部分，就是曾经创造了长江文明的人的子孙。

民族迁徙不是从云贵山地波及长江流域的平原，而是从平原波及云贵山地。云贵山地的少数民族并不是一开始就生活在山地，而是从平原被驱赶到山地。他们曾是伟大的长江文明的创建者，对于这些少数民族，我们需要彻底转变我们自己以往的认知。

而且我们认为，4 000 年前以后中国大陆发生的民族迁徙之波，经过台湾地区和东南亚，最后到达南太平洋，成为波利尼西亚人向东方扩散的契机（图 4-10）。中国大陆内陆地区 4 200 年前的气候变化，引发了北方旱作畜牧民的南下，从而迫使生活在长江流域，被称为"百越"

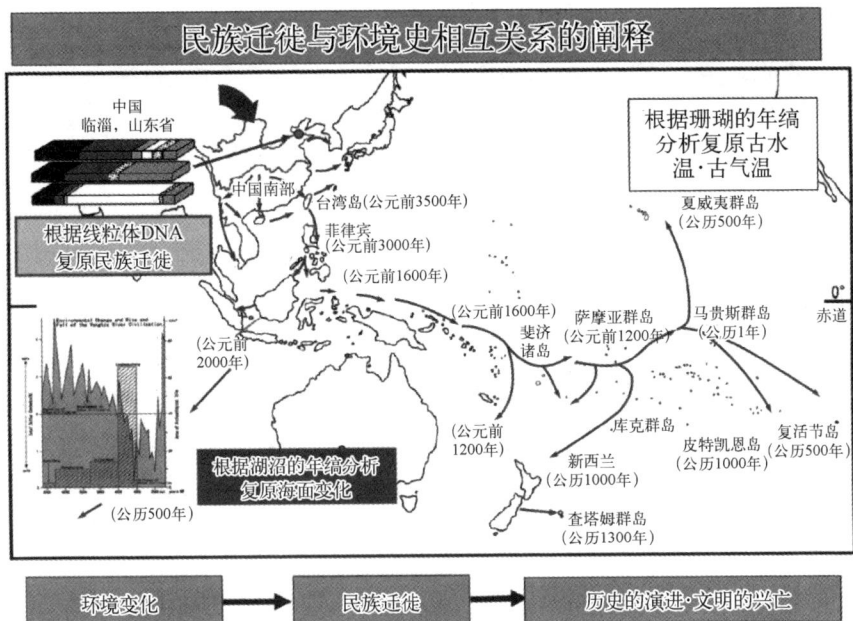

图4-10　中国大陆内部的气候变化引发南太平洋的民族迁徙（片山，2002 等）[42]

的稻作渔猎民逃亡。于是，一部分人逃进云贵山地，沿海的人们则乘船逃进了东海和太平洋。向南迁徙的人们从中国台湾地区向密克罗尼西亚群岛、波利尼西亚迁徙。这就是民族跨海大迁徙的契机。

　　近年来，这种民族跨海大迁徙的痕迹从线粒体 DNA 的分析中也得到了证实。篠田谦一氏指出[16]，具有线粒体 DNA 单倍群 B 的人，大约在 40 000 年前诞生于中国南部，其中一部分人沿东亚海岸北上，经北美大陆一直移动到中南美洲西岸。另一群人则从中国南部扩散到中国台湾地区、密克罗尼西亚和波利尼西亚的南太平洋，而且一部分人一直到达南美洲西岸（图4-11）。数千年后，从中国大陆沿东亚海岸线北上，经北美大陆南下到中南美洲西海岸的人与航海经过南太平洋到达南美洲西岸的人相遇，创造了环太平洋文明圈，而且他们是长江文明的后裔。——以上便是我的学术假说。篠田氏指出，从 6 000 年前起，具有线粒体 DNA 单倍群 B 的人进入南太平洋，但我认为，4 200 年前长江文明崩溃所导致的民

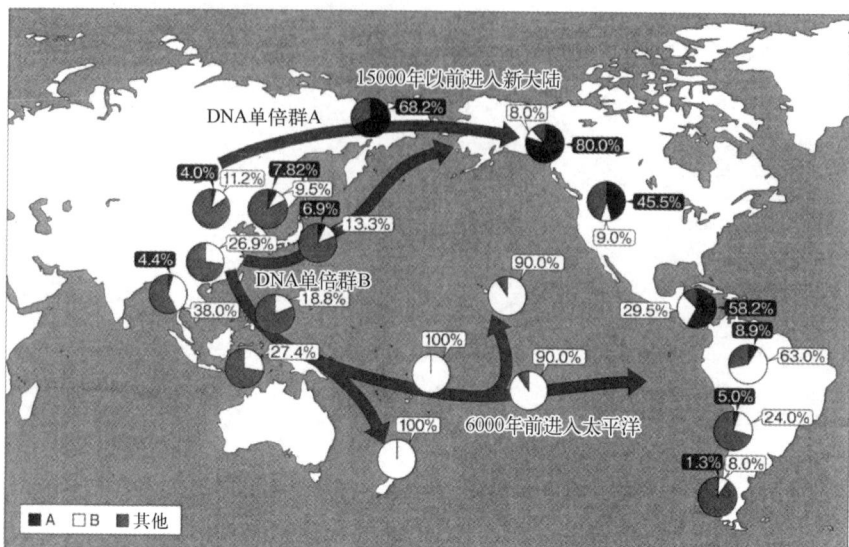

图4-11 线粒体 DNA 单倍群 A 和 B 所占比例与环太平洋民族迁徙（篠田，2007）[16]

族大迁徙，才是把线粒体 DNA 单倍群 B 的人大批赶进大海，并使其远航南太平洋的契机。

二、绳文文化曾与长江文明互动

三内丸山遗址的发现 1994 年，考古学方面的一个新闻从日本本州岛最北端传遍了整个日本，即发现了绳文时代前期至中期的大型聚落——三内丸山遗址。青森县的人们兴奋了，甚至当地的银行都开始这样宣传："从此青森就是世界的青森啦！"

三内丸山遗址繁荣的时代，恰好是长江文明繁荣的时代。遗址出土了巨大的木柱建筑遗构和木柱的根部，还出土了大量的废弃陶器堆土、排列井然的墓地、涂漆的木制品、用树皮编织的小筐、翡翠笛以及大量陶偶和骨角器，令人惊叹不已。

遗址北端发现了宽15米、深3—5米的峡谷，考古学者把它命名为"绳文时代前·中期的遗物废弃区"。如名所示，从谷底堆积的泥炭层中发现了大量的遗物。

我们[14]对堆积在谷地泥炭层中的木片进行了碳十四年代测定，其结果显示，厚度达到3米以上的泥炭层形成于5 700—3 500年前。

支撑遗址的栗树与鱼 泥炭层的花粉分析显示，栗树和核桃的花粉出现比例很高，特别是栗树花粉，其出现比例高得异常，在很多地方竟然可以达到90%以上[14]。

因为栗树的授粉是以昆虫为媒介，所以花粉量较小，在天然状态下栗树花粉几乎不会超过10%。因此，这种异常高的出现比例明确地告诉我们，绳文人是有意识地栽培和管理栗树的。在三内丸山遗址周边有大片的栗树林。我[17]最早指出了这点，但在考古学者之间，这一点却被完全忽视了。

考古学者们推测，三内丸山遗址人口最多时曾达到500人，而给这高密度的人口提供卡路里来源的主食之一，就是栗树。我认为这一点是不会错的。

除了栗树，三内丸山遗址的重要食物来源还有丰富的海产品。遗址位于俯视青森湾的微高台地之上，青森湾丰富的海产资源，特别是鱼，对绳文人来说是重要的蛋白质来源。台地上的栗树与海里的鱼类，支撑着富足的绳文社会。

这种生活方式与住在美国西北海岸的美洲原住民（印第安）海达（Haida）族和特林吉特（Tlingit）族、沿海州的吉利亚克（Gilyaki）族和堪察加人（Kamchadal）有很多相似之处。他们以丰富的渔业资源和常绿针叶林资源为背景，维持着高密度人口与发达的文化。

毫无疑问，三内丸山遗址的文化将环太平洋北部丰富的海洋资源与森林资源结合起来，继承着定居性狩猎采集民的文化谱系。

环太平洋北部与南部及环日本海的文化相遇 在三内丸山遗址中，除了漆以外，还检测出了葫芦、白苏以及豆类等带有南方文化因素的遗物。另外，还出土了用鹿角制作的鹿角斧等特色工具。其实，这些栽培植物和鹿角斧，在绳文前期的福井县鸟滨贝塚也有出土，我认为其源头可以追溯到中国长江下游的河姆渡遗址。绳文时代前期的福井县鸟滨贝塚出土的遗物与河姆渡遗址出土的遗物具有很高的文化相似性。当然，河姆渡遗址从 7 600 年前起就开始栽培水稻，但鸟滨贝塚没有栽培水稻的证据。不过，河姆渡遗址和鸟滨贝塚都使用漆器，栽培葫芦、豆类和白苏，并从事渔猎。

三内丸山遗址出土的葫芦、白苏、豆类以及漆文化与鸟滨贝塚乃至河姆渡遗址相连，继承着环太平洋南部文化的系谱，而且与近年引起关注的中国东北部新石器时代的兴隆洼文化、红山文化之间也保持着深层次的关联性。辽宁查海遗址出土的圆筒式陶器与日本东北地区北部至北海道南部出土的圆筒式陶器完全一样，块状耳饰等装饰品也非常相似。因此我们可以认为，日本的这一区域与中国东北部处于同一文化圈。

如果确实如此的话，我们就能够解释为什么日本本州岛北端的青森县会有如此发达的文化出现。青森县正处于美国西北部的海达（Haida）族和特林吉特（Tlingit）族、沿海州的吉里亚克（Gilyaki）族等环太平洋北部文化圈，与中国长江下游北上的环太平洋南部文化圈以及始于中国东北部的环日本海文化圈相互交汇的结合部。也正是因为处于这个结合部，所以才发展出兼备南方要素和北方要素的高度文化。

聚落遗弃的原因是气候恶化　以高度发达的文化为骄傲的三内丸山遗址，在绳文中期末段的 4 000 年前突然被遗弃了。其原因之一就是使长江文明衰亡的 4 200—4 000 年前的气候变化。该遗址绳文前·中期的遗物废弃区，在绳文中期末段至后期被迅速填埋，峡谷的堆积同时也加速了下游内湾的堆积。

丰饶的内湾由于洪水增加而被填埋，再加上海退，浅海远离陆地，人们无法捕获鱼贝类。洪水频繁发生的恶劣气候也导致作为主食的板栗歉收。绳文人的主食是板栗，蛋白质来源是鱼贝类。但是由于气候恶化而导致板栗歉收；由于海平面下降而导致浅海远去。500 人的高密度人口会因微弱的气候变化而面临食物危机。也许正是由于这个原因，人们向南寻找丰饶的土地而舍弃了住惯的村寨。由此可见，长江文明的衰亡与绳文中期文化的崩溃相互联动，都始于 4 200 年前的气候变化。

三、3 200 年前的气候变化与稻作传播

3 200 年前的气候变化 在 4 200—4 000 年前的气候恶化之后，还有一次对稻作传播起决定性作用的气候恶化，即 3 500—3 200 年前的气候恶化。在 4 200—4 000 年前的显著寒冷期之后，气候转向温和。但是，从 3 500 年前起气候再度恶化，在 3 200 年前出现了显著的寒冷期。

日本列岛的绳文时代晚期相当于寒冷期。自阪口丰氏[18]和我本人[19]指出这一点以来，许多花粉研究者都反复指出这一点。在阪口氏[20]的长野县唐花见湿地花粉图表中，大约以 3 300 年前的层位为分界线，冷杉属、云杉属、五叶松亚属、日本铁杉属激增，表明气候寒冷化已经开始。阪口氏[21]依据尾濑原的花粉分析结果，对这个时代的气候寒冷化进行了更加详细的复原（图 4-12）。以偃松花粉变化为指标的气候变化曲线表明，气候自 3 400 年前出现寒冷化倾向，在 3 000 年前迎来显著的寒冷期，而且该寒冷期大约一直持续到 2 400 年前。

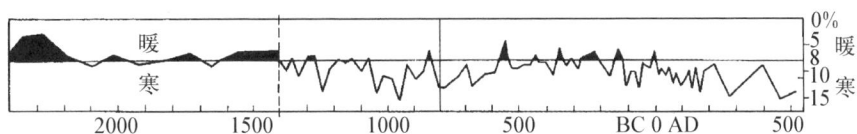

图 4-12 群马县尾濑原花粉分析结果所阐明的气候变化曲线（Sakaguchi, 1989）[21]

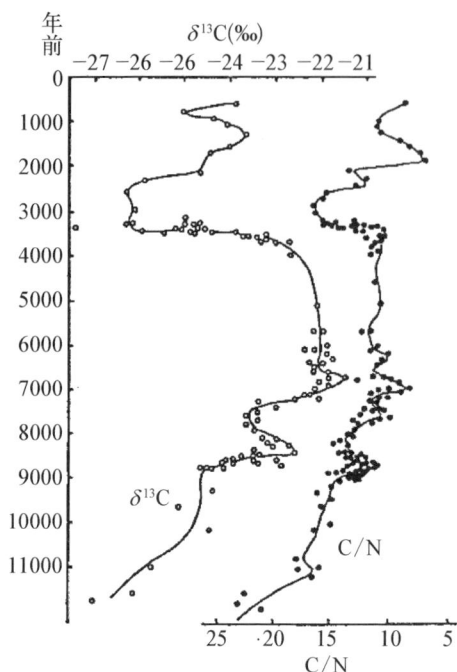

图4-13　川崎市钻孔核堆积有机物 $\delta^{13}C$ 值与 C/N 比（中井等，1988）[22]

气候寒冷期不仅可以从花粉分析的结果中看出，也可以根据堆积浅谷和海岸地形的变化以及同位素地球化学的分析结果推导出来。

图 4-13 是曾经堆积在东京湾的内湾性堆积物 $\delta^{13}C/\delta^{12}C$ 与 C/N 比的测定结果，采集于川崎市川中岛中学校园[22]。在总长 43.75 米的堆积物中，深度从 40.6 米到 9.28 米之间测出 18 个层位的碳十四年代测定值，设定了精度相当高的时间轴。

该分析结果表明，3 500 年前发生了很大的变化。堆积物中有机物的供给源是海水中的浮游生物和来源于陆地的生物遗骸。两大供给源的碳同位素与 C/N 比具有不同的数值。海洋浮游生物的 $\delta^{13}C$ 比是 -19 至 -23 千分率，C/N 比则大于 30。川崎市堆积物分析结果显示，3 500 年前 C/N 比急剧增加，而 $\delta^{13}C$ 比则减小，这表明在这个时代陆地供给源的有机物增加，海洋的影响有所减弱。从花粉分析的结果中可以知道此时气候已经变冷，所以 C/N 比的增大与 $\delta^{13}C$ 比的减小可以认为是由于快速的海退而引起的。这一点与这个时代全日本范围内形成堆积浅谷、海平面下降的事实[23]是不矛盾的。

另外，森勇一氏[24]对位于爱知县庄内川冲积平原的町田遗址进行了硅藻分析，其结果（图 4-14）显示，以松河户火山灰降灰的 3 400 年前为分界线，堆积物发生了很大变化。3 400 年以前的堆积物中颗粒直链藻（Aulacoseira granulata）占优势，表明周边分布着内湾水域

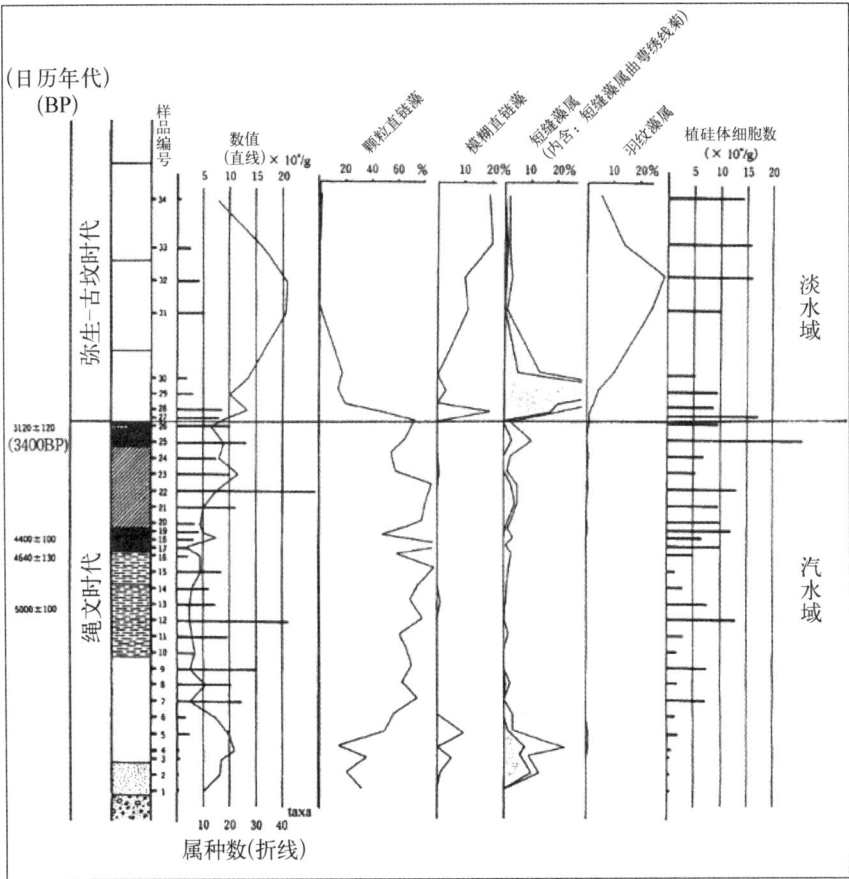

图 4-14 爱知县町田遗址硅藻分析结果（Mori, 2002）[24]

环境。但是，从 3 400 年前起，淡水底生种类和着生种类的羽纹藻（Pinnuralia）属和短缝藻（Eunotia）属激增。这些是在淡水中也能生长的硅藻，这说明伴随 3 400 年前的气候寒冷化，庄内川河口周边的海水水域缩小，水田稻作已经扩大到三角洲的低湿地上。

气候变化与稻作传播 在 3 500—3 200 年前的气候寒冷化时代，东亚的民族迁徙异常剧烈。始于 3 500 年前，在 3 200 年前到达极点的气候恶化期，北方以周朝为代表的旱作畜牧民再次南下，中国进入了大动乱的"春秋战国"时代。此时，大量难民向云贵山地迁徙，甚至沿湄公

131

河、红河以及伊洛瓦底江继续南下，最终到达东南亚。

荞麦栽培和水田稻作传入日本列岛也是这个时代[25]，我们认为，这是由于受到气候恶化影响的人们移居日本列岛的缘故。水田稻作传播到日本列岛，是由于3 200年前达到寒冷期极点的气候恶化在大陆再次引发了民族迁徙[26]。

从3 500年前起，东南亚的洞里萨湖周边也出现了稻作农耕[27]。我认为，东南亚的稻作文化是受到4 200年前气候变化的影响而沿湄公河、红河南下的人们带过去的。3 500年前的气候恶化使大量难民再次蜂拥而至，于是稻作便推广开来了。

东南亚的稻作农耕确实可以追溯到4 200年前的气候变化所引发的稻作渔猎民大迁徙时期。有研究指出，印度尼西亚巴厘岛的稻作可以追溯到4 300年前[28]。但是，东南亚水田稻作的扩大与普及，我认为是3 500年前气候再次恶化以后的事。

3 500—3 200年前的气候恶化引发稻作民族南迁，从而使稻作推广开来。当然，在今后的考察中，我们很有可能会在东南亚发现受印度影响或东南亚独自起源的更古老的籼稻栽培证据。有研究认为，泰国的稻作可以追溯到5 600年前，但泰国东北部的班清文化实际上比过去人们认为的要晚很多。现阶段，我认为东南亚的稻作最多可以追溯到3 500年前，即使有更古老的证据，也不会超过4 200年前。

四、拔齿象征"言灵文明"

拔齿习俗的扩散与民族迁徙 4 200年前与3 200年前的气候恶化引发了大陆北部旱作畜牧民的南迁，所以许多稻作渔猎民逃到了贵州省、云南省、福建省、台湾岛甚至日本列岛或东南亚。逃到东南亚的人们与逃到上述其他地区的人们一样，承袭了拔齿习俗。在柬埔寨普恩斯奈（Phum Snay）遗址 2007 年度的考古发掘中，宫塚义人氏发现了拔齿头骨（卷首彩版 3）。而且经松下孝幸氏[29]研究，拔齿这一事实再次得到证实。

西日本弥生时代的人骨，与中国大陆山东半岛和长江下游的人骨，在体质人类学上具有相似性，自金关丈夫氏[30]研究土井滨遗址人骨起，再加上近年埴原和郎氏[31]的"弥生时代百万人渡来说"，山口敏等人[32]的"长江渡来说"等等，这一点已经获得广泛认可。然而，在体质人类学意义上具有与日本绳文人类似的人骨，在中国大陆还没有发现。

弥生时代是否有百万人渡海来到日本列岛另当别论，但弥生时代携带稻作文化的人确实是从中国大陆渡海而来的，这一事实我们必须承认。

中国大陆的古人骨与日本弥生时代的人骨相通，在头盖骨形态、四肢骨形态上表现得非常明显。修长的身体，适应大陆冬天严寒的扁平脸型，他们是作为新的"渡来弥生人"来到日本列岛的。

但是，正如松村博文氏[33]所指出，在牙齿形态上却看不到相似性。与头骨和手足骨相比，牙齿形态的变化一般会缓慢得多，所以牙齿中保存着古老的遗传形质。

根据松村氏的研究，与弥生人牙齿形态最相近的是泰国人与泰国华侨集团。中国山东半岛古人骨的牙齿和长江下游古人骨的牙齿完全不像弥生人的牙齿。

在日本列岛，从绳文时代后期起盛行拔齿，绳文时代晚期到弥生时代也依然延续着拔齿习俗。但在中国大陆，拔齿习俗盛行于 4 000 年前，之后逐渐衰退，在相当于日本弥生时代初期的春秋战国时代基本消失，仅在梁王城遗址出土的人骨中发现了少量的拔齿[34]。

但是，我们在发掘柬埔寨普恩斯奈遗址（公元前 5 世纪—公元 5 世纪）时发现，即使在公元 2—3 世纪，柬埔寨依然存在拔齿习俗[29]。

在牙齿形态上，日本弥生人与中国大陆人之间没有相似性，却与泰人（傣人）相通。拔齿习俗在泰国和柬埔寨延续到2—3世纪，但那时中国大陆的拔齿习俗已经基本消失了。关于牙齿的这两个事实到底说明了什么呢？

DNA讲述的民族迁徙　篠田谦一氏[35]在分析了现在的中国人和东南亚人的线粒体DNA单倍群M8a的碱基序列后，指出了一个很有趣的事实。线粒体DNA单倍群M8a比例较大的集团在汉族中居多，而居住在云南等地的少数民族和日本阿伊努族则完全没有线粒体DNA单倍群M8a。越南人、柬埔寨人以及朝鲜人和日本人中具有线粒体DNA单倍群M8a的比例也远比汉族低。

线粒体DNA由母亲遗传给孩子，适用于单纯思考民族的谱系。观察线粒体DNA单倍群M8a在不同集团的比例分布，我们可以知晓构成现代汉族的人原本生活在西北部，他们是从西北部切入东亚族群的。

前文已经说过，4 200年前和3 500年前发生了两次大的气候变化。由于4 200年前和3 500年前的气候寒冷化，长江文明崩溃了。在这种背景下，由于气候恶化而具有单倍群M8a的集团便从中原扩散到长江流域，导致了长江文明的崩溃。

4 000年前生活在长江流域的人们有拔齿习俗。但是，由于气候恶化而从大陆西北部迁徙过来的人们则没有拔齿习俗。由此可见，4 200年前和3 500年前的全新世后期两次气候剧变在东亚引发了民族大迁徙。来自西北部并具有单倍群M8a但没有拔齿习俗的人们进入南方，驱逐了没有单倍群M8a但具有拔齿习俗的人们。

另一方面，崎谷满氏[36]从父系遗传的Y染色体亚型的分析中阐明了源自黄河文明的汉族的遗传特性，即O3e亚型突出分布于汉族之中。他指出，因为关联性较高的O3e的膨胀，O3e系统的人很有可能驱逐了中国大陆上O2系统的人，并将他们变成了少数族群。如果导入我的假说，即曾经使长江文明繁荣并一直生活在长江流域的人们，由于黄河文明的膨胀而被驱逐，从而导致长江文明崩溃的话，Y染色体亚型O2系统的特异性分布就可以得到很好的说明。具有O2a系统Y染色体亚

型的人们，是被北方具有 O3e 系统的汉族先民驱赶到南方的，而 O2b
系统则是生活在沿海，或经朝鲜半岛被驱赶到日本列岛的人们，O1 系
统则是从台湾岛逃往菲律宾的人们。

拔齿边缘文明论　原本在长江流域生活并具有拔齿习俗，而且牙
齿长得很大的人们逃往贵州省、云南省并沿湄公河、湄南河以及红河南
下，最后逃到了越南、泰国甚至柬埔寨。另一方面，长江下游的人们则
乘船出海，来到台湾岛和日本列岛。他们将故乡的拔齿习俗传给日本绳
文社会，而且一直延续到弥生时代。这些人的 Y 染色体亚型属于 O2 系
统或 O1 系统，新从北方扩张而来具有 O3 系统 Y 染色体亚型的人则没
有拔齿习俗。

在日本列岛和柬埔寨，即使到了弥生时代也仍然存在拔齿习俗，这
一点可以用"拔齿边缘文明论"来解释，即边缘地带一般会保留古老的
文明要素。

我们需要认识到，在长江流域的大部分地区，春秋战国时代就已经
生活着在线粒体上与汉族相连的人们，他们没有拔齿习俗。但是，单倍
群 M8a 碱基序列比例较低，属于 Y 染色体 O2 或 O1 系统并具有拔齿习
俗的人们，则被迫逃到了贵州省、云南省以及东南亚和日本。我们应该
看到，长江文明的崩溃伴随着东亚民族的大迁徙。

金关丈夫等人[30]认为，日本的拔齿习俗证明新来的弥生人接纳了
绳文时代的传统。迄今为止，这一学说曾被认为很有说服力。但是，拔
齿习俗原本是 4 200 年前因气候变化而被赶出大陆，来到日本列岛的人
们的习俗。在日本列岛，从 4 000 年前起，即绳文后期以后拔齿习俗才
显著出现，这应该是与大陆进行文化交流的结果。

之后，因 3 500 年前的气候恶化而逃到日本列岛的人们也有拔齿习
俗。因为他们是 3 500 年前因气候恶化而被赶出大陆的具有拔齿习俗的
少数民族——稻作渔猎民。

拔齿习俗证明了一个事实，即从绳文时代后期起，日本列岛就已经
与中国大陆有紧密的交流了。这一点也是贺川光夫氏[37]根据黑陶研究

而极力主张的。贺川氏在大石遗址的发掘中发现了黑陶陶器，并指出与中国大陆的交流可以追溯到绳文时代后期。但是，佐原真氏[38]把大石遗址的遗构嘲笑为"勉强能够说单口相声的程度"。日本考古学的主流支持了佐原氏的意见，于是，日本列岛与中国大陆的交流始于绳文时代后期这一划时代的学术假说被长期无视了。但现在，我们必须重新思考贺川氏的这个学术假说。

日本列岛是败者集团的幸存之岛 现在，柬埔寨的普恩斯奈（Phum Snay）遗址也发现了中国长江流域的黑陶和带有太阳纹的陶器（卷首彩版 4），所以沿湄公河南下的长江流域的人们最终到达柬埔寨的可能性是很高的。普恩斯奈遗址出土的陶器上描绘的太阳纹，与云南羊甫头遗址出土的陶器上所描绘的太阳纹非常相似（卷首彩版 5）。

以 4 200—4 000 年前与 3 500—3 200 年前的气候恶化为契机而从北方和西方南下的人们，是饲养绵羊和山羊、骑马、栽培麦和粟的旱作畜牧民。我[39]认为，他们与篠田谦一氏[35]指出的现代汉族类似，具有线粒体 DNA 单倍群 M8a。他们没有拔齿习俗，很可能是崎谷满氏[36]所指出的具有 Y 染色体亚型 O3 的人们。

单倍群 M8a 在汉族中以一定的比例出现，但其周边的族群却很少。另外，Y 染色体亚型的特异性分布可以从以下的视角进行说明：O3e 系统的人们驱逐了以前生活在长江流域，并具有 O2 和 O1 系统 Y 染色体亚型的人们，被驱赶的人们则逃到台湾岛、日本列岛及东南亚。

由于旱作畜牧民的南下而被迫逃到贵州、云南或沿湄公河和红河南下，迁徙到东南亚的人们，以及逃进福建山地或乘船出海，逃到台湾岛和日本列岛的人们，其实都是稻作渔猎民，他们保持着拔齿、饭稻羹鱼、以船代步的生活习惯。篠田氏[35]通过线粒体 DNA 分析预测，远古时代一定有不经过朝鲜半岛，直接从中国江南渡海而来到日本列岛的群体。另外，崎谷氏[36]也指出，日本列岛是欧亚大陆东部各种战败者逃亡而来并得以幸存下来的地方。

在东亚一个小岛上生活的人具有极其丰富的 DNA 多样性，这就说明日本列岛并未发生过那种将一个群体全部杀光的大屠杀。有继承了旧石器时代 DNA 的人，有继承了绳文时代 DNA 的人，有弥生时代从长江流域到来的人，有古坟时代经朝鲜半岛到来的人，他们各自出身来历不同，但没有互相残杀。他们彼此怜爱，在这小小的日本列岛上一起生活。这才是日本人在世界上值得骄傲的优点。这一点应该与来到日本列岛的人都是被迫离开大陆的战败者身份密切相关。因为他们饱尝了战败者的悲哀而生存下来，所以能够为他人幸福着想，有利他之心和怜悯他者的慈悲心。这就是 DNA 讲述的日本人的特质。

拔齿是重视"言灵"思想的表现　平尾良光[40]等人通过东亚青铜器同位素分析，也阐明了因 3 500 年前的气候恶化而发生的民族迁徙。平尾氏等人对柬埔寨普恩斯奈遗址出土的青铜器所做的同位素分析证明，青铜器原料大部分产自中国江南，这说明带有青铜器的人们是从中国江南迁徙过去的，或青铜器的原料是从中国江南运去的。平尾氏等人还指出，越南青铜器的原料和柬埔寨普恩斯奈遗址相同，也是从中国江南的矿山开采的，但传入途径与柬埔寨普恩斯奈遗址完全不同。因此，这两部分青铜器彼此之间没有关联性。这就说明，沿湄公河南下的人们与沿红河到达越南的人们，之后并没有密切的交流。

欠端实氏[41]指出，给日本列岛带来日本神话的，是从云南沿红河而下，然后沿海岸经台湾岛、琉球列岛和日本九州岛南部北上的人们。

拔齿习俗直到最近还残留于中国台湾地区的少数民族之中，因此我们可以断定，拔齿习俗不是汉帝国的习俗，而是其周边少数民族所特有的习俗。拔齿习俗的盛行与没有文字之间或许有紧密的关联性。没有拔齿习俗的中原旱作畜牧民很早就发明了文字，创造了黄河文明。相反，长江文明没有文字。稻作渔猎民创造的长江文明为什么没有使文字文化发展起来呢？这或许与拔齿有深层次的关系。保持拔齿习俗，出海漂流到日本列岛的稻作渔猎民，以及在中国大陆继承着长江文明的少数民族，与其说重视"文字"，毋宁说更重视"言灵"。正因为如此，他们才没有使文字文化发展起来。"言灵"所出之口为神圣，所以需要拔齿驱邪气。或许拔齿与黑齿有同样的意义。与文字相比，更重视"言灵"的民族可以总称为"稻作渔猎民"。

重视拔齿的人们也重视"言灵"。在人类文明史上有"重视文字的文明"和"重视言灵的文明"，而拔齿属于后者，是"重视言灵的文明"的象征。

参考文献

［1］ Kato, M. et al., Varve lacustrine sediments of Lake Tougou-ike, Western Japan, with reference to Holocene sea-level changes in Japan. *Quaternary International* 105, pp.33–37, 2003.

［2］ Yasuda, Y. et al., Environmental archaeology at the Chengtoushan site, Hunan Province, China, and implications for environmental change and the rise and fall of the Yangtze River civilization. *Quaternary International* 123/125, pp.149–158, 2004.

［3］ Weiss, H. et al., The genesis and collapse of Third Millennium North Mesopotamian Civilization. *Science* 261, pp.995–1004, 1993.

［4］ 上山春平、佐佐木高明、中尾佐助《续·照叶树林文化》，中公新书，1976年。

［5］ 萩原秀三郎《稻、鸟与太阳之路》，大修馆书店，1996年。

［6］ 米延仁志《城头山遗址的木材分析》，何介钧、安田喜宪《澧县城头山》，文物出版社，115—117页，2007年。

［7］ 守田益宗、黑田登美雄《城头山遗址堆积物的花粉分析看农耕环境》，何介钧、安田喜宪《澧县城头山》，文物出版社，67—83页，2007年。

［8］ 那须浩郎、百原新《城头山遗址的大型植物遗存》，何介钧、安田喜宪《澧县城头山》，文物出版社，90—97页，2007年。

［9］ 萩原秀三郎《神树》，小学馆，2001年。

［10］ 安田喜宪《龙的文明·太阳的文明》，PHP新书，2001年。
安田喜宪《龙的文明史》，八坂书房，2006年。

［11］ 松下孝幸《骷髅的诉说》，长崎新闻新书，2001年。

［12］ 鸟越宪三郎《倭族》，中公新书，1989年。

［13］ 百田弥荣子《中国苎环之线》，传说·传承学会《传说·传承的脱领域》，岩

田书院，2008 年。

[14]　梅原猛、安田喜宪《绳文文明的发现》，PHP，1995 年。

[15]　梅原猛、安田喜宪《长江文明的探究》，新思索社，2004 年。

[16]　篠田谦一《成为日本人的祖先们》，NHK 书籍，2007 年。

[17]　我最早指出三内丸山遗址生计背景中有栗树的半栽培化，是在 1995 年 3 月
　　　18 日由饭塚俊男导演完成的三内丸山遗址绳文电影之中。之后，作为论文
　　　《栗树林支撑的高度文化》发表在梅原猛、安田喜宪编著的《绳文文明的发
　　　现》里（PHP，1995 年）。正因为有了我的发现，三内丸山遗址的栗树半栽
　　　培化才成为大家讨论的话题。以前，考古学者一直在探讨野稗栽培等农耕的
　　　可能性。

　　　　　与此不同，我通过绳文谷堆积物的花粉分析，发现了大量的栗树花粉，
　　　阐明了这些是用火烧掉赤杨林和枹栎林后人工形成的半栽培化栗树林。而且
　　　我还探讨了作为主食，栗树是否可以养活 500 人的问题。

　　　　　《绳文文明的发现》已再版 7 次，被很多人阅读，日本的考古学者不可
　　　能没有看到。尽管如此，这一事实却被日本的考古学者们无视了。甚至有人
　　　在已出版的普及性书籍（今村启尔《寻找绳文的实像》，吉川弘文馆，1999
　　　年）中将栗树林半栽培化记述为好像是由我以外的研究者发现的。这样的无
　　　视还有如松井章编的《环境考古学手册》（同城社，2003 年）。尽管谁都知
　　　道是我确立了环境考古学，但该书却完全无视我。日本考古学者捏造的不只
　　　是前期旧石器，无视也是学说史的捏造。日本考古学者们把无视错觉为一种
　　　权威，不知不觉间把无视自己所属研究集团以外的研究成果、歪曲捏造学说
　　　史当成了理所当然的事。

　　　　　同样的事在花粉研究领域也曾有过。那须孝悌《活动的舞台：概论》
　　　（永井昌文、那须孝悌、金关恕、佐原真编《弥生文化研究〈1〉弥生人及其
　　　环境》，雄山阁，1989 年）就公开说："无视安田的研究。""自己是花粉研
　　　究的权威，安田的研究没什么了不起"——如果没有这样的想法，是不会
　　　这样写的。但是，其权威只不过是在日本国内具有特定主张集团内部的权
　　　威，在国际期刊上撰写论文成为理所当然的时代，其权威性已经不知不觉地
　　　消失了。我年轻时不得不与这样的花粉研究者斗争，但现今在国际受到高度
　　　评价，在国际期刊上撰写论文的花粉研究者几乎都是我的学生或我们研究团
　　　队。今后，为日本考古学和环境考古学的国际化着想，日本的人文社会科学
　　　研究者必须停止以特定团体内的权威或特定团体内的护短来歪曲事实、掩盖

真相。在科学的世界里，根本不需要什么权威。

［18］ 阪口丰《日本的先史·历史时代的气候》，《自然》五月号，中央公论社，1984 年。

［19］ 安田喜宪《气候变化与民族迁徙》，埴原和郎《日本人与日本文化的形成》，朝仓书店，231—257 页，1993 年。

［20］ Sakaguchi, Y., Evidence of the introduction of burned-field cultivation into the Japanese central highlands during the Jomon period. *Bull.Dept.Geogr.Univ.Tokyo* 18, pp.21-28, 1986.

［21］ 阪口丰《尾濑原的自然史》，中公新书，1989 年。
　　　 Sakaguchi, Y., Some pollen records from and Sakhalin. *Bull.Dept.Geogr.Univ. Tokyo* 18, pp.21-28, 1989.

［22］ 中井信之、大石昭二《全新世的海平面——基于气候变动的地球化学方法研究》，《名古屋大学加速器质量分析计业绩报告书 I 》，名古屋大学，16—21 页，1988 年。

［23］ 梅津正伦《冲击低地的古环境学》，古今书院，1994 年。

［24］ Mori, Y., The origin of development of rice paddy cultivation in Japan based on evidence from insect and diatom fossils.Yasuda, Y. (ed.), *The Origins of Pottery and Agriculture*, Lustre Press and Roli Books, pp.273-296, 2002.

［25］ 安田喜宪《世界史中的绳文文化》，雄山阁，1987 年。

［26］ 安田喜宪《日本文化的风土》，朝仓书店，1992 年。

［27］ Ly Vanna, Early rice cultivation in the central floodplain of Cambodia.Doctoral Program in Area Studies, Graduate Division of Foreign Studies, Sophia University, The Setsutaro Kobayashi Memorial Found, A Research Paper for 2001, 61pp.

［28］ Bellwood, P. et al., New dates for prehistoric Asian rice. *Asian Perspectives* 31-2, pp.161-170, 1992.

［29］ 松下孝幸《普恩斯奈遗址出土的人骨》，安田喜宪、Chuch Phoeurn《柬埔寨王国普恩斯奈遗址》，国际日本文化研究中心，89—94 页，2008 年。
　　　 Matsushita, T., Human skeletal remains unearthed from Phum Snay archaeological site. In Yasuda, Y. (ed.), *Preliminary Report for the Excavation in Phum Snay 2007*, International Research Center for Japanese Studies, pp.44-48, 2008.

［30］ 金关丈夫《人种的问题》，《日本考古学讲座 4　弥生时代》，河出书房，

238—252 页，1955 年。金关丈夫《日本民族的起源》，法政大学出版会，1976 年。

[31] 埴原和郎编《日本人从何而来》，小学馆，1984 年。
埴原和郎《日本人新起源论》，角川书店，1990 年。
埴原和郎《日本人集团的形成——二重结构模式》，埴原和郎编著《日本人与日本文化的形成》，朝仓书店，258—279 页，1993 年。

[32] 山口敏、中桥孝博《中国江南·江淮的古代人——探访渡来系弥生人的原乡》，Therapeia，2007 年。

[33] 松村博文《从牙齿的形态看渡来弥生人江南起源的可能性》，山口敏、中桥孝博《中国江南·江淮的古代人——探访渡来系弥生人的原乡》，Therapeia，85—79 页，2007 年。

[34] 中桥孝博《古代中国江南·江淮地域的拔齿习俗》，山口敏、中桥孝博《中国江南·江淮的古代人——探访渡来系弥生人的原乡》，Therapeia，129—135 页，2007 年。

[35] 篠田谦一《线粒体 DNA 的研究》，山口敏、中桥孝博《中国江南·江淮的古代人——探访渡来系弥生人的原乡》，Therapeia，115—128 页，2007 年。

[36] 崎谷满《DNA 追踪的日本人 10 万年之旅》，昭和堂，2008 年。

[37] 贺川光夫《农耕的起源》，讲谈社，1972 年。

[38] 佐原真《日本农耕起源论批判》，《考古学杂志》23，1968 年。

[39] 安田喜宪《东亚肥沃的大三角地带》，《比较文明研究》13，2008 年。

[40] 角川茂、稗田贞臣、平尾良光《柬埔寨王国普恩斯奈遗址》，国际日本文化研究中心，67—76 页，2008 年。
Kakukawa, S., Hieda, S., Hirao, Y., Chemical analysis on bronze bracelets uneathed from the Phum Snay archaeological site in Cambodia and the identification of their production area. In Yasuda, Y. (ed.), *Preliminary Report for the Excavation in Phum Snay 2007*, International Research Center for Japanese Studies, pp.60⁻65, 2008.
稗田贞臣、平尾良光、角川茂《柬埔寨王国普恩斯奈遗址出土的青铜制手镯的化学组成与产地》，安田喜宪、Chuch Phoeurn《柬埔寨王国普恩斯奈遗址》，国际日本文化研究中心，77—86 页，2008 年。
Hieda, S., Hirao, Y., Kakukawa, S., Chemical composition of bronze artifacts unearthed from Phum Snay archaeological site in Cambodia. In Yasuda, Y. (ed.),

Preliminary Report for the Excavation in Phum Snay 2007, International Research Center for Japanese Studies, pp.66-73, 2008.

［41］ 欠端实《传说搬运之路——从云南到日本》,《比较文明研究》12，2007 年。

［42］ 片山一道《海洋中的蒙古人种》，吉川弘文馆，2002 年。

后藤明《渡海的蒙古人种》，讲谈社选书 METIER，2003 年。

第二部
旱作畜牧文明的起源与发展

黎凡特走廊的羊群，单日往返的放牧（安田摄）

第五章

黄河文明是旱作畜牧文明

中华文明发祥地有白色系畜牧民吗？ "安田先生，有重大发现！检测 2 500 年前山东省临淄遗址人骨的线粒体 DNA 后发现，检测体的 65% 是白色人种！"在国际日本文化研究中心的 DNA 实验室里，中国科学院的金锋教授这样告诉我。我所供职的国际日本文化研究中心（日文研）是以人文、社会科学为中心，对日本文化进行国际化研究的研究所，是大学共同利用研究机构法人，其 DNA 实验室是以 1996 年立项的文部科学省重点课题"长江文明的探究"为契机，在国家财政的资助下设立的。这个实验室的设立得到了人类遗传学权威尾本惠市氏的大力协助，金教授也是尾本氏介绍过来的。

金教授现在承担少数民族血液中心的 DNA 分析，化石人骨的 DNA 分析则由金教授的妻子王教授在东京大学植田信太郎氏的指导下进行。

DNA 的分析结果如图 5-1 所示[1]，这个种系进化系统树显示出世界上 19 个代表性的遗传形质。在图 5-1 中，距离越近则亲缘关系越近，距离越远则遗传关系越弱，甚至没有关系。从图 5-1 中我们可以看出，与战国时代晚期墓葬中发现的 2 500 年前的临淄遗址人骨 DNA 关系最远的，是阿伊努人和冲绳人，接下来是韩国人和日本人。但是，现在生活在临淄遗址周边的人的 DNA 与日本人极其接近，反而与 2 500 年前临淄遗址的人没有任何关系。

那么，与 2 500 年前临淄遗址人的 DNA 相近的是什么人呢？图 5-2 显示出线粒体 DNA 的六个构成比，临淄遗址 2 500 年前的人骨线

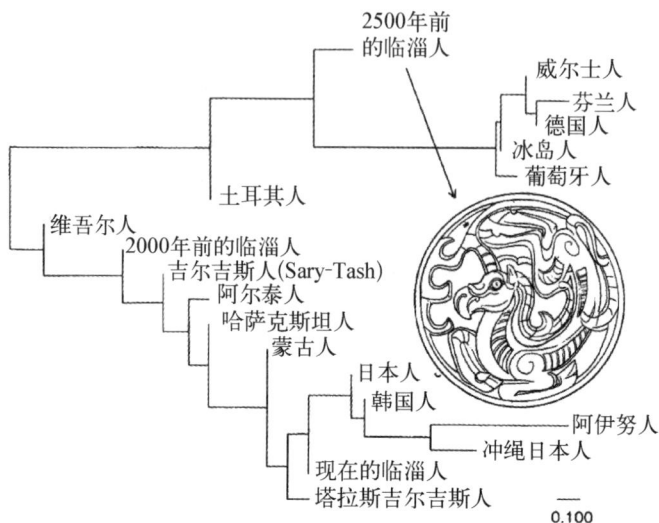

图 5-1　基于线粒体 DNA 分析的临淄人谱系树，距离越近则遗
传关系越近（安田根据 Wang et al.，2000[1] 制作）图
中纹样是临淄遗址墓葬 M1 出土的战国晚期帽形铜器上
的骆驼龙

粒体 DNA 构成比与 2 000 年前以后的人骨线粒体 DNA 构成比相差甚
远。令人惊奇的是，2 500 年前临淄遗址人的线粒体 DNA 与芬兰人、
德国人、葡萄牙人和土耳其人具有亲缘性（图 5-1）。

　　如果这一结果是正确的话，那将产生天翻地覆的后果。在 2 500 年
前的山东，在孕育了黄河文明的龙山文化中，在中华文明发祥地居住的
人群中，有些人具有与土耳其人、德国人、芬兰人等白色系印欧语族相
同的遗传形质。

　　至少在此次分析的 34 个检测体中，有 22 个检测体，即 65% 的检
测体是白色系人种。毫无疑问，他们来自西方。

　　但是，也有与王教授[1]分析的结果相反的结论。近年来，分析
过包括临淄遗址在内的山东人骨 DNA 的篠田谦一氏[3]说，他们没有
得到王教授所说的那种与欧洲人 DNA 具有亲缘关系的分析结果。看
来在临淄一带，与欧洲人有亲缘关系的集团分布得并不广泛。对临

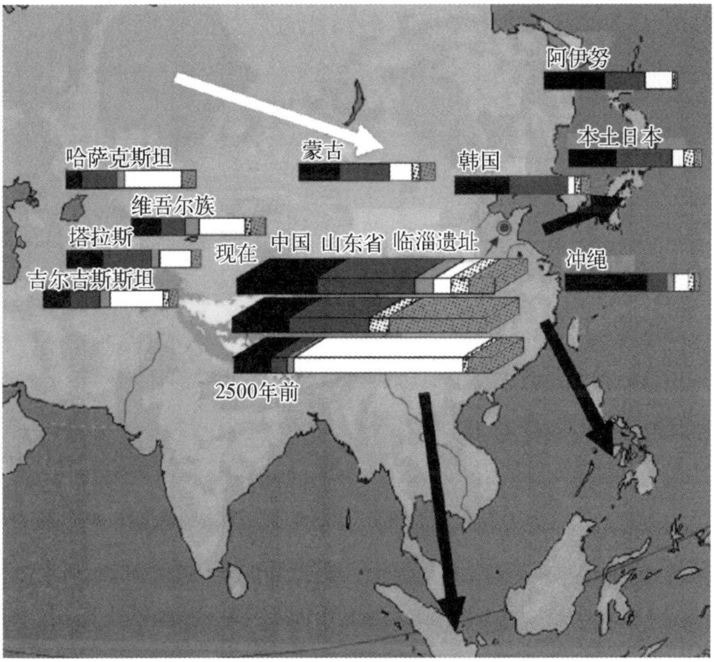

图 5-2 线粒体 DNA 的 6 个构成要素分配比（安田根据 Wang et al., 2000[1]制作）

淄遗址人骨进行过体质人类学调查的松下孝幸氏[2]认为，临淄遗址人骨的体质不属于印欧语族，而与日本九州北部至山口土井滨遗址的弥生人人骨极其相似。松下氏推测，这些人从黄河上游的青海省沿黄河向东迁徙而来，并最终在弥生时代到达日本九州北部和山口县的土井滨。

根据上述分析结果，我们好像可以说，从龙山文化圈的山东临淄遗址以及河南安阳殷墟出土的人骨中，在遗传形质上包含印欧语族的白色人种、古蒙古人种、太平洋黑色人种、高加索人和因纽特人等，其中也包含与日本九州北部和土井滨弥生人相似的人种。

临淄遗址或殷墟出土的人骨多样性证明，在那个时代，已经出现了来往于欧亚大陆北部的大规模交流、交易以及民族迁徙。

早于丝绸之路的交易之路 2 500 年前住在临淄遗址周边的人

中，有人与白色系印欧语族遗传形质相近。尽管他们的聚居点可能很小，但值得特别注意的是，这里是龙山文化的故乡，被视为黄河文明的发祥地。

如果事实果真如此，该地区的出土遗物中就应该有西方要素。我曾在临淄遗址发掘调查报告《临淄商王墓地》[4]中寻找线索，发现墓葬M1出土的被称作"铜帽形器"的铜器表面雕刻着龙的形象。它的脸，尤其是嘴部明显呈骆驼嘴形状。由此推测，生活在临淄遗址，DNA与印欧语族相近的人们，恐怕是骑着骆驼从遥远的西方来到这里的。

越过塔克拉玛干沙漠，东方与遥远的西方自古就存在一条交易之路，此路也是汉代将其发展成为丝绸之路的贸易之路。通过这条东西交易之路，不只是物品，西方人以及西方文化在远远早于汉代的远古时代就传到了黄河流域，这一点应该是毋庸置疑的。

更让我强烈地嗅到西方文明气息的，是河北中山王墓（图5-3上）出土的遗物。充满战国时代跃动感的青铜器中，有希腊神话格里芬（griffin）那样的双翼神兽。中山王国由鲜虞部族建立，他们春秋时代原本居住在西北

图5-3 河北省中山王墓（上）（安田摄）中山王璺墓出土的错银铜双翼神兽（下）（刘等，1999）[7]

部，后翻越太行山脉向东方迁徙，并到达河北西部。那尊充满跃动感的神兽，应该是代表战国时代的杰作。

正如我[5]和林俊雄氏[6]所阐述的，长着羽翼的神兽也是西方龙的一个特点，这一特点也是穿越欧亚大草原而传播过来的。西方的天使也有羽翼，长出羽翼的想法源于西方文明。我们可以在中山王国的龙——错银铜双翼神兽[7]（图 5-3）上看到希腊文明的影响。

因此我们可以说，黄河文明是在西方文明的影响下发展起来的，是饲养绵羊和山羊，吃羊肉、面条和馒头的旱作畜牧民创造的文明。这与之前所阐述的以稻作渔猎为生计的长江文明大相径庭。

从东北亚思考亚洲内陆　我曾在广岛大学做了很长时间的助手。有 15 年以上，我一直处在一个未必能够获得社会认可的位置上。

在困顿之中，支撑我走下来的是两位伟大的学者。一位是今西锦司博士，另一位是鸟居龙藏博士。今西博士长时间做着无薪讲师，对非洲和亚洲进行田野调查，开创了猿学、进化学等独特而新颖的学科分支，开创了"京都学派"，并最终荣获文化勋章。

鸟居博士于明治二十八年（1895）对辽东半岛进行田野调查，并以此为发端，先后对中国台湾、北千岛、中国西南部、中国东北地区、蒙古、朝鲜半岛、桦太、东西伯利亚和东亚进行了彻底的学术考察，足迹甚至远至南美洲，并在如此广阔的田野调查基础上建立起"先史考古学"，这是一个将自然科学和人文科学统合在内的新学术体系，也可以说，鸟居博士所追求的正是我所提倡的环境考古学。鸟居博士留下以大量照片为主的调查记录，现在已经成为研究 20 世纪前半叶东亚民族与文化的宝贵财富。但是，鸟居博士并没有沐浴学阀的恩惠。鸟居博士获得文学博士学位后，仅仅过了三年就辞去了东京大学人类学教研室副教授的职务。之后，凭借一己之力继续开展东亚学术考察。在日中关系极端恶化的 1939 年，鸟居博士赴北京出任燕京大学客座教授，1945 年二战结束后也没有回国，而选择留在北京。1951 年回国，但还没有来得及享受文化勋章的荣耀，便于 1953 年去世了。

　　鸟居博士热爱中国的大地和人民。鸟居博士的学生——中国考古学家安志敏先生[8]回忆说：战火不断扩大，迫于日军的压力，燕京大学不得不关闭的时候，"鸟居先生站在校门口，向一个一个走出校门的教授和学生弯腰道歉"，"鸟居先生当时身受日本当局的压力，但是对中国籍教授和学生，始终是不惜寄予由衷的同情与关照"。

　　鸟居博士是亲中派考古学家的代表，现在我们需要重新评价鸟居博士对日中友好作出的贡献。鸟居博士曾说过这样的话："日本人根本不知道中国人有多厉害，这是一件令人悲哀的事。中国的疆域过于辽阔，战火越扩大，日本就越接近战败，就越会被逼进绝路。"此后，国际形势的发展正如鸟居博士所预言。

　　鸟居博士在自传的最后这样总结道："我不靠大学的毕业证书和我的职位头衔生活，我靠我自己生活，我的学问就是我的学问，而且我的学问与我妻子、孩子同在。"（《鸟居龙藏全集》第二卷[9]）在广岛大学陷于困顿的时候，我反反复复读着这句话，思考着何谓学术，并使自己时而沮丧的心再次振作起来。拙著《世界史中的绳文文化》[10]中记录了我当时的心境。

　　今西博士考察大兴安岭[11]，鸟居博士考察"红山文化"，两位博士都是从东北亚出发，对亚洲内陆给予了强烈的关注，并进行了长期的田野调查。那么，为什么两位学术泰斗都是从东北亚的视角关注亚洲内陆呢？

　　这一地区与长江流域一样，在思考东亚文明史方面极其重要。我认为，两位学术泰斗已经凭直觉看透了这一点。

　　蓝眼睛的大地母神　鸟居博士在20世纪30年代，对横跨内蒙古自治区至辽宁省的红山文化遗址进行了考察，并把这个中国东北部独具特色的新石器时代文化命名为"红山文化"。这个名字源自内蒙古自治区赤峰市的"红山"。

　　红山文化是6 500年前中国内蒙古东南部至辽宁西部这一区域内发展起来的独具特色的新石器时代文化，牛河梁遗址（图5-4）是红山文

图 5-4　牛河梁遗址
女神殿（上）、金字
塔（中）和积石塚
（下）（安田摄）

化的代表性遗址。该遗址横跨辽宁省建平县和凌源县，根据 1979 年以来中国学者的考古发掘，发现了五个积石墓冢、一座女神殿和一座金字塔。它们都规整地排列在平缓南倾的山坡上。

女神殿遗址是靠近山顶南坡的 E 字形土坛。三叶松林中的土坛高度不过 30—40 厘米，但从中发现了四尊女神。其中一尊女神高达 3 米，形体巨大，但在她那长达 30 厘米的面部却看不出一点女神的温柔，反而会让人感到恐惧。之所以能够判断她是女神，是因为出土了带有巨大乳房的胸部。

端详她的面容，发现她的眼眶里镶嵌着蓝色玉珠。为什么眼睛是蓝色的呢？如果女神是蒙古人种的话，她的眼睛应该是黑色的。这一点让我一直很介意。

现在，王教授等人的 DNA 分析终于解开了这个谜团。这尊女神不是蒙古人种，而是拥有蓝眼睛的白色系人种。在红山文化的创建者中，有一部分人来自西方的白色系印欧语族。一些过去被视为蒙古人种创造，并存在于内蒙古至东北亚的几个新石器文化，正如郭沫若氏曾经指出的那样，实际上极有可能是受到来自西方白色系人种的影响而发展起来的。即便不是全部，但有一点是可以肯定的，即黄河文明受到了西方白色系人种文化的影响，并且是以此为契机而产生、发展起来的。

蒙古人种的汉族祖先，与来自西方白色系畜牧民族接触而创造出黄河文明。正如郭沫若氏所言，中华文明有关"天"的思想或许与美索不达米亚文明紧密相连。另外，也如荒川纮氏 [12] 所指出，诞生于美索不达米亚的马车在商代传入中国，并流行开来。支撑黄河文明王权的上天思想、青铜武器、马车等高科技，很可能都是从美索不达米亚传过来的。如果确实如此，认为白色系人种的畜牧民伴随文明传播而来到黄河流域，并对黄河文明的产生发挥了巨大作用也就顺理成章了。总而言之，正像我 [13] 反复指出的那样，在欧亚大陆西部，畜牧民与农耕民的"文明接触"才是古代文明产生的重要契机。

甲骨文的创造，其背后或许有来自拥有文字的美索不达米亚文明的影响。为什么位于东亚的黄河文明最早获得了青铜器？我们也可以认为其背后有来自美索不达米亚的影响。

黄河流域位于蒙古人种的旱作农耕民与白色系畜牧民互相接触的文明接触地带。这些白色系畜牧民可以称作"原印欧语族"，从北方辽阔的草原由西向东迁徙，将西亚和地中海文明带到了东亚。

黄河流域产生了黄河文明，其背后有来自欧亚大陆西部其他文明的影响，而带来这些影响的则是畜牧民。当然，创造出甲骨文、制作出精美青铜器的是蒙古人种的旱作农耕民，但他们接受了西方文明，即白色系原印欧语族的畜牧民带来的文明，这才是黄河文明产生的契机。

过去，人们一般认为黄河文明主要是以栽培粟、麦为基本生计的纯粹的农耕文明。但是，与粟等杂谷一起发挥巨大作用的还有畜牧，黄河文明就是由旱作畜牧民创造的。黄河文明是与稻作渔猎民创造的长江文明完全不同的旱作畜牧文明。

人类文明中的家畜的作用 梅棹忠夫[14]氏最早指出了人类文明史中家畜的重要性。指出人类文明史中"畜牧革命"重要性的，也是梅棹忠夫氏。

村上泰亮氏进一步指出了畜牧的三个阶段：畜牧分为畜牧农耕混合的家畜饲养阶段、游牧阶段和骑马民族文化阶段。他指出，以古代宗教为基础的农耕社会可以称为第一次农耕文明，基于有史宗教的农耕社会可以称为第二次农耕文明，其中包含中国、印度、希腊、罗马等古代文明，这些文明都是由于农耕民与畜牧民的"文明接触"而产生的。

如前所述，黄河文明是由于畜牧民与栽培粟和其他杂谷的旱作农耕民的"文明接触"而产生的。村上氏指出，没有接触到家畜文明的第一次农耕文明没有进化为第二次农耕文明。我认为，在没有向第二次农耕文明进化的古代文明中就包含长江文明、绳文文明以及玛雅文明、印加等中南美安第斯诸文明。

暂且不论是否可以将它们称为第一次农耕文明和第二次农耕文明，但我们还是要承认，世界上存在着受畜牧民和游牧民较大影响的文明和没有受其影响的文明。而且正如村上氏[15]所指出的那样，过去我们一直称作"文明"的文明，只是在畜牧民和游牧民的"文明接触"的影响下繁荣起来的文明。但是，其实还有一种没有和畜牧民、游牧民接触过的文明谱系存在，它就是长江文明。

地球上存在着两大文明谱系。一个是在家畜民、畜牧民和游牧民的"文明接触"下产生的"动物文明"[16]，包括黄河文明、古印度文明、美索不达米亚文明、埃及文明等过去一般被称作"文明"的古代文明。在这些古代文明的基础上发展起来的中国文明、印度文明、希腊罗马文明以及近现代欧洲文明和美国文明都包含在"动物文明"之内。

与此相反，没有受到畜牧民和游牧民"文明接触"的地区，很长一段时间则被人类文明史视为野蛮的未开化地区。但是，家畜文明没有侵入的湿润的森林地带却存在着另一种没有畜牧和游牧的文明，即长江文明、绳文文明、玛雅文明和安第斯文明。这些文明种植稻米、玉米或者土豆，不喝牛奶，也不做黄油和奶酪，主要的蛋白质来自鱼类。

长江文明和绳文文明以及玛雅文明、安第斯文明，都未曾受到畜牧民和游牧民的"文明接触"，我们把这些文明称作"植物文明"。人类的历史，其实也可以视为"动物文明"蹂躏"植物文明"的历史。

我们需要在"动物文明"和"植物文明"的对立中重新思考世界史。旱作畜牧文明是"动物文明"，稻作渔猎文明则是"植物文明"。

在本书第二部，我们将考察"动物文明"的代表——旱作畜牧文明的起源与发展。

参考文献

［1］ Wang, L. et al., Genetic structure of a 2,500-year old human population in China its spatiotemporal changes. *Mol.biol.Evol.* 17–9, pp.1396–1400, 2000.

［2］ 松下孝幸《骸骨的诉说》，长崎新闻新书，2001 年。

［3］ 筱田谦一《线粒体 DNA 的研究》，山口敏、中桥孝博《中国江南·江淮的古代人》，Therapeia，2007。

［ 4 ］ 贺佛《临淄商王墓地》，淄博市博物馆，齐鲁书社，1997 年。

［ 5 ］ 安田喜宪《龙的文明·太阳的文明》，PHP 新书，2001 年。

［ 6 ］ 林俊雄《格里芬的飞翔》，雄山阁，2006 年。

［ 7 ］ 刘健生等《战国雄风——河北省中山王国墓文物展》，香港艺术馆，1999 年。

［ 8 ］ 中园英助《鸟居龙藏传》，岩波书店，1995 年。

［ 9 ］ 鸟居龙藏《鸟居龙藏全集》全 12 卷，别卷 1，朝日新闻社，1975—1977 年。

［10］ 安田喜宪《世界史中的绳文文化》，雄山阁，1987 年。

［11］ 今西锦司《大兴安岭探察》，中央公论社，1967 年。

［12］ 荒川纮《龙的起源》，纪伊国屋书店，1996 年。

［13］ 安田喜宪《大河文明的诞生》，角川书店，2000 年。

［14］ 梅棹忠夫《狩猎与游牧的世界》，讲谈社学术文库，1976 年。

［15］ 村上泰亮《文明的多系史观》，中公丛书，1998 年。

［16］ 石弘之、安田喜宪、汤浅赳男《环境与文明的世界史》，洋泉社新书，2001 年。

第六章

麦作农耕的起源

一、白令温暖期与定居革命

文明为什么只产生于最后间冰期？ 人类在地球上诞生，已经有600万年以上的时间了。但是，人类史的大半是以狩猎、采集为基本生计方式的游猎生活。人类开始定居，开始农耕并完成家畜革命，只不过是最近一万多年的事。

那是一个在最后冰河时代（也称作最终冰期）到被称为"后冰期"的现间冰期（全新世），地球环境发生了巨大变化的时代。

地球气候大约从90万年前起，冰期和间冰期以10万年为周期交替出现，而且冰期比间冰期时间长，会持续约7—9万年，而间冰期只有1—3万年。现在已经知道，在过去的90万年间，温暖的间冰期存在过9次。但在那些间冰期里，不要说农耕革命和家畜革命，甚至连文明都没有产生过。这是为什么呢？

我们生活的现间冰期的气候远比以前的间冰期稳定，在思考其原因时这一点至关重要。

约14—11.5万年前还有一个间冰期，日本将其称为"下末吉间冰期"或"最终间冰期"。这一时期的森林变化，从福井县三方湖的花粉分析结果[1]中得到了证明（图6-1）。三方湖所在的若狭湾沿岸，生长着现在只有屋久岛以南才能生长的岛屿紫薇，可知当时的气候是比现在温暖的亚热带气候[2]。

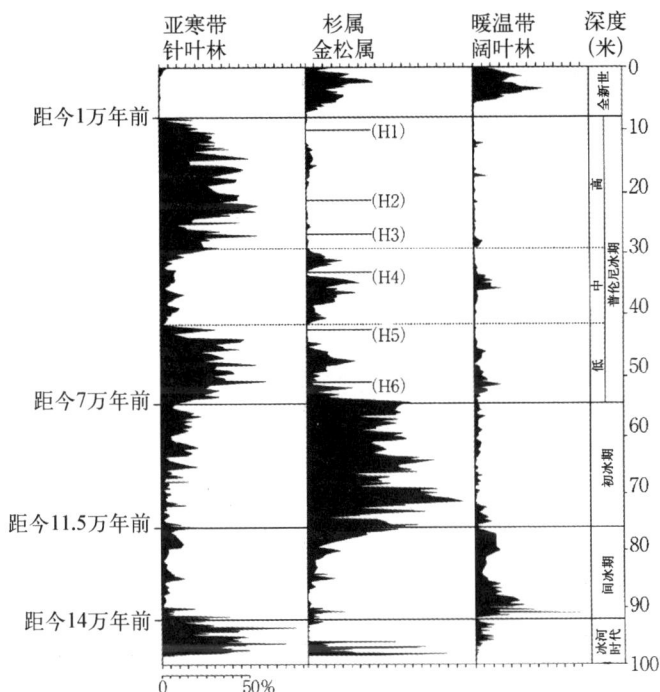

图 6-1 福井县三方湖花粉图表（安田，1998）[1]

但同时，也发现了许多比现在的"山毛榉林带"更为寒凉的地域才能生长的山毛榉属或枹栎类花粉。从现在的气候条件来看，不能共存的树种却生长在相邻区域（这种山毛榉很可能是已经灭绝了的古山毛榉）。

前一个间冰期的四季和温度条件，似乎都和现间冰期有很大差异，而代表现间冰期西日本的植物是米槠类或槠类常绿阔叶林（即照叶树林）。照叶树林其实在"下末吉间冰期"（最终间冰期）快结束的时候才扩大了一点点。

季风亚洲的文明摇篮是云南到长江流域，然后再连接到西日本的照叶树林带。然而，在最终间冰期里，作为文明摇篮的照叶树林很少，反而是到了现间冰期，以槠类和米槠类为主的照叶树林才得到很大发展，并孕育出被称为"照叶树林文化"[3]的森林文化。对于现代智人来说，现间冰期的环境才是最适合创造文明的时代。

只有在最后冰河时代向现间冰期过渡的一万数千年前，才出现了定居革命和农耕革命，而且由于定居革命和农耕革命的出现，人类才向文明迈出了第一步。如果没有定居革命和农耕革命，就不会有畜牧革命和游牧革命，游牧民族国家也就不会产生。

宽广的草原与适应家畜化的动物群　关于西亚农耕和畜牧的起源，我们通过近年来的研究[4]终于厘清了它的轮廓。西亚最早开始农耕的地域是土耳其东南部至黎凡特地区。黎凡特是指地中海东部以色列至黎巴嫩、叙利亚的地中海沿岸，那里有非洲大裂谷向北延伸而形成的凹地。从死海低地连接加利利（Galilee）湖，再连接到叙利亚西北部加布（Ghab）峡谷的裂谷带凹地，就是西亚人类最早完成定居革命和农耕革命的文明摇篮之一。这一裂谷带凹地被称作"黎凡特走廊"。

那么，为什么"黎凡特走廊"能够成为人类文明的摇篮之一呢？

我的学术假设[5]是，在地球环境从冰期向后冰期转变的过程中，这一地带正好处于森林环境扩大的位置。图 6-2 显示年降水量分

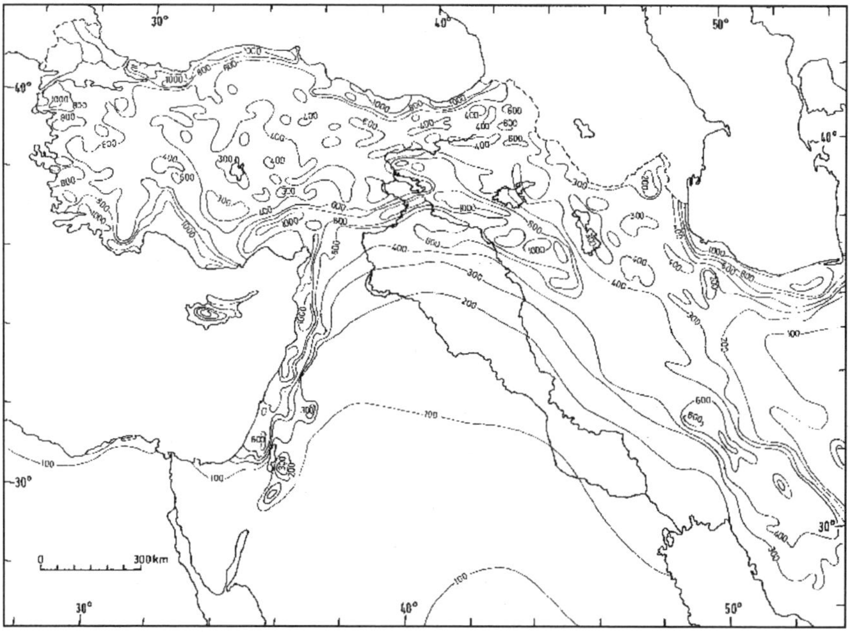

图 6-2　西亚年降水量分布（van Zeist and Bottema, 1991）[22]

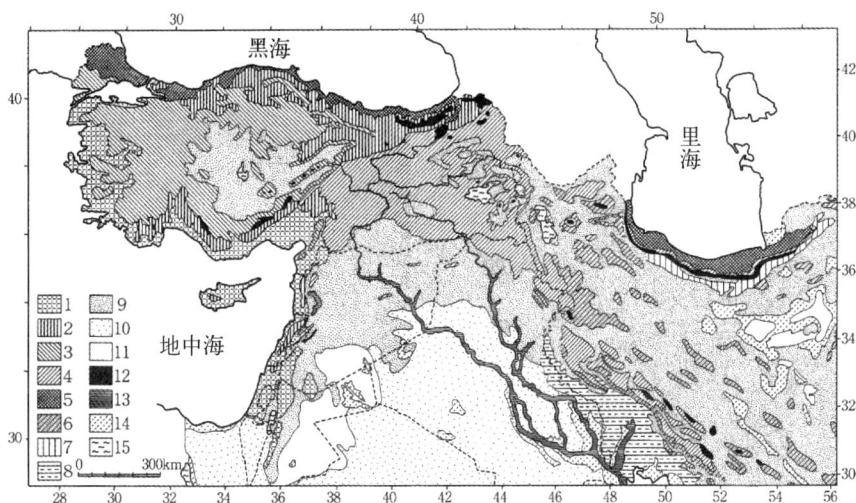

图 6-3　西亚植被分布（van Zeist and Bottema, 1991）[22]

1. 典型地中海型植被　2. 山地植被　3. 适应寒冷气候的阔叶林与针叶林混生林
4. 适应寒冷气候的落叶阔叶树植被　5. 适应寒冷气候的落叶树林　6. 开放的疏林
和低灌木　7. 桧属与森林草原　8. 次高山草原　9. 草原　10. 沙漠草原　11. 沙漠
12. 亚高山-高山植被　13. 河谷植被　14. 盐湿地　15. 湖泊

布，图 6-3 显示西亚植被分布。海拔 500 米以上，被称为"肥沃的半
月弧"的山地是年降水 400—1 000 毫米以上的湿润地带，那里应该生
长着松类（Pinusspp）、黎巴嫩杉（Cedruslibani）、冷杉（abiescilicica）、
桧属（Juniperusexcelsa）等针叶树，和落叶枹栎类（Quercusinfectoria,
Q.cerris）、白蜡属（Fraxinusornus ornus）、桦树属（Ostrya carpinifolia）、
东方山毛榉（fagusorientalis）、鹅耳枥属（Carpinusbetulus）等落叶阔叶
林。但是，由于人类的破坏，现在我们几乎看不到森林了。

从冰期向间冰期的过渡期间，西亚森林最早得以恢复的是海拔 500
米以上的"肥沃的半月弧"。我们能在世界范围内最早阐明这一事实，
得益于我们[6]在叙利亚西北部加布峡谷所作的花粉调查（图 6-4）。

花粉虽然因花粉症而恶名远扬，而且肉眼看不见，所以就让越来
越多的花粉症患者恨之入骨，但是，花粉确实具有不可思议的力量。花
粉落下的地方如果是湿原或者湖泊，只要不受到臭氧影响，就可以保存

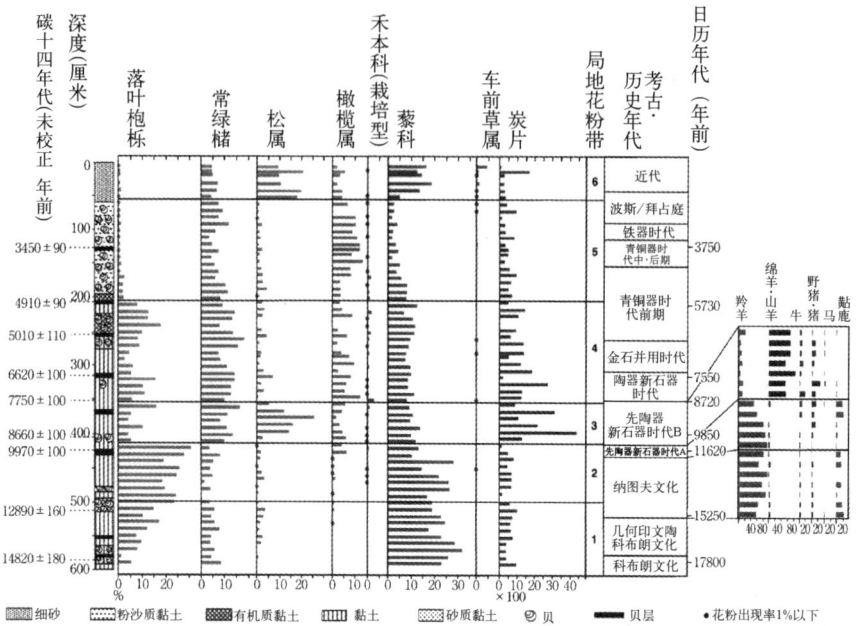

图 6-4　叙利亚加布峡谷的花粉图（左）(Yasuda et al., 2000) 与黎巴嫩走廊大型动物遗体的出现频率（右）(Bar-Yosef, 1995) [8]

几万年都不会腐烂。这是由于厚度约 2 微米（千分之二厘米）的花粉膜的化学成分非常稳定的缘故。花粉的形状因树或草的种类不同而不同，所以我们可以从土壤里提取出保存了几万年的花粉，在显微镜下观察后确定花粉种类和量，然后我们就能够复原过去森林的变化。图 6-4 是加布峡谷花粉的分析结果，从 15 000 年以上的堆积物中发现了很多生长在干燥草原的藜科或蒿属花粉，这就说明，在 15 000 年前的加布峡谷周边有生长着藜草和蒿属的大草原。

　　15 000 年前，落叶枹栎花粉的出现比例达到顶峰，生长在草原的藜草和蒿属花粉开始减少。这一结果说明，加布峡谷周边已经形成了落叶枹栎林。

　　类似的情况从以色列弗列湖的花粉分析结果（图 6-5）中也可以得到证实[7]。在这里，早于 15 000 年前出现比例高的花粉是禾本科或藜

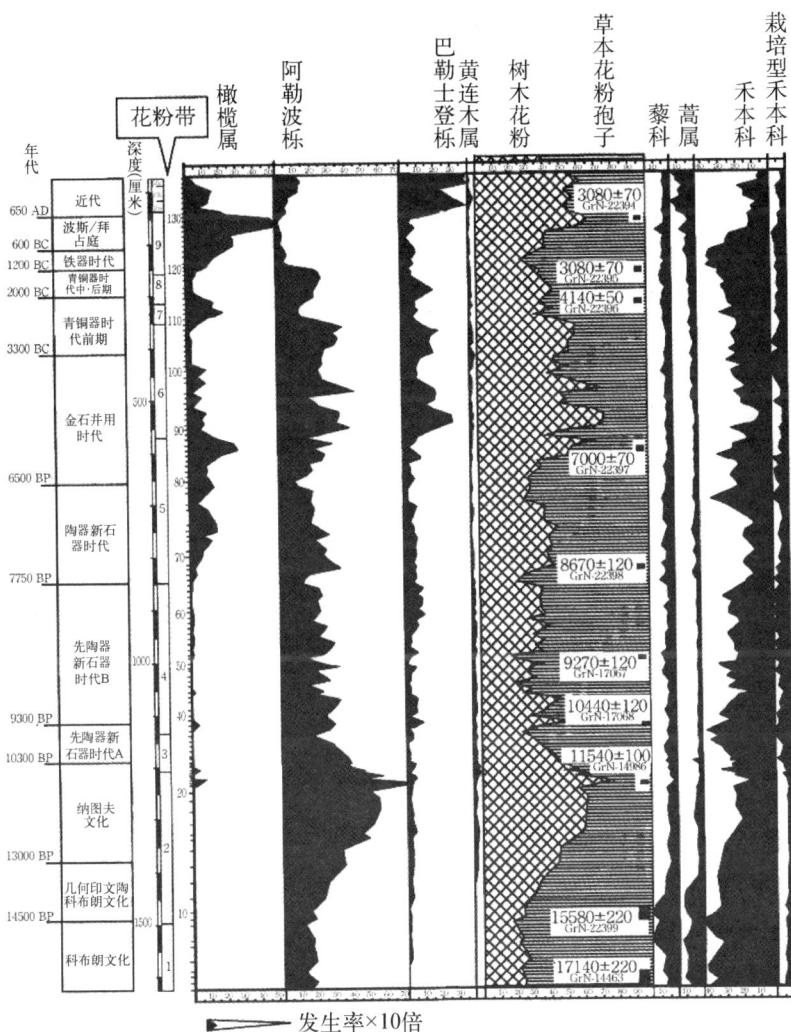

图 6-5　以色列弗列湖的花粉图（Baruch and Bottema, 1999）[7]

科、蒿属等干燥草原性植物花粉，但从 15 000 年前起，枹栎花粉逐渐
增多，显示出森林环境开始扩大。

在早于 15 000 年前的西亚存在广阔的生长着禾本科或藜科、蒿属
的大草原，旧石器时代的人们依靠狩猎草原上的野牛或原牛等大型哺乳
动物生活。

分析叙利亚科布朗遗址的化石骨，瞪羚约占 70%，其他多为鹿、原牛等偶蹄类动物。帕·约瑟夫博士[8]所作的有关黎凡特地区大型哺乳动物的分析结果[9]也证明瞪羚最多。

农耕在西亚开始之前，西亚人赖以生存的食物是在生长着藜科、蒿属、禾本科的广阔草原上成群活动的瞪羚、鹿和原牛等偶蹄类动物。我们可以认为，旱作畜牧民以食肉为主的生活方式，起因于旧石器时代以草原上成群的偶蹄类动物为主要蛋白质来源的生活方式。大量捕获草原上成群活动的哺乳动物，而且是只捕捉肉质鲜美的同一类动物，这一行为被认为是畜牧产生的根本原因。

家畜化需要将单一种群、性格老实、且容易成群捕捉的野生动物聚集在一起，需要让这些动物不怕人，能够在人身边生活。另外，能家畜化的动物必须生长快，即便喂很少的饲料也能长大，而且能在人工条件下繁殖。

马可以家畜化，但非洲的斑马却不能。绵羊可以家畜化，但大角山羊却不能。山羊可以家畜化，但雪羊却不能。原牛可以家畜化，但野牛却不能[10]。这一切皆由于野生动物的性格。要想实现家畜化，性格稳定老实、能够简单地成群捕捉是必要条件。在西亚的草原上，就有符合这些条件的野马、绵羊、山羊和牛。

最重要的是，在这些哺乳动物的周边生活着以肉和牛奶为必需品的人类集团，他们在较高的人口压力下生活。牛奶对于生活在干燥草原的人们来说是重要的营养和水分补给来源；肉是食物；毛皮制成衣服。人们从草原上的哺乳动物中选取性格温顺且对人类有用的单一种类，将其圈养，我们可以把这一行为视为家畜化的发端。

15 000 年前的气候变化与定居革命 15 000 年前，漫长的冰河时代结束，气候开始变得温暖而湿润。伴随气候的温暖化和湿润化，加布峡谷周边的森林面积开始扩大。

其森林扩大如图 6-6 上所示，包括地中海沿岸的死海到叙利亚西北部，再从土耳其南部到伊朗扎格洛斯山脉，这一区域就是"肥沃的半月弧"。

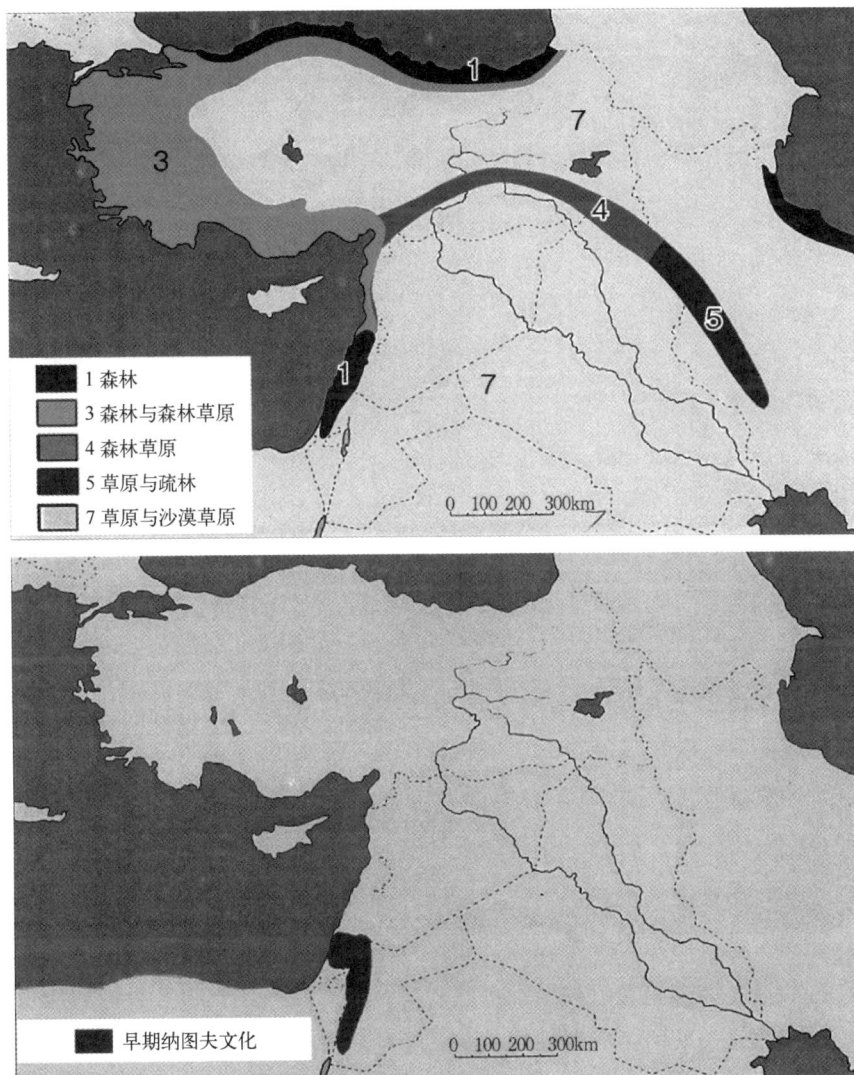

图 6-6　15 000—13 000 年前的中近东植被分布（上）（van Zeist and Bottema, 1991）与引起早期定居革命的纳图夫文化分布区域（安田根据 Bar-Yosef and Meadow，1995[8] 制作。Yasuda, 2002[5]）

　　其中，从死海到约旦溪谷和加布峡谷的"黎凡特走廊"南部的森林面积扩大最早，于是，早期纳图夫文化的人们便开始在这一地区定居（图 6-6 下）。由此可见，定居革命与森林面积的扩大密切相关。

气候的温暖化和湿润化使针叶林、阔叶林和湿地草原也随之扩大，这一变化导致干燥草原缩小，生活在干燥草原上的大型哺乳动物的生存环境不断恶化。特别是在叙利亚等地，伴随气候的湿润化，冬季降雪量激增，大雪覆盖草原，使动物很难确保过冬的食物。再加上夏季气温升高，永久冻土融化，出现了沼泽。我们发现相当多因陷入沼泽而死亡的猛犸象化石。

使情况进一步恶化，最后将大型哺乳动物推向灭绝的决定性因素，是人类的乱捕滥杀。旧石器时代末期，西亚的人口压力达到顶峰，狩猎技术高度发达。图 6-7 所显示的旧石器时代末期至新石器时代的遗址，绝大多数都集中在"黎凡特走廊"。如此高的人口压力需要大量食物，但随着草原上大型哺乳动物的逐渐消失，生活在"黎凡特走廊"的人们最先遭遇了食物危机。

由于 15 000 年前气候的温暖化和人口压力的增大，作为人类食物的大型哺乳动物减少，旧石器时代的人们开始面临食物危机，而拯救了他们的则是森林。从 15 000 年前起森林开始扩大，森林中的开心果、杏仁以及橄榄等能够作为食物的坚果是非常丰富的。

在急剧变化的晚冰期，人类选择的生存策略就是逃入不断扩大的森林（图 6-8）。作为食物，森林中有杏仁、开心果、橄榄、板栗等坚果和草根，以及鹿、野猪等小型哺乳动物。就这样，冰河时代末期，在大草原上面临食物危机的人类舍弃草原，逃入新扩展开来的森林之中。

逃入森林的人类开始定居。在森林中可以随季节变化而得到森林赐予的不同食物，而且森林也不会像动物一样移动。于是，人类彻底改变了生活方式，从追逐成群动物的游猎生活转变为依赖森林资源的定居生活（图 6-8），这就是定居革命。

森林中的定居非常适合女性，尤其适合生育和养育孩子。于是人口增加，人类重新获得了以森林资源为支撑的富裕生活。人类放弃了没有大型哺乳动物的草原，在森林中过上了定居生活。

人类要想农耕，首先就要在森林中定居，西田正规氏[11]将其称为"定居革命"。定居革命是在森林中引发的，森林中的定居使人类掌握了

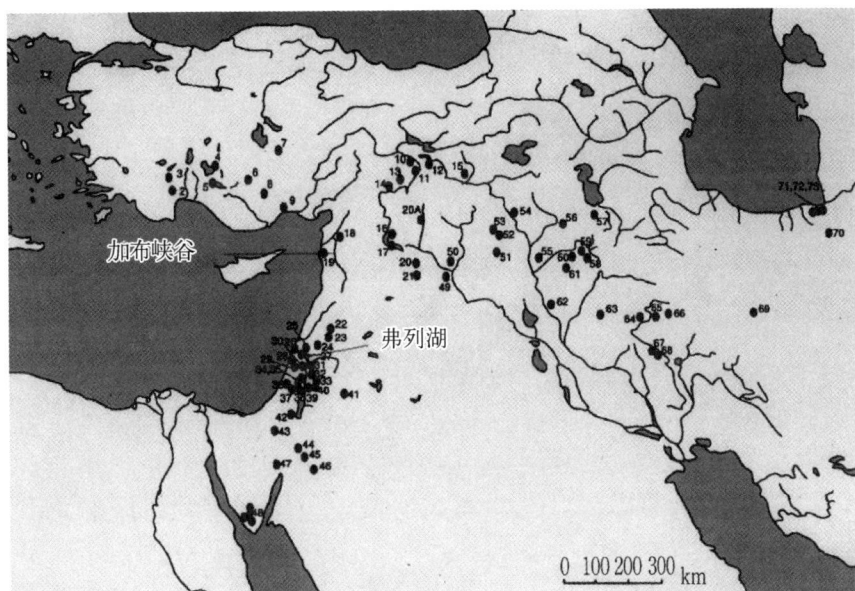

1. 克诺索斯
2. 奥基齐尼
3. 哈西拉
4. 埃尔巴巴
5. 苏伯德
6. 卡塔尔·哈耶克
7. 阿西克利·希耶克
8. 可哈桑
9. 梅尔辛
10. 卡弗·霍尤克
11. 内瓦利·科里
12. 恰天奴
13. 格里蒂耶
14. 哈亚兹·哈耶克·库马尔特佩
15. 哈拉姆·塞米
16. 穆雷贝特
17. 阿布·胡雷拉
18. 阿穆克
19. 拉斯·沙姆拉
20. 盖迪尔
20A. 阿苏亚德
21. 埃尔科恩
22. 戈里亚菲
23. 泰勒·阿斯瓦德
24. 泰勒·拉马德

25. 贝萨蒙，艾因·马拉哈
26. 哈约尼姆
27. 卡法尔·哈霍雷什，伊夫塔赫尔
28. 纳哈·奥伦，埃尔瓦德，克巴拉
29. 舒克巴
30. 蒙哈塔·奥哈洛·伊尔
31. 沙阿尔·哈戈兰，泰勒伊莱
32. 瓦迪·哈梅
33. 伊拉克－杜布
34—35. 吉尔加尔·萨利比耶
　　　 九世，内蒂夫·哈格杜德
36. 哈图拉
37. 阿布·戈什
38. 耶利哥
39. 瓦迪·舒埃布
40. 艾因·加扎尔
41. 阿兹拉克地方
42. 纳哈伊赫马尔洞穴
43. 纳哈尔·迪夫松
44. 贝达
45. 巴斯塔
46. 阿布·努凯莱
47. 纳哈尔·伊萨龙
48. 西奈南部的新石器时代遗址：
　　乌杰拉特·迈赫德，瓦迪·特贝克，
　　瓦迪·吉巴－世，阿布·马诺－世，
　　格贝尔·鲁布沙

49. 布克拉斯
50. 埃辛
51. 乌姆·达巴吉耶
52. 马格扎利亚
53. 热尔梅斯·德雷
54. 内姆里克9
55. 米法特
56. 扎维·切米·沙尼达尔/
　　沙尼达尔洞穴
57. 哈吉·菲鲁兹
58. 帕莱高拉洞穴
59. 扎尔齐
60. 卡里布·沙希尔
61. 贾莫
62. 泰勒－索旺
63. 乔加·马米
64. 特佩·古兰
65. 特佩·萨拉布
66. 甘吉·达雷
67. 阿里·科什
68. 查加·塞菲德
69. 特佩·西亚尔克
70. 特佩·哈萨尔
71. 阿里·塔普洞穴
72. 霍图洞穴
73. 贝尔特洞穴

图 6-7 旧石器时代至新石器时代的遗址分布（安田根据 Bar-Yosef and Meadow，1995[8]制作。Yasuda, 2002[5]）

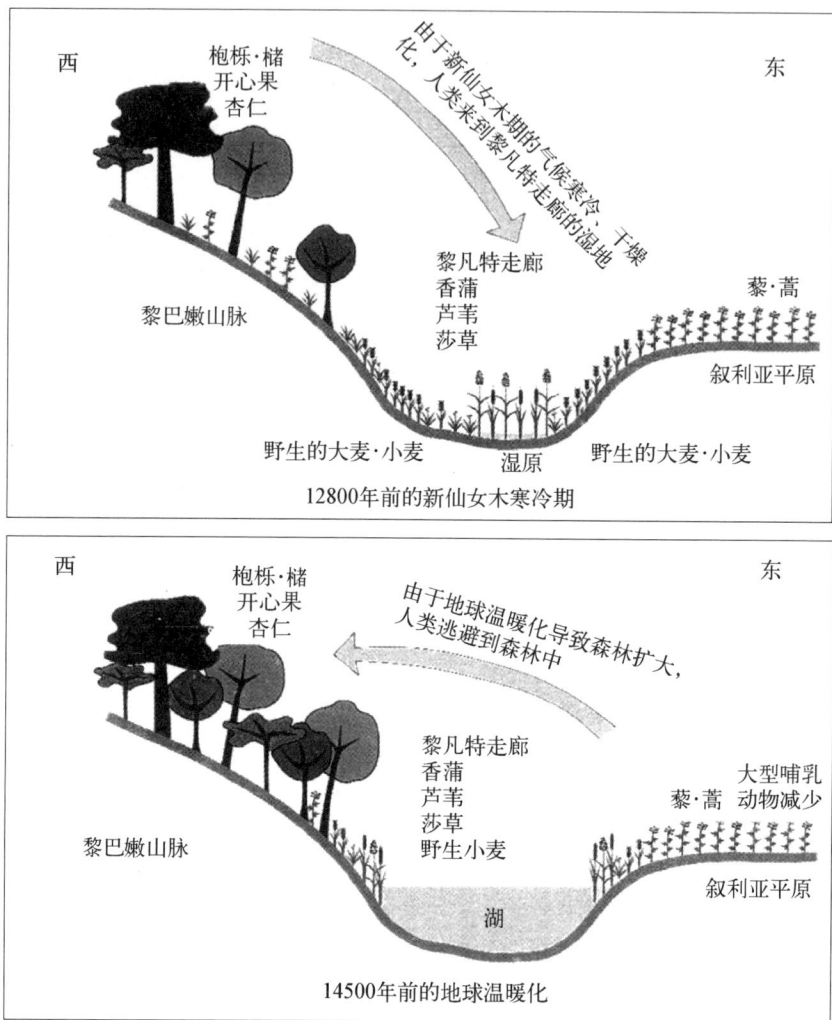

图 6-8　大裂谷带的农耕起源模式图（Yasuda, 2002）[5]

上：12 800 年前的新仙女木回寒期，人类下降到大裂谷带的低地开始农耕

下：14 500 年前的白令温暖期，人类逃避到森林之中

利用植物的技术，也促进了人口增长。就这样，人类在森林中度过了一段平和的生活。

但是，"新仙女木回寒期"突然来临，这一气候剧变打破了人类的平和。"新仙女木回寒期"的阐明，完全得益于近年来古气候复原技术的进步。

二、新仙女木回寒期与农耕的起源

高精度的古气候复原　过去一直认为气候是以千年、万年为单位变化的。但是，近年来的高精度古气候复原告诉我们，过去的气候即使在数十年间也会发生巨变。

这种高精度的古气候复原，起因于格陵兰岛冰床年层的发现。冰在夏季融化后形成污浊层。污浊层与冬天形成的白色冰层密度不同，于是，两者一组便在冰床中形成了年轮似的条纹。在格陵兰岛中部钻孔，获取 3 000 米下的冰核，再一层一层地细数其中的条纹，然后再分析其中含有的氧同位素比例，结果（图 6-9）[12] 发现，过去 15 万年间气候

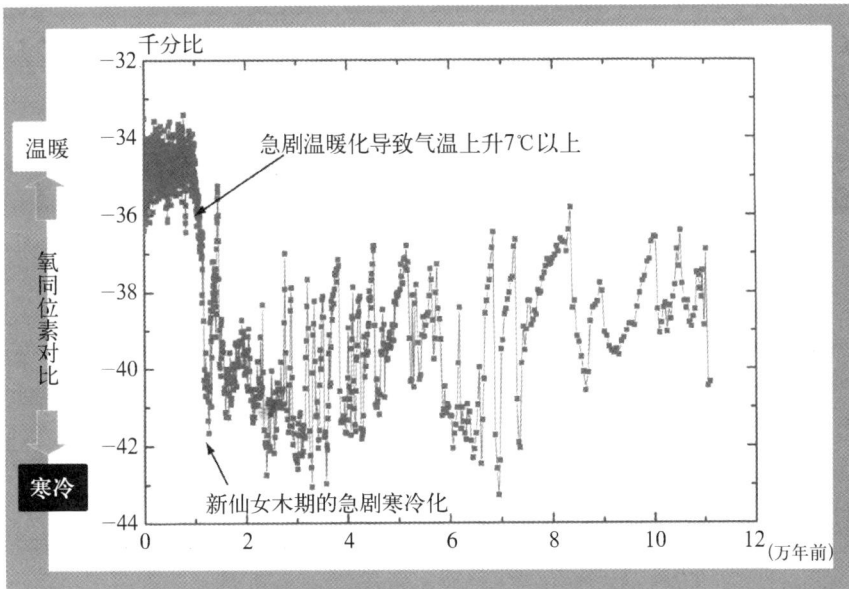

图 6-9　格陵兰岛冰层氧同位素比例分析结果（**Dansgaard et al., 1993**）[12]

一直是以较短的间隔发生剧烈变化的。

在冰河时代末期，曾出现"新仙女木回寒期"这一典型的寒冷期。这个寒冷期结束后，地球就进入了后冰期的温暖时期。在气候从新仙女木回寒期向后冰期的温暖期转变时，50年间格陵兰岛的年平均气温上升了7度以上。50年在人一生的范围之内，如果一个人从生下来到死亡的这段时间年平均气温升高7度的话，那这个人一定会感觉遭遇了天翻地覆的巨变。而且在历史上，确实有人遭遇了这样的巨变，他们就是终结狩猎采集社会，然后再创造出农耕社会的那一代人。

但是，格陵兰岛位于极地，作为人类居住地繁荣起来仅有中世纪的温暖期，而大部分时间是无文明发生的冰雪大地。因此，即使那里的气候变化研究得再清楚，也无助于我们了解人类常年居住，并有文明发生和发展的亚热带或温带的气候变化。不过，我们[13]发现了可以精确复原文明交替的亚热带和温带气候的方法，即"年缟"。通过年缟分析，我们终于将以前不甚明了的温带古气候精确地复原出来[14]。

虽然50年间格陵兰岛的年平均气温上升了7度，但我们并不清楚在人类居住的温带是否也发生了同样的变化。这是因为气候变化还受到纬度变化的影响。要想阐明气候变化对人类历史的影响，我们就不应该研究没有成为人类聚居地的极地，而需要对文明发生和发展的温带气候变化进行高精度的复原。

另外，冰中所含信息很有限，但与此相反，湖底堆积物的年缟中包含着湖水中浮游生物的变化、流入黏土矿物质的量变、湖周边植被的变化、空中落下垃圾的量变等等，含有各种各样有关古环境的信息。例如，分析冰中氧同位素，我们仅仅可以阐明温度变化，但从年缟堆积物中的黏土矿物种类和量的变化上，我们可以确定年降水量的变化；从水月湖垃圾量的变化上，我们不仅可以阐明水月湖周边古气候的变化，甚至还可以阐明整个中国大陆古气候的变化。

正如本书第二章所述，我们现在以福井县水月湖、鸟取县东乡池、秋田县目潟为主要研究对象，通过对亚太地区的年缟分析，尝试高精度地复原过去 10 万年间的古气候[15]。

新仙女木期的气候变化与农耕起源 一般认为，麦作农耕始于西亚"肥沃的半月弧"。西亚各地初期农耕遗址的碳十四年代测定值大都在 12 800—11 500 年前，将这一年代放在格陵兰岛冰床氧同位素的图表中，我们就会发现这个时代正好相当于新仙女木回寒期（图 2-7）。

因此我们可以认为，给人类带来革命性生活方式转变的麦作农耕，其产生与新仙女木回寒期有着某种深层次的联系。我[16]最早在 NHK 特别专题节目《生命》（1994 年放映）中提出了这一观点，这也应该是世界上第一次有人提出这种观点。从此以后，巴·约瑟夫博士[17]等人才开始指出新仙女木回寒期与农耕起源的关联性。那么，两者之间到底存在怎样的联系呢？在说明两者的联系之前，我们有必要先对新仙女木回寒期作一概述。

所谓新仙女木回寒期，指冰河时代接近尾声，地球气候开始转暖时突然发生的倒寒期。由于从 15 000 年前起出现了白令和阿莱雷德温暖期，极地的大陆冰层急速融化，覆盖北欧的斯堪的纳冰床在阿莱雷德温暖期以每年最大 250 米的速度后退。与此同时，覆盖北美大陆的劳伦泰德（Laurentide）冰床也在急速后退，融化的冰水在冰河末期形成了比现在五大湖还要大数倍的巨大冰河湖，冰河湖东堤是尚未融化的冰河。但是，持续的气候温暖化最终导致东侧冰堤融解，于是，比五大湖大数倍的冰河湖水一下子涌入现在的圣劳伦斯河的谷底，形成巨大的洪水泻入北大西洋，导致大量的淡水覆盖了北大西洋表面。北大西洋原本是深层水循环的潜入之地。一般认为，在北大西洋潜入的深层水经过 2 000 年的时间，会从大西洋到太平洋循环一周。但是，北大西洋由于被比重轻的淡水（水在 4 度时最重）覆盖，表层海水无法潜入深层，这就使得像传送带一样从北大西洋到太平洋的深层水循环停了下来。我们认为，深层水循环的停止才是使地球气候一下子倒回冰河时代的原因。

由于新仙女木回寒期，地球年平均气温下降了 5—6 度，使得欧洲

图6-10　以色列死海，对岸是约旦（安田摄）

图6-11　死海艾因格底峡谷的年缟与 M. 斯坦因博士（左端）（安田摄）

等地遭遇暴雨，而且使得"黎凡特走廊"一带发生严重干旱。这一点已从以色列死海年缟[18][19][20]分析中得到证实。

死海（图6-10）是低于海平面420米左右的盐湖，但近年来，在死海湖底的露头发现了美丽的年缟。由春夏季（旱季）石灰（霰石）堆积成的白色层，和秋冬季（雨季）堆积的有机物茶褐色破碎层组成一组，一年一条地形成了与年轮一样的年缟。细数每一条年缟，我们就可以确定准确的年代；通过分析年缟中所含的各种化石，并对其进行地球化学测定，我们就可以按年复原出过去的气候变化、森林变迁以及湖水水位变化。

在死海的艾因格底（Ein Gedi）谷底出现了过去10万年间形成的美丽年缟（图6-11）。分析这些年缟，我们知道在最终冰期最寒冷期的25 000年前，死海的水位比现在高250米（图6-12）[18]。在25 000年前的最终冰期最寒冷期，瞪羚和原牛在长满禾本科、藜科、蒿属的草原上吃草，它们旁边就是储满淡水的死海。现在，死海的水位比海平面低420米左右，但在25 000年前，仅比海平面低160米左右。但是，如此高的湖水位在新仙女木回寒期一下子又下降到比海平面低400米的位置（图6-12）。

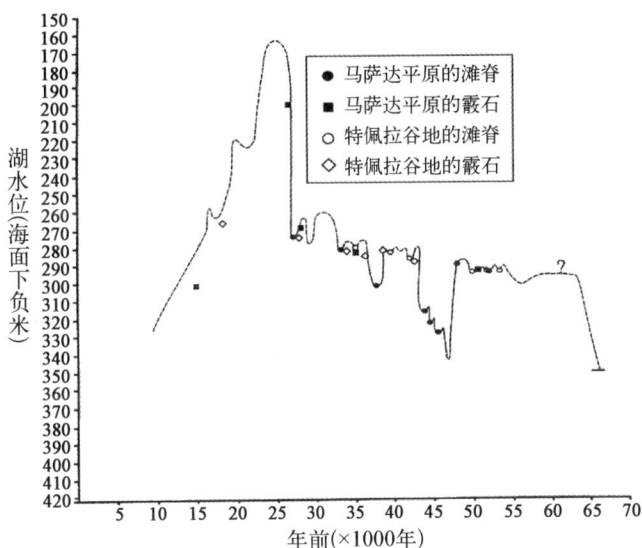

图 6-12　死海的水位变化（Enzel et al., 2006）[18]

　　新仙女木回寒期的死海水位与最终冰期最寒冷期的 25 000 年前相比，降低了 200 米以上。有人曾指出这一时期气候的急剧寒冷化。其实在死海周边，气候在寒冷化的同时也伴随着非常显著的干燥化。

　　我们可以从加布峡谷的花粉分析（图 6-13）中清楚地看到黎凡特地区在新仙女木回寒期的气候干燥化。用来衡量干燥化的藜科和蒿属的指数在新仙女木回寒期达到最高值，越是干燥，藜科的数量就越多。如果气候湿润，蒿属的数量则会增多。在新仙女木回寒期，"黎凡特走廊"是茂盛的藜科草原，显然遭遇了干旱。

　　12 800 年前出现了新仙女木回寒期。由于这次突然的回寒，地球大约在 1 000 年间重新回到了冰河时代。新仙女木回寒期的干旱，在"黎凡特走廊"表现得最为明显。这一点我们在分析死海年缟和加布峡谷的花粉时看得很清楚。

　　气候的寒冷化与干燥化直接影响到森林，开心果、杏仁、栗子、橄榄等坚果的产量急剧减少，人类再次面临食物危机。分析叙利亚西北部阿布·胡雷拉（Abu Hureyra）遗址（图 6-7 之 17）出土的种子后我们

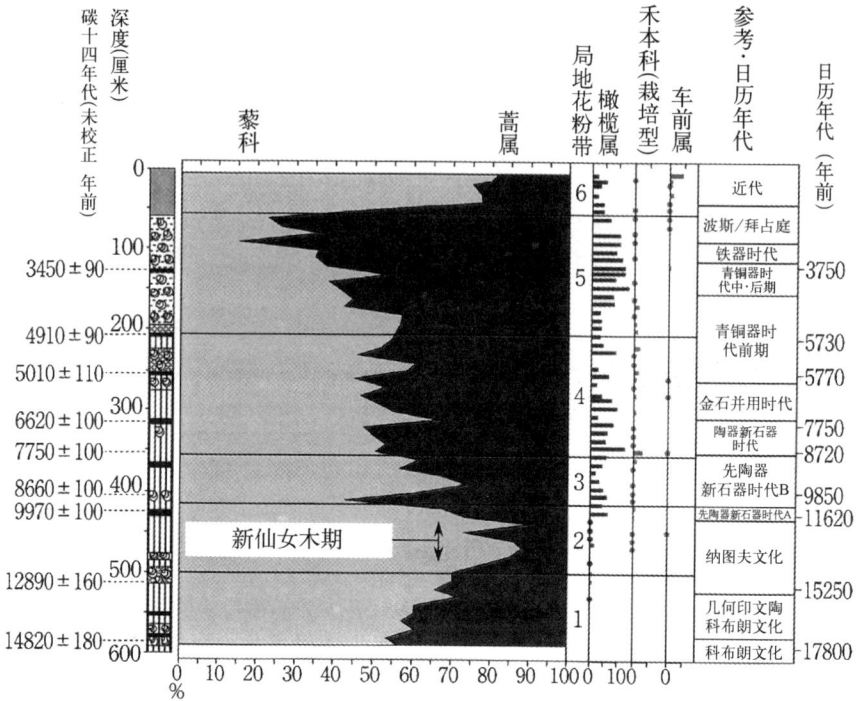

图 6-13 叙利亚加布峡谷藜科和蒿属的比例所显示的新仙女木回寒期气候干燥化
（ **Yasuda, 2002** ）[5]

可以看出，这个时代的人们在采集所有能够食用的食物。在新仙女木回寒期，人类又走出森林，回到了草原。

特别是新仙女木回寒期的寒冷化在西亚引发了气候干旱，于是人类便向大裂谷带的谷底湿地草原迁徙。湿地草原上水鸟成群，鱼儿嬉水，还生长着野生的麦类植物。另外，野生麦类植物为了适应新仙女木回寒期的气候变化，使自己的种群得以延续，便开始大量结出籽实。这便成为一个契机，使人类在草原上发现麦类植物，并对其栽培化。

我们大致可以推测出人类驯化野生大麦和野生小麦的过程。在新仙女木回寒期，野生的大麦和小麦为了保存种群而结出大量籽实，人类发现了这一现象。但是，野生大麦或小麦的籽实一旦成熟就会啪啦啪啦地掉落到地面上，不能食用。不过，在这些野生麦类植物中，由于基因突变而时常会出现籽实即使成熟也不会掉落的野生麦，于是，人类便选择性地采集它们，并将其食用化。我们推测，在人类反复选择性地采集籽实成熟也不会掉落的大麦和小麦的过程中，籽实成熟后也不会掉落的品种占优势的麦田便自然而然地形成了。从 11 000 年前的以色列耶利哥（Jericho）遗址（图 6-7 之 38）和叙利亚的阿斯瓦德（Aswad）遗址（图 6-7 之 23）中检测出大量的一粒小麦、二粒小麦、二棱大麦和扁豆（lensculinaris）、豌豆等，这就清楚地说明，当时麦类和豆类已经被栽培化。

从图 6-4 和图 6-13 的加布峡谷花粉分析图表中也可以看出，正好从相当于新仙女木回寒期的时代起出现了栽培型禾本科植物花粉，这一时代正相当于纳图夫文化中期，在森林中经过 2 000 年逐步掌握的利用植物资源的技术发挥了关键性作用。如果没有掌握利用森林资源的技术，人类就不可能在新仙女木回寒期开始农耕。

就这样，人类在气候显著恶化的新仙女木回寒期掌握了"农耕"这一迄今为止从没有过的新技术。环境条件的恶化和食物危机终于变成孕育新的生产手段的契机。

人类开始农耕后，谷物的储存成为可能，生活远比在森林中以橡子或开心果为主食的时候安定。人口增加，储存使生活变得安定的同时，也产生了拥有者和非拥有者之间的贫富差距。贫富差距最终衍生出阶级，出现了当权者和王。于是，人类便进入了文明阶段。

综上所述，人类由于晚冰期的新仙女木回寒期而面临危机，从而完成了"麦作农耕"这一技术革新。这一技术革新的完成当在 10 000 年以前。然后，农耕技术迅速传播，9 000 年前传播到土耳其各地，8 000 年前又传播到欧洲南部的地中海沿岸（图 6-14），6 000 年前则传播到了阿尔卑斯以北的欧洲各地。

人类圈的形成 人类因农耕而走上了与之前的人类史完全不同的道路，在这个地球上建构出被松井孝典氏[21]称为"人类圈"（Anthoropogene）的独特的能量系统。然后在此基础上统治自然，并在

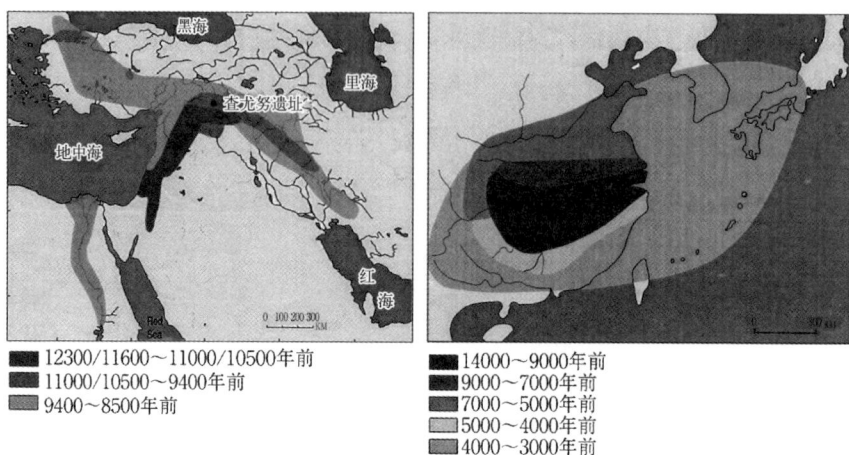

图6-14　麦作农耕的扩大（左）与稻作农耕的扩大（右）（Yasuda, 2002）[5]

自然之上成功地构建出人类王国。但同时，这也是人类破坏自然的第一步。随着农耕的开始，欲望的潘多拉之盒被打开。人类在农耕的同时不断聚集财富，并因财富而体味到统治自己同类的快乐。与维系子孙后代的生命并无直接关系，只是为了满足自身的欲望而以集团的形式剥夺同伴的生命，这种现代智人的业障终于被释放出来。这一欲望越来越强烈，丝毫没有减弱的迹象。寻求发展，追求进步，但与此同时，对于财富和统治的欲望及其所伴随的残忍性也在不断增强。现代智人的这种利己主义遗传基因终于在此刻觉醒了。

从此，人类创建出都市文明，使用近现代科技开发的武器进行大规模屠杀，并不断破坏地球环境。家畜民的出现进一步加剧了人类的残忍性和破坏性，如果家畜民没有加入其中，或许就不会发生如此大规模的相互厮杀，大自然也不会受到如此大范围的破坏。

正如松井氏[21]所指出，农耕的开始是人类在人类史上建构"人类圈"这一新型地球能源系统的第一步。但是，家畜民的出现在发展性和进步性上附加了强烈的残忍性和破坏性。于是，农耕故事也就由于将在下一章详细论述的家畜民的产生而变成"人类走向灭亡的故事"。

参考文献

［1］ 安田喜宪《北陆地区的植被史》，安田喜宪、三好教夫《图说日本列岛植被史》，朝仓书店，1998 年。

［2］ 藤木利之、百元新、安田喜宪《日本间冰期堆积物中所含的紫薇属 Lagestroemia 花粉化石的形态》，《植被史研究》10，2001 年。

［3］ 佐佐木高明《何谓照叶树林文化》，中公新书，2007 年。

［4］ Yasuda, Y. (ed), *The Origins of Pottery and Agriculture*, Lastre Press and Roil Books, Delhi, 2002, 400pp.

［5］ Yasuda, Y., The second east side story: Origin of agriculture in West Asia. In Yasuda, Y. (ed), *The Origins of Pottery and Agriculture*, Lastre Press and Roil Books, Delhi, pp.15−38, 2002.

［6］ Yasuda, Y. *et al.*, The earliest record of major anthropogenic deforestation in Ghab Valley, northwest Syria. *Quaternary International* 73/74, pp.127−136, 2000.

［7］ Baruch, U. and Bottema, S., A new pollen diagram from Lake Hula. In kawanabe, H. *et al.* (eds.), *Ancient Lakes, Their Cultural and Biological Diversity*, Kenboi Production, Belgium, pp.75−86, 1999.

［8］ Bar-Yosef, O. and Meadow, R., The origins of agriculture in the Near East. In Price, D. T. and Gebaier, B. A. (eds.), *Last Hunters and First Farmers*, School of American Research Press, New Mexico, pp.39−94, 1995.

［9］ 三宅裕《The walking Account: 行走着的存钱账号》，常木晃《现代考古学 食粮社会考古学》，朝仓书店，1999 年。

［10］ 筱田谦一等《一眼便知其意！用科学眼光看世界史》，学习研究社，2008 年。

［11］ 西田正规《定居革命》，新曜社，1986 年。

［12］ Dansgaard, W. *et al.*, Evidence for general instability of Past climate from a 250-kyr ice core record. *Nature* 364, pp.218−220, 1993.

［13］ 安田喜宪《渡过大灾时代》，WEDGE 选书，2005 年。

［14］ Yasuda, Y. (ed), Environmental variability of the East and West Eurasia. *Quaternary International* 105, pp.1−80, 2003.

［15］ Yasuda, Y. and Catto, N., Environmental variability and human adaptation since the last glacial period. *Quaternary International* 123/125, pp.1−6, 2004.

［16］ 安田喜宪《新仙女木回寒期与农耕的起源》,《生命》, 日本放送出版协会, 1995 年。

［17］ Bar-Yosef, O., The role of the Yunger Dryas in the origin of agriculture in West Asia. In Yasuda, Y. (ed), *The Origins of Pottery and Agriculture*, Lustre Press and Roil Books, pp.39–54, 2002.

［18］ Enzel, Y., Agnon, A. and Stein, M. (eds.) , *New Frontiers in Dead Sea Palaeoenvironmental Research*, The Geological Society of America, Special Paper, 401, 2006.

［19］ Migowski, C., Stein, M., Prasad, S., Negendank, J. F. W., Agnon, A., Holocene climate variability and cultural evolution in the Near East from the Dead Sea sedimentary record. *Quaternary Research* 66, pp.421–431, 2006.

［20］ Neumann, F. H., Kagan, E. J., Schwab, M., Stein, M., Palynology, sedimentology and palaeoecology of the late Holocene Dead Sea. *Quaternary Science Review* 26, pp.1476–1498, 2007.

［21］ 松井孝典、安田喜宪《地球文明的寿命》, PHP, 2001 年。

［22］ van Zeist, Bottema, S., *Late Quaternary Vegetation of the Near East*, Dr. Ludwig Reichert Verlag. Wiesbaden, pp.1–156, 1991.

第七章
家畜之民的扩散与世界之统治

绿洲型家畜化与温带草原型家畜化　到底是农耕在先，还是家畜化在先？至今还没有明确的结论。梅棹忠夫[1]氏主张将中亚草原以喂养马、绵羊为主的游牧民与西亚沙漠和绿洲地带以喂养绵羊、山羊为主的游牧民区分开来。因为草原型家畜化在夏雨地带，而绿洲型家畜化则在冬雨地带。

现阶段，在一定程度上能够得到确认的人类家畜化轨迹仅限于绿洲型家畜化，对于草原型家畜化的过程，我们还不甚明了。因此，本章要探讨的家畜化起源也仅限于绿洲型家畜化。

绿洲型家畜化的产生与农耕密切相关，正如梅棹氏[1]所指出，绿洲型家畜化是以绿洲型农耕民的存在为前提的。

这里所说的家畜特指乳用家畜[2]。对于人类来说，最古老的家畜应该是犬。将狼家畜化为看门犬，应该始于旧石器时代。也有人[3]认为，狼的家畜化也是促使定居革命产生的原因之一。由于犬的出现，人类可以防止外敌入侵而安心在家经营定居生活。但是，正如本书第二章所指出，定居革命与森林生态的扩大密切相关，看门犬的使用并非定居革命的原因。

饲养家畜主要是为了食其肉、喝其奶，或将奶制成黄油和奶酪，并利用其毛皮。绵羊、山羊、牛的野生种都很温顺，适合家畜化。乳用家畜的诞生使人类能够移居到不适合农耕的寒冷地带，为人类文明的发展作出了巨大贡献。但同时，对地球生态环境也带来毁灭性打击。

家畜革命　西亚的农耕革命之一便发生在"黎凡特走廊"南部的裂

谷凹地。与此相反，家畜革命则被认为最初发生在叙利亚西北部、土耳其西南部至伊朗、伊拉克的山麓地带。

在西亚，最先成为家畜化目标的是山羊。在 10 000 年前的先陶器新石器时代 B 期（PPNB）前期，扎库罗斯山区的甘吉·达雷遗址（图 6-7 之 66）出土的山羊比例就已经达到动物总量的 80% 以上。而且以幼羊、壮羊居多，体型也比较小。由此可知这些山羊已经被家畜化。山羊的家畜化最早发生在扎库罗斯山区的学说是有说服力的。

绵羊最早应该是在土耳其西南部金牛座山脉南麓至叙利亚西北部山麓地带被家畜化的，其年代与山羊相同，都在 10 000 年以前。从叙利亚西北部的黎凡特北部到土耳其东南部的山地，这一带被认为是猪最早被家畜化的地方。当时，这一带森林面积扩大（图 6-6），具备了野猪生存的环境。这一带自古狩猎野猪盛行，人类应该是在 9 000—8 000 年前便将野猪家畜化了。至于牛的家畜化，一般认为是在叙利亚西北部至土耳其东南部一带，基本与猪同时被家畜化了。

过去学界曾认为，牛和猪的家畜化要比山羊和绵羊的家畜化晚 1 000 年以上。但是，过去的家畜化证据都是根据遗址出土骨骼的形态分析出来的，所以要想得到确切的家畜化证据，就必须等待对骨骼进行 DNA 检测。

过去一般认为，家畜化最早发生在黎凡特北部至土耳其东南部的金牛座山脉，以及伊朗、伊拉克的扎库罗斯山麓，最早被家畜化的是山羊，稍后则是绵羊。大概发生在 10 000 年以前，比农耕革命晚 2 000 年左右。随后，猪和牛在 9 000—8 000 年前也被家畜化了。不过，近年来也有人认为，猪和牛的家畜化与山羊和绵羊的家畜化基本上是同时开始的。

家畜之民统治森林之民的第一步　农耕革命发生在相当于新仙女木回寒期的 12 800 年前，但家畜革命则要晚 2 000 年以上。发生在叙利亚西北部山地的家畜革命传播到"黎凡特走廊"南部，是在进入 PPNB 期以后。图 6-4 的右端有三宅裕氏[4]根据巴·约瑟夫博士[5]的数据整理制作的黎凡特地区动物结构变化数据图。

在纳图夫文化时期，野生瞪羚的数量占压倒性多数。有的遗址出土的 90% 的骨骼都是瞪羚。这种倾向在后续的 PPNA 期更加显著。

但是，进入 10 000 年前的 PPNB 期后，"黎凡特走廊"南部的耶利哥（Jericho）（图 6-7 之 38）、艾因·加扎尔（Ain Ghazal）（图 6-7 之 40）等遗址出土的瞪羚骨骼数量突然减少，绵羊或山羊的骨骼数量则急剧增加。这就明确地告诉我们，在 10 000 年前的 PPNB 期，"黎凡特走廊"南部的绵羊和山羊的家畜化也已经迅速地普及开来。

在家畜化迅速普及的 PPNB 期，"黎凡特走廊"南部的加布峡谷周边发生了剧烈的环境变化。根据图 6-4 左边所显示的加布峡谷花粉数据图表，进入 PPNB 期后，落叶枹栎的花粉数量急剧减少，炭片增多，可知当时发生了大面积的森林破坏。落叶枹栎林遭到破坏后，作为二次林的松树林开始扩大。

进入 PPNB 期后，人类对森林的破坏程度突然加剧，这到底反映了怎样的社会经济变化呢？

藤井纯夫[6]氏认为，在 PPNB 期，"黎凡特走廊"南部发生巨大的社会变化，是因为曾在"黎凡特走廊"北部丘陵地带从事粗放型天水农耕，并饲养绵羊的家畜民侵入"黎凡特走廊"南部的封闭的农耕社会。

在新仙女木回寒期，在"黎凡特走廊"南部森林和草原的交错地带从事农耕的纳图夫文化的人们并没有对森林造成严重破坏，或许可以说他们是"森林之民"。

但在 PPNB 期，饲养绵羊、山羊等家畜的人们从"黎凡特走廊"北部南下以后，严重的森林破坏便开始了。也就是说，饲养家畜并从事天水农耕的人的南下，给黎凡特地区带来了严重的森林破坏。我[7]认为，10 000 年前加布峡谷严重的森林破坏是旱作畜牧民造成的第一次严重破坏森林的证据。

森林破坏使狩猎对象的瞪羚、扁角鹿等野生动物的数量急剧减少，人类不得不进一步依赖绵羊、山羊等家畜的饲养。加布峡谷花粉数据图表显示，以落叶枹栎森林被严重破坏的10 000年前（PPNB期初始阶段）为分界，"黎凡特走廊"周边的野生瞪羚、扁角鹿的数量急剧减少，绵羊和山羊的数量急剧增加，这一变化与人类对生态环境的破坏密切相关。

由于旱作畜牧民的扩张，世界上的森林被一个一个地吞噬，而最早的记录就是加布峡谷花粉数据图表。这也是黎凡特北部的家畜之民征服、融合黎凡特南部森林之民的最古老的记录。

其后，旱作畜牧民对于森林之民的征服和对于森林的破坏持续了10 000年，从未停歇过。征服与破坏的第一步被记录保存在加布峡谷的湖底堆积物中。

本乡一美氏[8]分析过土耳其东南部金牛座山麓的恰夭奴（Cayonu）遗址（图6-7之12）中的动物骨骼，他曾指出，以10 000年前为分界线，赤鹿、中亚野驴、瞪羚、狐狸、兔子、鸟类等野生动物的数量急剧减少，而山羊与绵羊的比重开始增加（图7-1），遗址出土的动物种类失去了多样性。野生动物的减少和山羊、绵羊的增加不仅发生在"黎凡特走廊"，在土耳其东南部的金牛座山麓也同样发生了。我们可以认为，在西亚"肥沃的半月弧"，10 000年前已经开始将绵羊和山羊大规模地家畜化了。

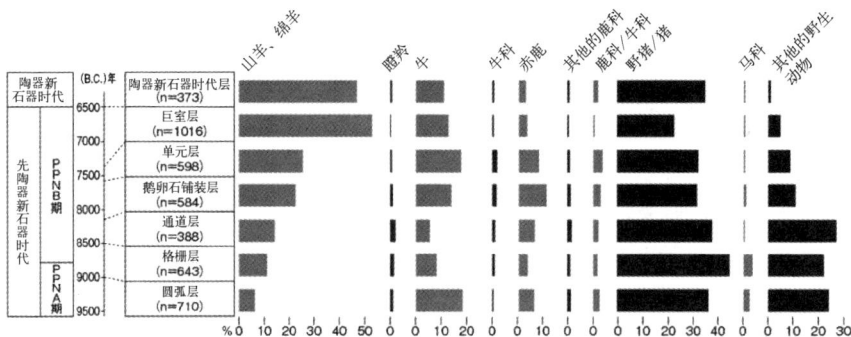

图7-1　恰夭奴遗址出土的动物种类及其相对比例（本乡，2008）[8]

进入 PPNB 后期（9 000 年前），恰夭奴遗址中山羊与绵羊的遗骨激增，占到所出土动物遗骨的 60% 以上。如果再加上牛、野猪和家猪的遗骨，出土动物遗骨的 90% 将被这些家畜所占据（图 7-1）。

从开始农耕到开始家畜化经过了 2 000 年，从家畜化到确立强烈地依存于家畜的生活方式则又经过了 1 000 年。在这 3 000 年间，"肥沃的半月弧"的森林遭到破坏，野生动物减少，人们为了获取动物的蛋白质和奶，不得不进一步依赖家畜，久而久之，强烈地依存于家畜的生活方式便确立起来了。

家畜之民曾有爆发性的扩散吗？ 覆盖欧亚大陆的印欧语族到底是从什么时候开始爆发性地扩散的呢？铃木秀夫先生[9] 指出，其背景肯定与气候变化有关。近年来，世界各国的语言研究者们也逐渐认可气候变化引发民族迁徙，进而使印欧语族扩散的学说。

在冰河时代到后冰期的气候变化中，8 200 年前的寒冷期、5 700 年前的寒冷期、4 200 年前的寒冷期以及 3 500 年前的寒冷期，都有可能对原印欧语族的扩散起到巨大作用，但正如本书第四章所说，我认为4 200 年前的寒冷期对印欧语族的扩散确实起到了巨大作用。10 000 年前，我们可以确认黎凡特北部的家畜民突然南下扩张，而西亚家畜民的扩散到底是什么原因造成的呢？

对于作为家畜民的原印欧语族的扩散，近年来有人提出了一个很有意思的假说，即印欧语族的故乡是黑海和里海，那里的海平面急剧上升而引发大洪水，于是原印欧语族便扩散开来。

黑海大洪水是原印欧语族扩散的原因吗？ 过去，曾有人指出原印欧语族的故乡是黑海至里海沿岸。但是，我们并不清楚为什么那里的原印欧语族会突然间爆发性地扩散开来。W. 莱昂与 W. 皮特曼[10] 对此作出了解释，其原因在于冰期至后冰期黑海水位的上升。

在新仙女木回寒期，黑海的水位一直比现在低 100 米以上。人们寻求水源而移向比现在低 100 米以上的黑海沿岸低地。动植物也是如此，湖面或海面降低而形成的黑海沿岸、地中海沿岸的低地便是它们的避难所。当时气候干燥，雨量减少，加之寒冷，积雪变成冰河而停留在陆地之上，未能流入黑海。因此，当时地中海和黑海的水位比现在低100米以上。

因海面和湖面水位下降而出现了大面积的冲积平原。那里是动物们绝好的避难所，也是最适宜人类居住的地方。因此，黑海沿岸的低地便聚集了大量人口。但是，新仙女木回寒期结束后，温暖湿润的气候导致覆盖北欧大陆的冰床融化，而融化后的冰水便沿着现在的多瑙河和伏尔加河流入黑海低地。于是，地中海和黑海的水位开始急剧上升。

由于地球气候变暖，原本-100米以下的地中海水位开始上升（图7-2上）。14 000年前-102米，12 000年前-80米，而且当水位突破-75米的时候，地中海的水便越过达达尼尔海峡，进入了马尔马拉海。在8 400年前水位突破-25米的时候，地中海的水便越过博斯普鲁斯海峡，流入了黑海。当时，黑海是淡水湖，比现在低95米左右（图7-2下）。流入黑海的水由冰河或永久冻土的融冰水所构成，是淡水。但是，全新世初期气候温暖化所带来的干燥气候导致这些淡水蒸发，所以当时黑海的水位要比现在低95米。因此，海水从地中海，途经马尔马拉海而大量流入拥有淡水湖的黑海低地。

流向黑海低地的海水形成70米落差的巨大瀑布，冲入拥有淡水湖的黑海低地。有人推测，这个大瀑布的规模是尼亚加拉大瀑布的200倍。在短短两年之间，黑海水位便上升了100米，于是就出现了传说中的诺亚大洪水。黑海沿岸低地的人们不得不大规模地迁徙，这就是苏美尔神话中所记录的诺亚洪水神话的原型。以上这个假说，是莱昂和皮特曼[10]提出来的。

由于水位上升，居住在黑海沿岸的人们被赶出家园，不得不寻找新的天地。据说这就是原印欧语族爆发性扩张的第一步。原本居住在黑海沿岸的人们，迁徙到由于大陆冰床后退而形成的北欧和西欧的广阔天地，也有人从土耳其迁徙到叙利亚，甚至到达了埃及（图7-3）。

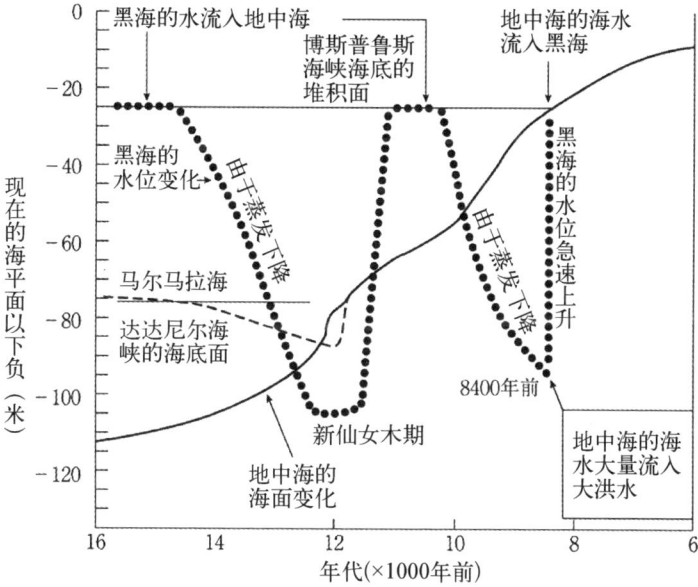

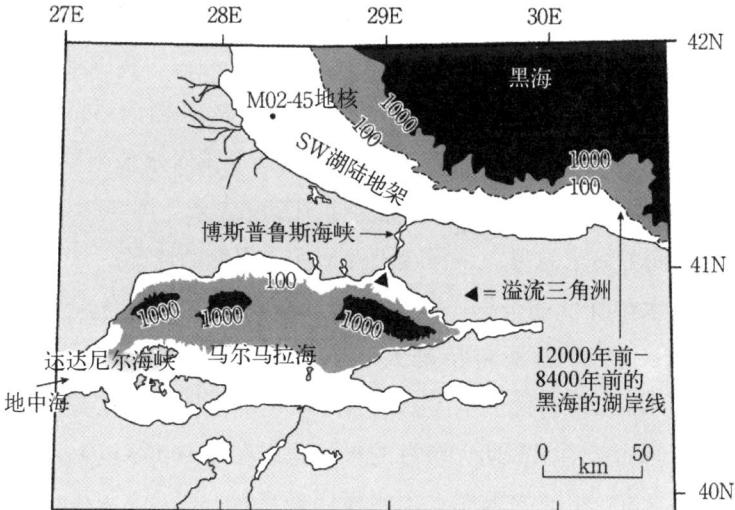

图 7–2 黑海的大洪水模式图（Hiscott et al., 2007）[12]

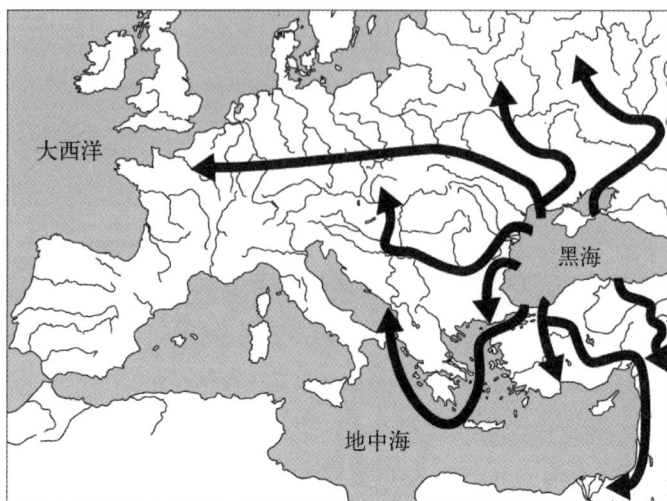

图 7-3　黑海沿岸的人类大迁徙（Zolitschka et al., 2000）[24]

由于海平面的上升，同样的现象很可能在东亚也发生过（安田，2004）[25]

　　10 000 年前，家畜之民从黎凡特北部南下到黎凡特南部，很可能就是黑海周边的环境剧变所引发的。但是，也出现了一些反对意见。莱昂和皮特曼早前提出 7 200 年前发生诺亚大洪水一说，但是莱昂等人[11]后来又把年代修正到 8 400 年前。尽管如此，R.N. 西斯科特等人[12]还是提出了异议。他们虽然承认新仙女木回寒期黑海水位下降这一事实，但他们认为 8 400 年前黑海水位已经上升到 -25 米（图 7-2），所以不可能有地中海的海水像瀑布一样毁灭性地冲入黑海的情况。

　　黑海水位降低的证据，是黑海海底堆积物中能够确认到的不整合性（堆积断层）。西斯科特等人[12]对黑海西南岸 M02-45 地核（图 7-2 下）的堆积物进行了年代测定和地球化学分析及微化石分析，结果表明，在新仙女木回寒期，黑海的水位比现在低 100 米以上，但并没有证据表明 8 400 年前的黑海水位明显比现在低。而且从 9 000 年前起堆积物一直连续不断，除 2 400 年前出现了堆积物不整合性以外，并没有检测出能够证明发生大洪水的明显堆积层。

　　他们认为，伴随着新仙女木回寒期的终结和全新世的开始，黑海水位确实快速上升，但以后黑海水位并没有下降。倒不如说 11 500—
8 400 年前，黑海的海水经过博斯普鲁斯海峡，反向流入了马尔马拉海。

他们认为，由于地中海海平面的上升，马尔马拉海的海水流入黑
海是在 8 400 年前。在莱昂和皮特曼所指出的那个时代，即地中海海水
流入黑海，引发诺亚大洪水的那个毁灭性时代，黑海水域的环境确实发
生了巨大变化，但那只是海水入侵造成的，并没有出现尼亚加拉大瀑布
200 倍的那种瀑布般的大洪水。

如果将莱昂和皮特曼的假说定义为"洪水说"的话，那西斯科特的
假说则可称为"流入说"。"洪水说"[11]推定 8 400 年前黑海发生了诺
亚大洪水，但"流入说"对此提出了质疑。

关于黑海水位的高度有各种各样的推论（图 7-4），其中也有学说
认为 8 400 年前黑海水位的高度已经下降到-50 米[13]。这一时期确实相
当于以 8 200 年前为中心的世界性气候寒冷化时代[14]，黑海沿岸受到
寒冷干燥气候的影响，所以水位下降是毫不奇怪的。可见也不是所有探
讨黑海海平面的假说都支持西斯科特等人[12]提出的假说，即 8 400 年

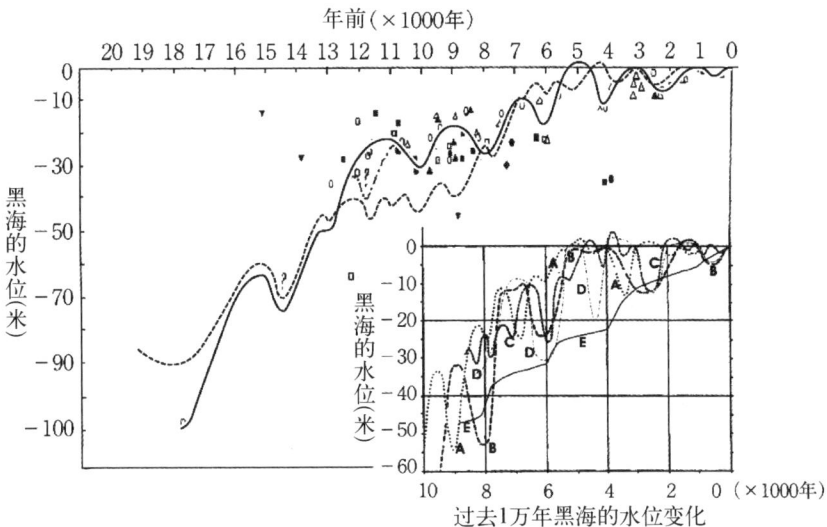

图 7-4 关于黑海海平面变化的各种学说（Martin et al., 2007）[13]

前黑海海平面已经上升到−25 米。

黑海形成含有大量黑色有机物的腐泥层不会早于 6 600 年前，这种泥层是由于大规模的海水从地中海流入黑海，导致黑海的铅垂混合被切断，海底变成无氧状态后底栖生物灭绝而形成的。现在的黑海以水深50 米为分界，上层是较轻的汽水性水块，下层是比重较重的海水，而这种水块的形成，也被认为不超过 6 600 年前。我们暂且不论这是否带来了诺亚大洪水那样的毁灭性变化，但必须承认一个事实，即地中海的海水在某个时期大量流入黑海。于是，马丁（R. E. Martin）等人认为，即使曾经发生过诺亚大洪水那样的洪水，其规模也是比较小的。

不过，对于此前随着新仙女木回寒期的终结而发生的黑海水位上升这一点，西斯科特等所谓"流入派"也是认可的。因此，伴随新仙女木回寒期的终结而在 10 000 年前发生的黑海水位的上升，很有可能就是原印欧语族扩散的原因。但是，黑海水位的上升并不是由于地中海海水大量流入而造成的，而是因为大陆冰床融冰水汇入，以及气候温暖化后降水量增加造成的。

是否真的发生过如莱昂和皮特曼所说的毁灭性的诺亚大洪水，这应该是今后探讨的一个课题。但是，地中海海平面的上升给地中海沿岸带来剧烈变化，对居住在沿岸的人类生活及动植物造成巨大影响，应该是确实的。

根据叙利亚加布峡谷的花粉分析结果（图 6-4），我们可以看出在10 000 年前，驯养绵羊的人对森林造成了巨大破坏。新仙女木回寒期结束后的气候温暖化引发黑海水位上升，给居住在黑海沿岸低地的人们造成了影响，并成为旱作畜牧民扩散的原因之一。如果这样理解，就能够与加布峡谷的花粉分析结果很好地吻合了。

另外有人指出（图 7-5），在里海也能确认到与黑海大洪水相似的洪水。切帕里加（Chepalyga）[15] 认为，最终冰期的最寒冷期结束，极地冰河以及西伯利亚冰河融化，其融冰水流入里海而使里海水位一下子上升了 180—190 米。上升后的海水通过蒙奇开罗低地涌向黑海，引发

图 7-5　里海的大洪水（Chepalyga, 2007）[15]

了大洪水。因此，居住在里海沿岸的旧石器时代的人们被迫迁徙。不过，对于这一结论也有反对意见，根据是考古学上确认不到这样的影响。对于这种具有轰动效应的结论，总会有人反对。

关于黑海和里海的大洪水，直到现在还没有得出明确的结论，但以冰期至后冰期的环境剧变为契机，居住在黑海和里海沿岸的白色系原印欧语族开始向东方扩张，这一点是不可否认的。

10 000 年前，新仙女木回寒期结束，气候变得温暖湿润。于是，地中海、黑海、里海的水位开始急剧上升，生活在岸边的人们开始逃离低地。如果说这是家畜民迁徙的第一步的话，的确耐人寻味。

当然，在东亚应该也有同样的事态发生。在最终冰期最寒冷期，长江口位于 500 千米以外的外海，海平面比现在低 100 米以上（图 2-12）。这是因为降下的雨雪都在极地变成冰河，海水的绝对量减少的缘故。当时的东海几乎都是陆地。

但是，从 10 000 年前起气候转暖，极地冰河融化，从而引起海平面上升，东海陆地沉入海底。

当然，在东海陆化低地上肯定有人类生活。但由于海平面上升，广阔的陆地被海水淹没，人类必然会迁徙到中国大陆或者日本列岛的九州岛（图2-12）。

日本九州是世界上最早制作陶器的文明发达地区，其背后的原因也许是东海陆地淹没而引发的民族大迁徙。当然，他们不是家畜民，是渔猎民。现阶段虽然没有考古学证据能够证明这一事实，但是，伴随东海陆地淹没而引发的渔猎民的大迁徙与日本绳文文化的起源，或与中国新石器时代文化的发展，必将成为今后饶有趣味的研究课题。在西亚，冰期至后冰期的环境剧变中开始大迁徙的，是以原印欧语族为主的家畜民。但在季风亚洲，居住在沿海地带的渔猎民因海平面上升而开始迁徙。

西亚家畜民的迁徙与季风亚洲渔猎民的迁徙，都有可能给冰期至后冰期这一环境剧变时代的人类文明史带来划时代的转变。

乳利用、阉割与畜牧革命　10 000年前的家畜化是依附农耕民的聚落而产生的。即使在现在，叙利亚或土耳其的绵羊或山羊的放牧，也多是从农耕聚落出发，在一天之内可以往返的范围之内（图7-6）。

要想使绵羊和山羊的放牧规模化，而且使牧畜从农耕中独立出来，乳利用的确立和阉割技术的开发是必不可少的。梅棹忠夫氏最早指出了这一点。

要想管理阉割后变得容易控制的庞大的家畜群，马的家畜化也是必须的。不过，关于马的家畜化年代，我们还没有得出明确的结论[16]。乳利用技术的确立和阉割技术的开发大约发生在5 700年前。于是，畜牧民从农耕民中独立出来，我把这一变化称作"畜牧革命"。

我认为[17]，引发畜牧革命的原因是5 700年前全新世气候最温暖期终结后出现的气候寒冷期。我曾指出，欧亚大陆西部5 700年前发生了都市革命，而都市文明的产生与5 700年前气候最温暖期终结后的气候恶化密切相关。由于5 700年前的气候寒冷化，北纬35度以南的美索不达米亚南部低地、印度河谷以及尼罗河流域变得干燥，从而使完成

图 7-6　土耳其安纳托利亚高原的山羊群（安田摄）

了畜牧革命的畜牧民聚集于大河之滨来寻找水源。大河之滨原本居住着农耕民，于是，聚集而来的畜牧民与农耕民发生接触并融合。最初以掠夺或战争形式开始的畜牧民和农耕民的融合，最后便演变成产生新的都市文明的契机。也就是说，古代都市文明是以气候恶化为契机，在大河之滨，由于畜牧民与农耕民的文明接触与融合而产生的。

我认为[17]，对于都市文明的产生发挥了巨大作用的畜牧革命，也是在全新世气候最温暖期结束后的寒冷期发生的。因为在畜牧依附于农耕聚落阶段，即使天气恶化影响到农耕民聚落，畜牧民也没有能够引发都市革命的力量。但我们必须认识到，在 5 700 年前，因气候恶化而聚集到大河之滨的时候，畜牧民已经有了足以让农耕民惊讶的组织和力量。

我们可以认为，伴随气候最温暖期的结束而出现的环境恶化会给草原的干燥地带更早地带来更深刻的影响，所以畜牧革命作为新的生存策略，就是在这种恶化的环境中引发的。

游牧革命 村上泰亮氏[18]指出，以气候变化为契机的印度、日耳曼民族或东部游牧民族的扩张创造了有史文明，是区别古代世界的重要契机。促使新文明产生的是 4 200 年前的气候寒冷化，这一点通过我们[19][20]近年来的年缟分析已经看得很清楚了。4 200 年前的气候恶化大约持续了 200 年，在这 200 年间，美索不达米亚的阿卡德王国由于干旱而灭亡，埃及繁盛一时的古王国时代也在被称作"第一中间期"的黑暗时代中终结，长江文明也在此次气候恶化中遭到北方民族的侵入而衰亡。也就是说，4 200—4 000 年前的气候恶化终结了古代文明。

村上氏[18]还指出，在此之前因都市革命而产生的古代文明都是以血缘为中心的封闭性文明，但从 4 000 年前起，由于游牧民族的南下和入侵，则出现了统合不同民族的多民族普遍原理，这就是产生具有普遍性超大文明的契机。

我认为，在 4 200—4 000 年前的全新世后期的气候恶化中，我们可以找到游牧民族诞生并形成庞大帝国的契机。由于 4 200—4 000 年前的气候恶化，美索不达米亚文明、埃及文明、印度文明以及黄河文明都受到了巨大影响，这次气候恶化最终导致了古代文明的终结。从此，在亚欧大陆上犹如汹涌的波涛一样，印欧语族和汉民族的始祖们开始了大规模的迁徙。正如林俊雄氏[16]所介绍的那样，当时发明了驾驭马所必需的马衔和马缰，在乌拉尔到哈萨克斯坦的草原地带发明了带有辐条的车轮。于是，乘坐在二轮战车上的印欧语族军团开始向南、向东扩散开来。

这次民族大迁徙的始作俑者，就是在亚欧大陆内陆的草原地带完成了游牧革命的游牧民。游牧民族的入侵给古代文明世界带来了决定性打击，正如村上[18]氏所指出的，这促使人类文明更加注重普遍性文明原理并形成庞大的帝国，促进了人类文明史的发展。因此，我们可以认为游牧革命是以 4 200 年前的气候变化为契机而发生的。

骑马革命 3 500 年前，气候再次恶化，并持续到 3 200 年前。在这次气候恶化中，游牧民族完成了新的技术革新，其中之一就是骑马所必需的铁制马镫和马口钳，由此完成了可以自由驾驶战车的技术革新。再加上最早获得了弓箭和铁质武器，骑马军团便应运而生。骑马军团的出现才是给亚欧大陆的农耕文明带来恐怖和杀戮的重要原因。在骑马军团背景下，由游牧民族组成的庞大帝国便诞生了。

关于斯基泰等骑马军团的形成，考古学者[16]一致认为是受到了始于3 500年前的气候剧变的影响。

另外，以庞大帝国为依托，原本仅在陆地上活动的游牧民，这时也开始向海洋进军。当然，并不是所有向海洋进军的游牧民族都能成功。

进军海洋成功的游牧民族代表，就是创造了希腊文明的多利安人[21]。多利安人原本属于家畜民印欧语族，但他们将居住地从草原迁到森林，从而获得了进军海洋的支点。

多利安人在森林中生活时，利用森林资源制造出船只，从而转变成海洋民。但是，生活在没有森林之地的波斯人，最终也没有变成能够进军海洋的海洋民。

家畜民、游牧民与森林相遇的时候，通向海洋的道路就会打开，地中海就变成了文明之海。

在稻作渔猎民的世界中，水域世界是文明的摇篮。但在旱作畜牧民的世界中，水域世界则是恐怖之地。旱作畜牧民构筑了与水域世界相敌对的文明。旱作畜牧民的文明破坏水的生态系统，并具有榨取水资源的特性，这与他们的生计方式是密切相关的。

海洋革命与奴隶买卖以及殖民地扩张　以地理发现为契机，旱作畜牧民开始进军海洋世界，这意味着旱作畜牧文明的负面开始笼罩世界。究其原因，应该与欧洲人口的增加和小冰期气候恶化导致的生活贫困有关。

巴斯克·达·伽马发现了非洲的好望角和印度洋，哥伦布发现了美洲新大陆，就这样，由于旱作畜牧民的侵略与扩张，充满慈悲之心、并具有利他取向的稻作渔猎民文明，以及以玉米土豆为生计的农耕文明一个接一个地遭到了破坏[22]。

旱作畜牧民所到之处，对原住民横加统治，把原住民当成家畜一样的奴隶加以残酷奴役。这就是乳用家畜民族对非乳用家畜民族的侵略、破坏与统治。旱作畜牧民将大片土地殖民地化，并无视土地固有的生态环境，将其改造为故国的模样，这是对风土和土著居民所创造的文化以及他们赖以生存的土地的侮辱与破坏。旱作畜牧民的欲望，夺取并毁坏了除自己以外的人们以及土地的生命，非洲首先沦为其饵食，接下来是亚洲，最后中南美各国也都变成了他们杀戮和统治的对象。

稻作渔猎民进入海洋远比旱作畜牧民早，但稻作渔猎民从未设置过殖民地。

最先进军海洋的旱作畜牧民是多利安人，他们设置殖民地，买卖奴隶，其后 2 500 年间，旱作畜牧民掠夺大地、破坏森林、破坏水的循环系统，将非乳用家畜民作为奴隶加以残酷奴役。

在这种背景下，亚洲的稻作渔猎民社会也经历了十分悲惨的命运。柬埔寨和越南成为法国殖民地，印度尼西亚成为荷兰殖民地，印度成为英国殖民地，当地的土著居民被当作家畜不如的存在加以役使。稻作渔猎民一直在默默地忍受着对自我生命的侮辱，对自身文化的侮辱，对自己所成长的风土环境的侮辱，甚至对自己作为一个人的尊严的侮辱。

现在，由于旱作畜牧民的扩张而创造出来的文明正在破坏热带雨林，破坏水的循环系统，榨取化石燃料，引发全球气候温暖化，将人类推向"万年一遇的危机"。

家畜民的发展阶段　家畜民的扩散给世界文明的发展带来了巨大影响。家畜民的发展阶段大体可以分为以下五个阶段：第一阶段是家畜革命，第二阶段是畜牧革命，第三阶段是游牧革命，第四阶段是骑马革命，第五阶段是海洋革命。

家畜民的每个发展阶段都与环境变化密切相关，而且每个发展阶段都在人类文明史上划分出一个时代。这里所说的家畜是指乳用家畜。家畜革命的第一阶段发生在地球环境急剧温暖化的 10 000 年前，地点是西亚黎凡特北部至土耳其东南部以及伊朗、伊拉克的扎库罗斯山麓一带，考古学上相当于 PPNB 期。一般认为，最早被家畜化的是山羊，稍后是绵羊，再后是猪和牛。这一时期的家畜化与农耕密切相关。

第二阶段是畜牧革命，它产生于全新世气候最温暖期结束后的5 700 年前。正如梅棹忠夫氏最先指出的那样，那是一个以挤奶和阉割两大技术为前提，使"畜牧"这一生活方式得以形成的时代。在这一背景之下，马被家畜化，由此人们有了管理大规模动物群的能力。再加上青铜器的应用，马具也发展起来，使长距离的移动成为可能。

第三阶段是游牧革命，是以 4 200 年前的气候寒冷化为契机而引发的。由于马车的出现，大规模的移动成为可能，马具的制作也更加盛行，于是游牧民便诞生了。从那时起，游牧民便开始袭击农耕民的聚落。

第四阶段是骑马革命，是以 3 500 年前的气候寒冷化为契机而引发的。出现了骑马军团，开始对农耕文化圈施加军事压力。产生了以草原为舞台的政治集团，并出现了草原帝国。

第五阶段是海洋革命，以 15 世纪以后小冰期的气候恶化为背景，畜牧民进入海洋，作为"海洋畜牧民"来统治七大海洋。旱作畜牧民掌握了造船技术，从陆地大规模地向海洋进军，不断扩大殖民地，不断破坏和侵略非乳用家畜的植物文明。所以从本质上讲，殖民地思想来源于家畜民。

希腊文明自从海洋革命成功，便不断制造殖民都市，进军地中海世界。但是，希腊人或腓尼基人的活动仅限于地中海沿岸，在海上活动的另有伊斯兰家畜民。到了 15 世纪地理大发现之后，旱作畜牧民便扩张到全世界，并不断地破坏古代文明，这是其他时代所未曾有的。15 世纪旱作畜牧民挺进海洋，向统治世界迈出了一大步。

旱作畜牧民的五个时代，无论哪一个时代都处于气候变化期。旱作畜牧民在气候变化期不断扩张，这应该是由于他们完成了与气候变化相适应的技术革新，并以此为动力继续扩大势力范围的结果。

在西亚，人类史上第一次实现了农耕与畜牧的结合，形成了旱作畜牧生活方式。我们可以毫不过分地说，自从这种生活方式诞生，人类文明史便由旱作畜牧民所牵引。但是，这段文明史同时也是统治和杀戮的历史。由于旱作畜牧民的迁徙和扩张，地球上的森林被破坏殆尽，不习惯饲养乳用家畜的民族被奴役，其文化被踩躏。因此，我们应该重新思考始于西亚的以农耕和畜牧为组合的旱作畜牧生活方式之于人类文明史的意义，现在已经到了重新思考这一问题的时候了。

21 世纪是旱作畜牧民的世纪 21 世纪也将成为旱作畜牧民的时代，IT 革命、构建信息网络、市场原理，这些都是旱作畜牧民所擅长的领域。这一预兆已经开始显现，只要看一下近二十多年来世界家畜总量的增加便可明了。与之相反，渔业资源开始枯竭。21 世纪将由旱作畜牧民统治世界，在这个时代，森林之民和稻作渔猎民怎样才能继续生存下去呢？

21 世纪的全球气候温暖化，是因为旱作畜牧民使用化石燃料而引发的。化石燃料对于人类来说是"禁果"。旧约圣书里写道，亚当和夏娃因为偷吃了禁果而被驱逐出伊甸园。化石燃料正是这样的"禁果"，旱作畜牧民触碰到这一"禁果"而引发了全球气候温暖化，而现在，人类正由于全球气候温暖化而将被驱逐出作为乐园的地球。因此从这个意义上讲，旱作畜牧民的神话预言是正确的。

我预测[23]，毁灭将在 2 050—2 070 年之间到来。10 000 年前，西亚人建立了以农耕与畜牧为组合的生活方式，这一生活方式是人类文明飞速发展的起爆剂。但是 10 000 年以后，人类社会又因此而开始被推向毁灭性的深渊。现在我们怎样做才能拯救地球和人类所面临的危机，这便是本书最重要的主题。

参考文献

[1] 梅棹忠夫《狩猎与游牧的世界》，讲谈社学术文库，1976 年。
[2] 足立达《乳制品的世界外史》，东北大学出版社，2002 年。

［ 3 ］ 筱田谦一等《一眼便知其意！用科学的眼光看世界史》，学习研究社，
2008 年。

［ 4 ］ 三宅裕《The walking Account: 行走着的存款账号》，常木晃《现代考古学 食
粮生产社会的考古学》，朝仓书店，1999 年。

［ 5 ］ Bar-Yosef, O., Earliest food producers-Pre Pottery Neolithic (8000–5500).
In Levy, T. E. (ed.), *The Archaeology of Society in the Holy Lande*, Lecester
University Press, New York, pp.190–204, 1995.

［ 6 ］ 藤井纯夫《西亚初期农耕的土地选择》，常木晃《现代考古学 食粮生产社会
的考古学》，朝仓书店，1999 年。

［ 7 ］ Yasuda, Y. *et al.*, The earliest record of major anthropogenic deforestation in Ghab
Valley, northwest Syria. *Quaternary International* 73/74, pp.127–136, 2000.

［ 8 ］ 本乡一美《驯化考古学》，《综研大期刊》13，30—35 页，2008 年。

［ 9 ］ 铃木秀夫《气候变化改变了语言》，NHK 书籍，1990 年。

［10］ Ryan, W. and Pitman, W., *Noah's flood*, Simon. & Schuster, 1998.

［11］ Ryan, W. B. F, *et al.*, Catastorophic flooding of the Black Sea. *Annual Review of
the Earth and Planetary Science* 31, pp.525–554, 2003.

［12］ Hiscott, R. N. *et al.*, A gradual drowing of the southwestern Black Sea shelf:
Evidence for a progressive rather than abrupt Holocene reconnection with eastern
Mediterranean Sea through the Marmara Sea gateway. *Quaternary International*
167/168, pp.19–34, 2007.

［13］ Martin, R. E., Leorri, E., McLaughlin, P. P., Holocene sea level and climate
change in the Black Sea: Multiple marine incursions related to freshwater
discharge events. *Quaternary International* 167/168, pp.61–72, 2007.

［14］ Kobashi, T. *et al.*, Precise timing and characterization of abrupt climate change
8200 years ago from air trapped in polar ice. *Quaternary Science Review* 26,
pp.1212–1222, 2007.

［15］ Chepalyga, A. L., Late glacial great flood in the Ponto-Caspian basin. In: Yanko-
Hombach, V. *et al.*, Controversy over the great flood hypotheses in the Black Sea
in light of geological, paleontogical, and archeological evidence. *Quaternary
International* 167/168, pp.91–113, 2007.

［16］ 林俊雄《兴亡世界史 02·斯基泰与匈奴游牧文明》，讲谈社，2007 年。

［17］ 安田喜宪《大河文明的诞生》，角川书店，2000 年。

［18］ 村上泰亮《文明的多系史观》，中公丛书，1998 年。

［19］ Yasuda, Y. *et al.*, Environmental archaeology at the Chengthoushan site, Hunan Province China and its implications for environmental change and the rise and fall of the Yangtze River Civilization. *Quaternary International* 123/125, pp.149–158, 2004.

［20］ 安田喜宪《气候变动的文明史》，NTT 出版，2004 年。

［21］ 手嶋兼辅《海洋文明希腊》，讲谈社选书 METIER，2000 年。

［22］ 安田喜宪《日本，成为森林之国吧！》，中公丛书，2002 年。

［23］ 安田喜宪《渡过大灾时代》，WEDGE 选书，2005 年。

［24］ Zolitschka B. *et al.*, (eds), Circum-Mediterranean lake records as archives of climatic and human history. *Quaternary International* 73/74, pp.1–162, 2000.

［25］ 安田喜宪《文明的环境史观》，中公丛书，2004 年。

第八章

大河之滨的干燥化与旱作畜牧文明的诞生

一、5 700 年前的气候变化与都市文明的诞生

旱作畜牧农业 西亚人在 12 800 年前的新仙女木回寒期开始了麦作农耕，在 10 000 年前又将山羊和绵羊家畜化。不过，当时的饲养还只限于从聚落出发一天之内可以往返的范围之内。种麦、吃面包、喝牛奶、吃羊肉、用羊皮，并制作黄油和乳酪，他们建立起这样的生活方式。我们将这样的生活方式称作"旱作畜牧农耕"，它是麦作和乳用家畜相结合的生活方式。

人类为了生存，必须摄取足够的蛋白质。这些蛋白质从何处摄取，则因生活方式不同而迥异。依据不同的生活方式，人类创造出的社会与文明，甚至人们的生活以及人对自然的影响也会有很大区别。

西亚人吃面包，吃绵羊和山羊，喝牛奶，制作黄油和乳酪，以此来摄取蛋白质。当然，一开始他们也是通过栽培豆类来摄取植物性蛋白质，狩猎瞪羚等野生动物来摄取动物性蛋白质的。但是由于长期饲养绵羊和山羊，动物性蛋白质的供给逐渐变得稳定可靠，于是，人们便以这种生活方式过上了稳定且营养均衡的饮食生活。

另外，这种生活方式的生产效率极高，因为绵羊和山羊是昼夜吃草来获取大地养分的。在无休止地获取大地资源这一点上，与不分昼夜开工生产的工业文明相同。不分昼夜地获取大地营养的绵羊和山羊，性质上与工业技术文明范畴的工厂相同。

这种生活方式的生产效率高，可以生产出剩余价值，都市文明正是以财富积累为背景而诞生的。当然，作为其背景，气候变化也与都市文明的诞生密切相关。

半干燥地带的大河之滨 美索不达米亚文明、埃及文明、印度文明、黄河文明——这四大古文明都是在大河之滨发展起来的，而且孕育出这些古代文明的大河（底格里斯河、幼发拉底河、尼罗河、印度河、黄河）都流经现在的干燥或半干燥地带（图2-1）。在干燥半干燥地带的大河之滨，5 700—4 000年前，旱作畜牧民的古代文明繁荣起来，因此我们可以说，干燥半干燥地带的大河之滨就是四大古文明共通的自然史背景[1]。那么，旱作畜牧民的古代文明为什么会在干燥半干燥地带的大河之滨，而且是在5 700—4 000年前这个时间段繁荣起来的呢？

铃木秀夫先生[2]提出这样的假说："古代文明发展起来的印度西北部至地中海东岸以及尼罗河流域，（1）冰期至后冰期的环境变化大，尤其是气候的干湿变化最大，最剧烈；（2）在气候最温暖期结束后的5 000年前，这一地区发生了从湿润到干燥的变化；（3）因此，人们聚集于大河之滨，成为古代文明诞生的契机。"关于埃及文明，布萨（Butzer）博士[3]也指出5 000年前的气候干燥化是其得以发展的契机。

本书所说的年代都是碳十四校正年，所以引文中的"5 000年前"换算成碳十四校正年，便是5 700年前。

我的研究[4]给铃木先生和布萨博士的假说提供了新证据，而且还可以证明，日本绳文文化的盛衰也与古代文明的盛衰同轨，都是地球史气候事件的一幕。

胡图萨湿原 希腊的伯罗奔尼撒半岛中部有一个被称作阿卡狄亚的地方，阿卡狄亚被视为古希腊人或者文艺复兴时期欧洲人的理想国。我在阿卡狄亚地区，从海拔630米的胡图萨（Hotusa）湿原（北纬37.45度，东经20.20度）（图8-1）提取了4米的堆积物。从碳十四年代测定值来看，4米的堆积物中保存着过去约7 500年间的记录。其花粉分析结果显示在图8-2中，由此我们可以看出，大约在5 900年前气候发生了巨大变化。从 7 500—
5 900 年前的花粉带 1 来
看，当地盛产豆科、葡萄
属、藜科、麻黄属，显示
出干燥的土地条件。另
外，炭片出现比例高，证
明经常发生山火。但是，
以 5 900 年前为分界线，
进入花粉带 2（约 5 900—

图 8-1　希腊伯罗奔尼撒半岛的胡图萨湿原（安田摄）

2 200 年前）以后，豆科、藜科、麻黄属及其炭片都在减少。相反，落叶枹栎类、松属、冷杉属等高大树木的花粉，蒲属、黑三棱、莎草科等湿地性植物花粉开始增多。这就证明，以 5 900 年前为分界线，之前生长着麻黄属、藜科的干燥土地变成了生长着蒲属、黑三棱属的湿原。我们可以认为，落叶枹栎类及冷杉属的增加显示出森林的繁茂。

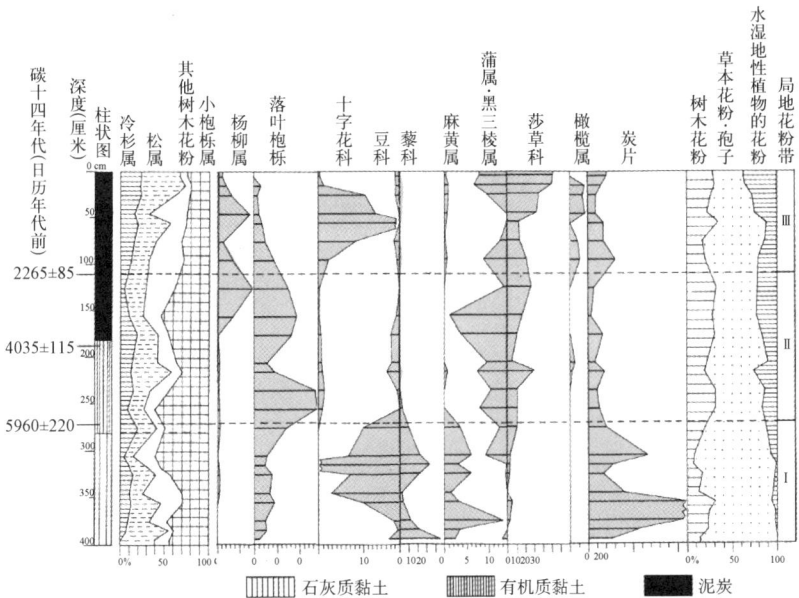

图 8-2　胡图萨湿原的花粉比例（安田，1988）[4]

炭片的减少显示出气候湿润而山火减少。现在，希腊的山火多发生在七月平均气温 25 度以上的时节[4]，这是因为在冬雨地带的地中海气候影响下，夏季气温的高低可以左右干燥化程度。夏季的气温越高，干燥化程度就越显著，山火就会频发。因此，5 900 年前炭片的减少也反映出这一时期夏季气温偏低。胡图萨（Hotusa）湿原的花粉分析结果告诉我们，以 5 900 年前为分界线，气候从温暖干燥转向寒冷湿润。气候最温暖期的高温期有可能在 5 900 年前就已经结束了。

在希腊西北部的科罗内（Korone）湿原，我们也获得了相似的结果。

科罗内湿原　它是希腊西北部的克吉图斯（Kokitos）河的背坡湿地型湿原，海拔 10 米（北纬 39 度 17 分 10 秒，东经 20 度 31 分 20 秒）。通过分析 16.5 米的堆积物，可知其中保存着过去 7 300 年间的记录。

在科罗内湿原花粉数据图上（图 8-3），我们可以看到大约 5 300 年前发生过的巨大变化。之前出现比例比较高的松属、杜鹃科、蓼属、菊科、金凤花科、车前草属和紫苏科减少，桦木属、杨柳属、蒲属、黑三棱属、眼子菜属等湿原性植物逐渐增加。尤其是地表以下 3.8—2.2 米的地层中，盘星藻属或轮藻属的孢粉出现较多，这一变化显示出大约从 5 300 年前起科罗内（Korone）湿原的水位开始上升。同一时期，胡图萨（Hotusa）湿原的水位也在上升，相隔较远的两个湿原的水位在 5 900—5 300 年前同时上升，我们可以认为其背后存在气候的冷凉湿润化。

由此可见，5 900—5 300 年前，希腊夏季的气温降低使得湿原扩大，土地条件呈湿润化倾向。我们在欧洲其他地区也得到了相似的分析结果。

欧洲阿尔卑斯　从法国阿尔卑斯的莱芒（Leman）湖、安内西（Annecy）湖、布鲁杰特（Bourget）湖以及隶属于侏罗山脉的恰列因（Chalain）湖的水位变化[5]，与瑞士和奥地利阿尔卑斯冰河的前进与后

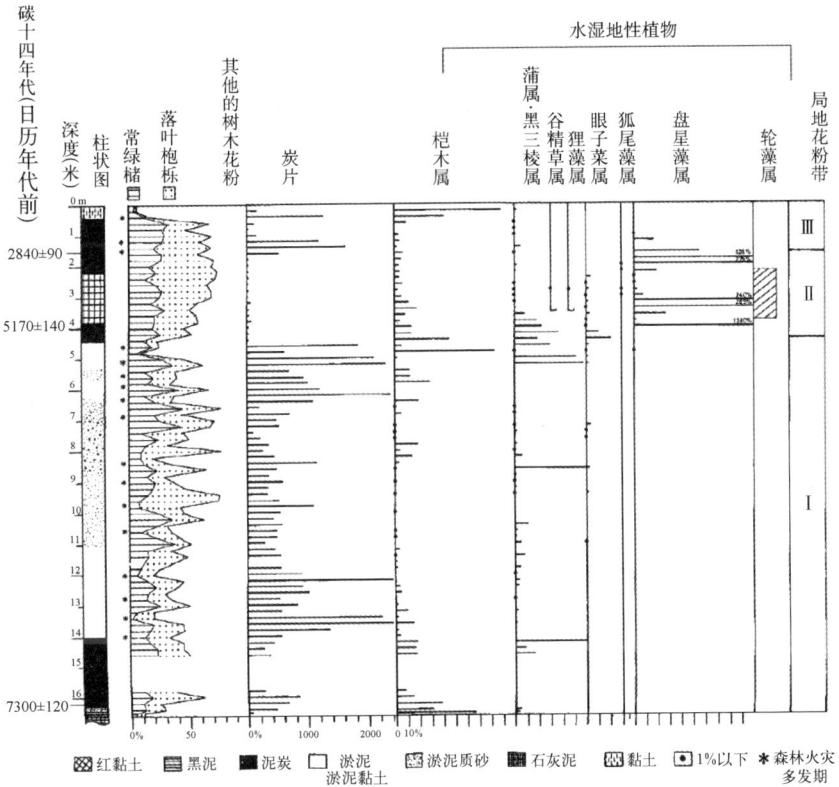

图 8-3　科罗内湿原的花粉比例（安田，1988）[4]

退[6]来看，法国阿尔卑斯的湖泊和侏罗山脉中的湖水位在 5 700 年前
呈上升趋势，瑞士和奥地利阿尔卑斯的冰河则持续前进。具备这一特
征的时代被称作"楼特毛思（Rotmoss）期"。在希腊西部和南部的湿
原湖水位上升的时代，欧洲阿尔卑斯的冰河则持续前进，湖水位也在
上升。

马格尼（magoni）博士[5]的分析结果，与以前大家所认可的欧洲湖
水位的变化趋势完全相反。之前认为[7]包括地中海沿岸的湖水位是温暖
期上升，寒冷期下降。但是，我[8]曾指出，在北纬 35 度以北的地中海
沿岸，有可能是温暖期水位下降，寒冷期水位上升（图 8-4）。马格尼博
士关于欧洲阿尔卑斯湖水位变化趋势的分析，是与我的结论相符的。

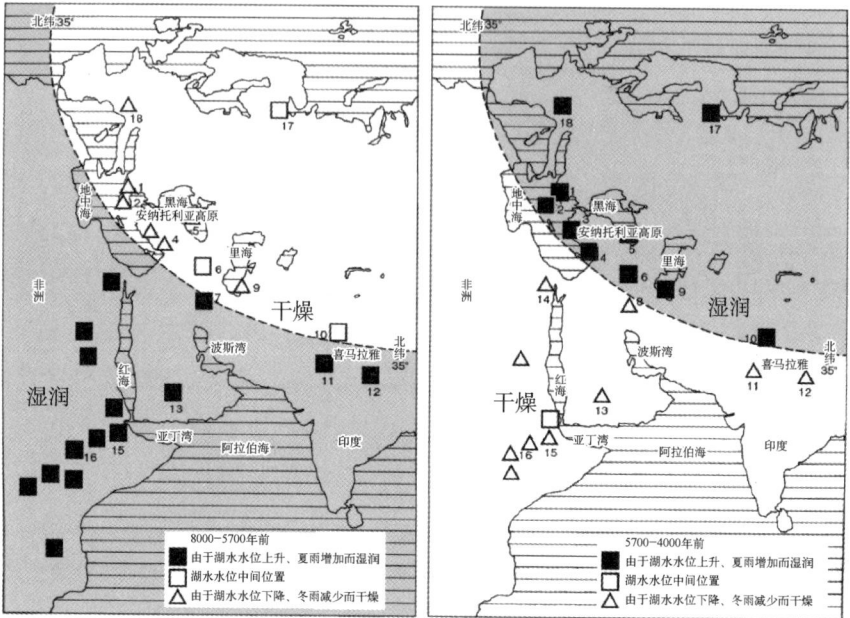

图 8-4 以北纬 35° 为界线的湖水水位逆转现象（安田，1988 年追加）[4]

1. 科罗内湿原（安田，1988），2. 霍托萨湿原（安田，1988），3. 贝伊谢希尔湖（Bottema and Woldring, 1984），4. 阿奇湖（Bottema and Woldring, 1984），5. 黑海（Chepalyga, 1984），6. 乌恩湖（van Zeist and Woldring, 1978），7. 泽里巴勒湖（van Zeist, 1967），8. 米拉巴德湖（van Zeist, 1967），9. 里海（Chepalyga, 1984），10. 普塔巴苏里湿原（Dodia et al., 1985），11. 拉贾斯坦平原盐湖（Singh et al., 1972, Madella and Fuller, 2006），12. 拉拉湖(Yasuda and Tabata, 1988)，13. 阿拉伯半岛盐湖（McClure, 1976），14. 莫里斯湖（Hassan, 1986），15. 吉瓦伊湖、沙拉湖（Gillespie et al., 1983），16. 鲁道夫湖（Owen et al., 1982），17. 拉普兰（Korhola et al., 2002），18. 雷曼湖等法国阿尔卑斯的湖沼（Magny, 1995）

在地中海沿岸，高温期蒸发量增大，冬雨减少，所以湖水位下降。相反，寒冷期蒸发量减少，冬雨增加，所以湖水位上升。欧洲学者之前对于湖水位变化的研究，至少在地中海沿岸是有必要修正的。

近年来，从北欧昆虫化石（图 8-5）[9] 中也找到了显示 5 800—5 700 年前气候变化的证据。与植物相比，气候一发生变化，昆虫就会变更居住地，所以比花粉分析更能够敏锐地反映出气候变化。根据对芬兰西北部拉普兰昆虫化石的分析，8 000—5 800 年前，那里气候温暖，

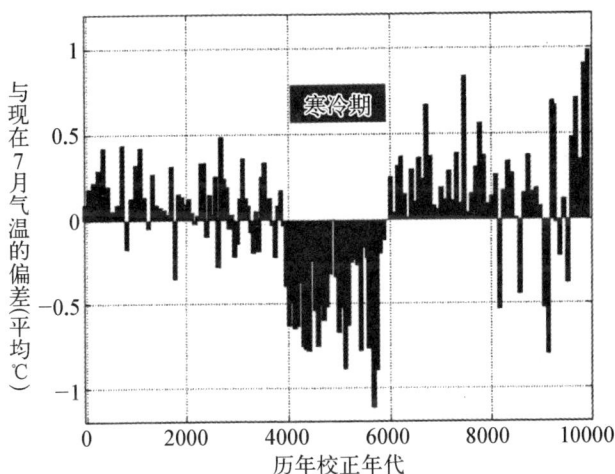

图8-5　根据昆虫化石复原的芬兰7月的平均温度差
（**Korhola et al.，2002**）[9]

七月平均气温在10.5度以上。但是，5 800—5 700年前气温突然下降，七月平均气温比8 000—5 800年前低1.5度左右（图8-5）。

安纳托利亚高原与扎库罗斯山脉　研究表明，安纳托利亚高原在5 700年前也发生了气候变化。安纳托利亚高原南部的贝伊谢希尔（Beysehir）湖的花粉分析结果显示，在8 000—5 700年前的气候最温暖期生长繁茂的黎巴嫩杉和松属，从5 700年前开始减少。相反，落叶枹栎类开始增加（图8-6）。大约从5 700年前起，落叶枹栎类和欧洲白蜡属一起增加，这一事实从安纳托利亚高原西南部的奇部利路湿原（Civiril）[4]、珀纳尔巴舍（Pinarbasi）湖[10]、安纳托利亚高原东部的旺（Van）湖的分析结果[11]中得到了证实（图8-6）。黎巴嫩杉现在生长于干燥的、表层土壤不佳的斜坡崩面，落叶枹栎类则生长在表层土壤更好的湿润地带。在安纳托利亚高原，大约从5 700年前起黎巴嫩杉与松属开始减少，落叶枹栎类开始增多，这可以理解为人类对黎巴嫩杉的破坏，同时也是植物对气候冷凉湿润化与土壤湿润化的适应。关于气候冷凉湿润与土壤的湿润化，我们在希腊得到了实证。

另外，成濑敏郎氏[12]在幼发拉底河中游的土耳其图兹湖畔发现了

203

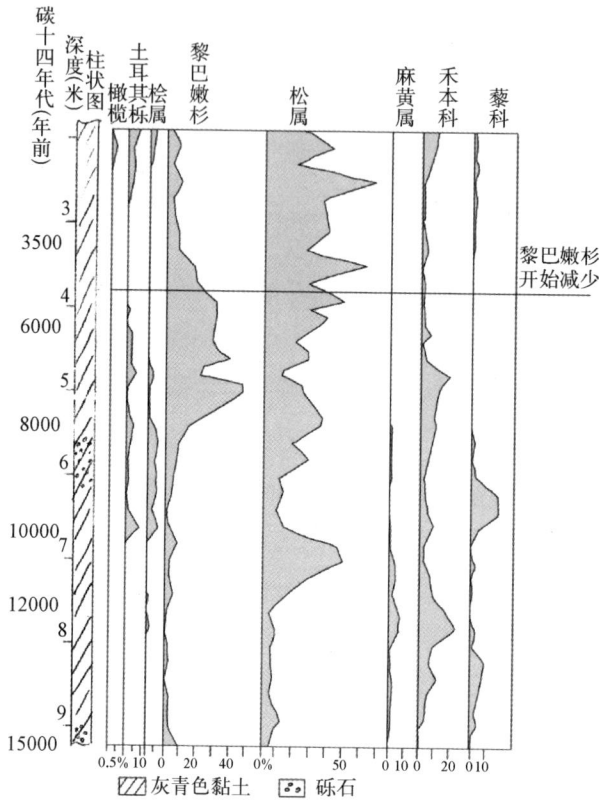

图 8-6　土耳其安纳托利亚高原贝伊谢希尔湖的花粉数据
图（Bottema, 1986）[10]

6 300 年前和 5 700 年前两个洪水层。我们认为，这两个洪水层正是诺亚大洪水的决定性证据。

安纳托利亚高原图兹湖畔的洪水层有 6 300 年前和 5 700 年前两层，也就是说，诺亚大洪水发生过两次。5 700 年前的气候变化，已从加布峡谷的花粉分析（图 6-4）或拉普兰的昆虫化石的分析结果（图 8-5）中得到证实。但是，关于之前另一次引发 6 300 年前大洪水的气候变化证据，我们并不十分清楚。

迄今为止，有人指出欧洲在 6 300—5 700 年前榆属花粉减少，这相当于"乌尔姆斯衰退"时代[13]。但是，关于榆属在这一时代减少的原因，虽有各种假说提出，例如发生了榆属病虫害或由于人类的破坏等等，但我们认为，起因于气候变化的可能性更大。

尼罗河流域 白尼罗河上游有鲁道夫（图尔卡纳）湖[14]、青尼罗河上游有吉瓦伊湖和沙拉湖[15]，尼罗河下游有莫里斯湖[16]（加伦湖），在这些湖的水位变化中，我们可以看到相似的变化[17]。莫里斯湖与尼罗河相连，反映尼罗河水位的变化。仔细观察远离这些湖泊的水位变化，会发现一些差异，但整体趋势是与之相对应的。

在气候最温暖期，尼罗河流域的吉瓦伊湖、沙拉湖以及鲁道夫湖水位上升，显示出气候湿润化。尼罗河下游莫里斯湖的水位也在上升，显示出尼罗河上游夏季雨水增多，尼罗河整体水位上升。但是，吉瓦伊湖、沙拉湖从 5 700 年前起，鲁道夫湖从 5 300 年前起，以及莫里斯湖从 6 200 年前起，水位都明显下降，显示出气候最温暖期的湿润期已经结束。

从 6 200—5 300 年前起，尼罗河流域的气候开始寒冷干燥化，这与欧洲阿尔卑斯、希腊安纳托利亚高原 6 300—5 300 年前开始的寒冷湿润化趋势是完全相反的。

这一时期，撒哈拉沙漠持续干燥，气候最温暖期出现的"绿色撒哈拉"已经消失[18]。另外，曾经位于阿拉伯沙漠中的淡水湖[19]也消失了。另外，扎库罗斯山脉中的米拉巴德（Mirobod）湖的水位也在下降[11]。从美索不达米亚南部到阿拉伯沙漠，再到尼罗河流域的湖水水位变化趋势，都显示出与地中海沿岸完全不同的倾向（图 8-4）。

北纬 35 度的逆转 地中海东部迄今为止的分析结果显示，6 300—5 300 年前发生了气候剧变。因为这些年代并不是根据年缟判定，而是以碳十四年代测定值为依据的，所以年代会有一些浮动，这也可能反映出湿原和湖泊所具有的地域性。在现阶段，我们只能说气候最温暖期的结束是在 6 300—5 300 年前，作为其中间值，我们将 5 700 年前设定为气候最温暖期结束的时间节点。图 8-4 综合显示出前文所述的从地中海东岸到伊朗、尼罗河流域的湖泊和湿原水位的变化，以及由花粉分析阐明的干湿变化。在气候最温暖期的 8 000—5 700 年前，尼罗河流域的湖水水位上升，整个流域气候湿润，撒哈拉沙漠也比现在小。在那个时代，阿拉伯沙漠、叙利亚南部、伊朗的扎库罗斯山脉都出现了湖水水位上升、栎栎类森林扩大的现象，显示出湿润的气候（图8-4）。

另一方面，安纳托利亚高原与希腊的花粉分析结果显示，在气候最温暖期那里气候干燥，由此可知气候的干湿变化趋势以北纬35度左右为分界线，两边完全相反。也就是说，北纬35度以北的希腊和安纳托利亚高原，在气候最温暖期气候干燥，而北纬35度以南的美索不达米亚低地和尼罗河流域则气候湿润。另一方面，气候寒冷化以后，以5 700年前为分界线，北纬35度以北的安纳托利亚高原和希腊气候湿润，而北纬35度以南的美索不达米亚低地、尼罗河流域则气候干燥。

这种以北纬35度为分界线的南北气候干湿变化的逆转现象，可以用大气大循环模式来说明。正如铃木秀夫先生[2]所指出的，在气候最温暖期，热带辐合带（ITCZ）北上的幅度远比现在大，西南季风性夏季雨水影响到更靠北的地区。现在七月的热带辐合带位于北纬15度左右，而在8 000—5 700年前的气候最温暖期，曾达到北纬33度左右。因此，西南季风的夏雨区域扩大到北方，于是便出现了绿色撒哈拉。另一方面，北纬35度以北的地中海北部沿岸和安纳托利亚高原，气候温暖化和热带辐合带北上导致极地寒潮（寒潮前线）南下受阻，于是冬季降水量减少，冬雨地带的地中海沿岸便明显地变得干燥起来。

大约在5 700年前，气候最温暖期结束，寒冷化开始，热带辐合带南下，带来夏雨的西南季风活动范围缩小，所以尼罗河流域或美索不达米亚平原开始变得干燥（图8-4）。与此相反，在希腊和安纳托利亚高原，带来冬雨的寒潮南下，冬季降水增加，气候变得湿润。这使初春融雪水增加，给美索不达米亚南部低地带来了大洪水，而正是在大洪水暴发的这个时代，美索不达米亚文明在美索不达米亚南部低地诞生了。

美索不达米亚文明的诞生　大约在7 000年前，底格里斯河和幼发拉底河的中下游出现了都市规模的农村聚落。正如松本健氏[20]所指出的，在幼发拉底河右岸的埃利都遗址出现了大约7 000年前欧贝德文化时期的都市型遗构。聚落有围墙，并发现了 10 米 × 8 米的神殿。7 000 年前就出现了规模如此之大的都市型聚落，不能不令人惊叹。在美索不达米亚南部，正是作为灌溉农业的大麦栽培与小麦栽培，以及放养绵羊和山羊支撑着富饶的村落，而在降水量不足 100 毫米的半干燥地带，无法从事天水农业，只有开渠引水；只有将幼发拉底河的水引入农田，才能栽培农作物。但是，这种以灌溉农业和放牧为组合的生计方式生产效率极高，能够生产出大量的剩余价值。

在美索不达米亚南部低地出现的人口密集型都市，从时间上看与长江文明相同，都是进入 4 500 年前乌鲁克期以后的事。进入乌鲁克期后，聚落合并，进一步促进了人口集中和周边人口的流入。

乌鲁克的圆形都市，东西南北各延伸出 1 000 米以上，中央建有神殿，神殿上耸立着高度超过 20 米的土坯砖圣塔（Ziggurat）。

4 500 年前，美索不达米亚北部也出现了大型都市。幼发拉底河左岸叙利亚北部的特尔·布拉克遗址（图 8-7），其规模已经达到 40 公

图 8-7　叙利亚北部特尔·布拉克遗址（安田摄）

顷，从远处眺望，布拉克丘仿佛就像一座自然形成的山。4 500 年前突然出现规模巨大的都市圈，这与长江文明完全相同，可以说这是一个"人类文明史大爆炸"的时代（图 4-1）。

在幼发拉底河沿岸和长江流域，人口异常集中，出现了大型都市。这一现象的出现，其实与当时的气候变化有深层次的关系。

大约从 5 700 年前起，气候呈现出寒冷化，气候的干湿变化以北纬 35 度为分界线，南北气候发生了逆转，而气候的干湿逆转给都市文明的诞生带来了极大的影响——这就是我[1][8]的学术假说。

在始于 5 700 年前的气候干燥化的影响下，尼罗河低地和美索不达米亚低地的人们为寻找水源而聚集于大河之滨，他们主要是原本生活在干燥的沙漠边缘，以畜牧业为生计的人们。原本生活在大河之滨的是农耕民，但以气候干燥化为契机，尼罗河、幼发拉底河和底格里斯河的中下游集中了大量人口，畜牧民与农耕民在此融合，异质文化在此得以交流。畜牧民融入农耕社会以及人口的集中最终成为都市文明诞生的契机，因为异质文化的交流与融合以及人口的集中导致信息量增大，于是便有了建立新型社会制度的需求。

在北纬 35 度以北的底格里斯河和幼发拉底河上游、安纳托利亚高原和扎库罗斯山区，冬季的降雨量开始增加，这使得初春的融雪水量骤增，冲击着南部的美索不达米亚低地。这就是后世所说的诺亚大洪水。但与此同时，大洪水也给美索不达米亚南部低地的麦作农业带来了适宜的水文环境。人们因气候干燥而聚集到大河之滨的时候，底格里斯河和幼发拉底河的水量供给也为麦作农业提供了最适宜的条件。

不过，关于 4 500 年前发生"人类文明史大爆炸"的详细情况，我们现在还在研究之中，相信不久将会有最新学说问世。

埃及文明的诞生　埃及都市文明的诞生，时间上仅次于美索不达米亚，但其都市的形态却与美索不达米亚大不相同。埃及有以神殿、王宫为核心的定型都市，和以交易为核心的非定型都市，也出现了以建造金字塔（图 8-8）为目的的"金字塔都市"。因此，埃及的都市起源于宗

图 8-8　埃及吉萨金字塔（安田摄）

教的可能性很大。埃及的都市并不是农耕村落向都市自然转变，而是被有计划地建造出来，这似乎应该属于最古老的一种类型。

埃及都市文明的诞生，其实与气候干燥化所带来的尼罗河水位的下降密切相关，这是哈桑（Hassan）博士[16]提出的学术假说。

另一方面，洪水定期泛滥，一到雨季，作为谷底狭窄平原的尼罗河低地（图 8-9）便浸泡在洪水之中。因此，尼罗河水位的下降使可耕地面积增加，水位下降在其初期确实促进了生产规模的扩大。当人们为寻找水源而聚集到尼罗河低地的时候，展现在他们面前的便是富饶的谷底平原。

金字塔都市的诞生，很有可能也是由于人口大量集中到尼罗河河谷后出现了剩余劳动力的缘故。尼罗河的水位变化与埃及王朝的盛衰完全一致，前王朝时期正是在尼罗河水位开始下降时诞生的。

川西宏幸氏[21]介绍过属于公元前 3 500 年左右前王朝时期的上埃及涅伽达遗址，那里发掘出的都市遗构大小在 50 米×34 米以上，由厚2 米以上的方形墙壁明确地区隔出来。统一了上下埃及，开启了古王国时期第一王朝的梅内斯，在孟菲斯建造了雄伟的王都。

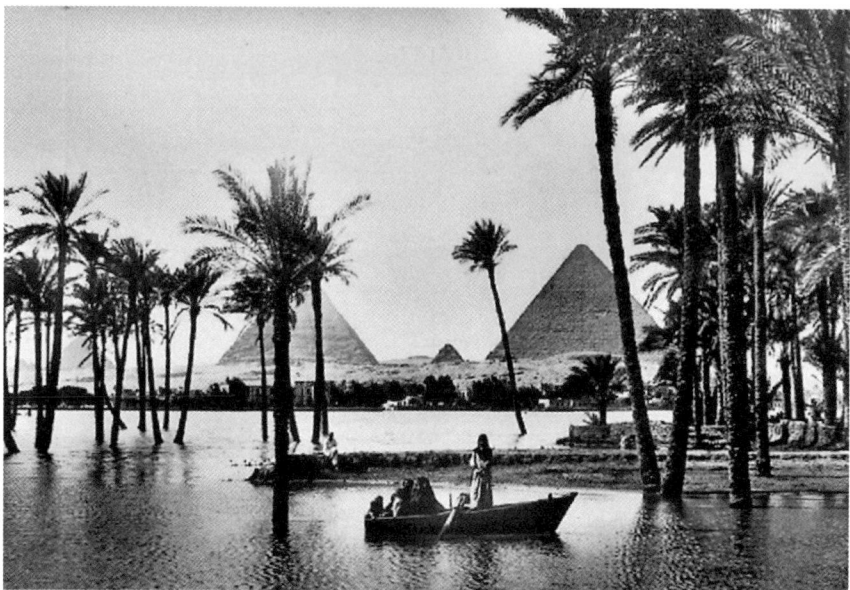

图 8-9　阿斯旺高坝建设以前，洪水泛滥时的尼罗河与金字塔（Lehnert and Land Rock 摄）

但是，埃及都市的选址却强烈地受到尼罗河自然条件的制约。离开尼罗河一步就是沙漠，所以都市的选址必然受其限制。在美索不达米亚，沿着幼发拉底河和底格里斯河的支流也出现了几个都市，但埃及与之不同，王所居住的都市非常宏大，并没有形成像美索不达米亚那样的都市网[21]。

另外，美索不达米亚的乌鲁克和尼普尔等宗教都市，其城内直径已经达到 1 000 米以上，非常宏大。但是，埃及的都市不仅很少有明显的围墙。即使有围墙，其规模也很小。在古王国时期上埃及的艾多夫遗址，都市围墙的规模最大也不超过 450 米 × 300 米。

金字塔很高大，但都市规模却很小，远比美索不达米亚的都市小。这便是埃及都市的特色。

另外，埃及都市的盛衰还强烈地受到尼罗河沿岸交易与尼罗河水位变化的影响。

二、季风变化与都市文明的诞生

西南季风和青藏高原 以地中海至非洲北纬 35 度为分界线，气候的干湿变化趋势发生逆转，而与此密切相关的，是热带辐合带的北上或南下所引发的印度季风影响范围的扩大或缩小。印度季风的活动强烈地受到包括喜马拉雅山在内的青藏高原（以下称喜马拉雅）气候的影响。平均海拔 4 000—5 000 米的喜马拉雅山矗立在云海之中，如果山体不是被冰雪覆盖，黑色的岩石就会吸收日照，变成加热大气的热源。被加热的大气在喜马拉雅上空上升，在夏季印度季风发生的时候就会产生以喜马拉雅为热源的大气南北环流。喜马拉雅山的热源越热，大气的南北循环就越活跃，印度季风开始得也就越早。相反，喜马拉雅山的积雪越多，初夏雪融化就越晚。雪反射的日光，使喜马拉雅不被加热，所以以喜马拉雅为热源的上升气流也会减弱，青藏高气压的形成也就不完整，印度季风的到来也就越晚。

以上是对朝仓正氏[22]与安成哲三氏[23]见解的归纳，由此我们可以知晓，以喜马拉雅为热源的大气南北循环，是与能够左右非洲至地中海沿岸气候干湿变化的印度季风密切相关的。

拉拉湖 我们可以不夸张地说，从地中海沿岸到美索不达米亚、尼罗河流域以及印度河流域，古代文明发达地区的气候都受制于喜马拉雅气候。图 8-10 是西尼泊尔拉拉（Rara）湖（北纬 29 度 32 分，东经 82 度 7 分）的花粉数据图[24]。拉拉湖海拔 3 000 米，年降水量不多，1 000—1 200 毫米。受印度季风影响，每年 6—10 月的降水量占全年降水量的三分之二以上。

图 8-10 告诉我们，9 500 年前（花粉带 1 和 2 的边界）曾有过大的

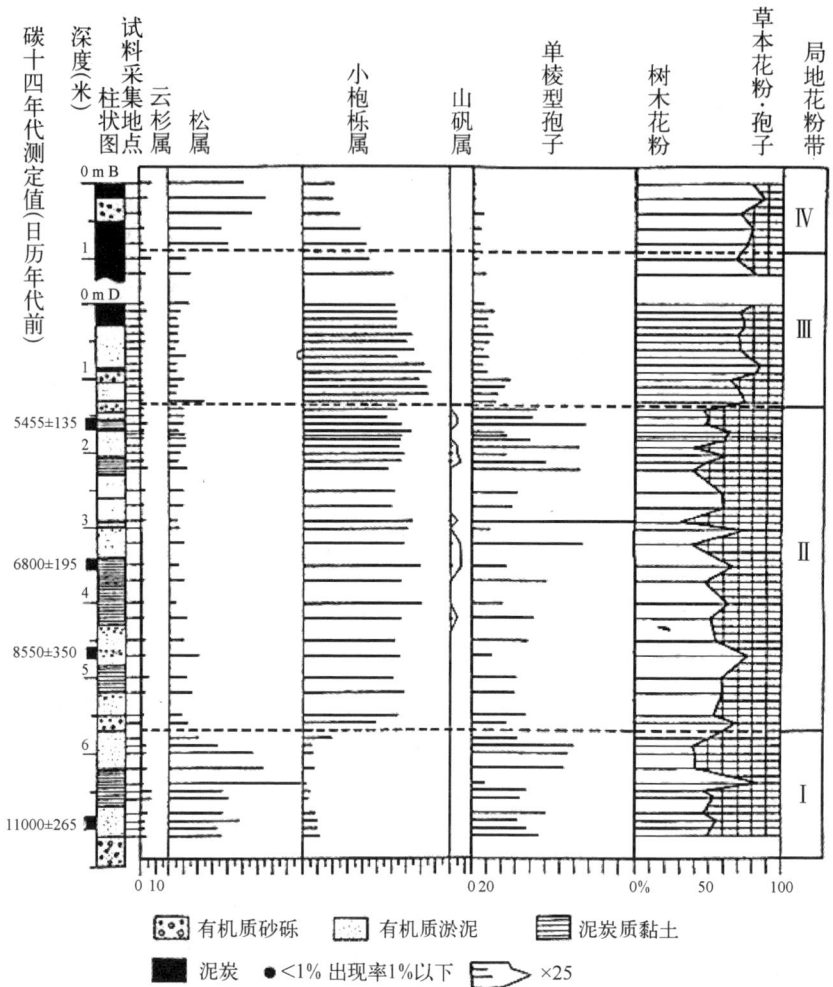

图 8-10　西尼泊尔拉拉湖花粉比例（安田，1990. Yasuda and Tabata, 1988）[24]

气候变化和植被转换。之前出现比例较高的冷杉属、松属、桦属减少，而小枹栎属与鹅耳枥属、槭属、桂科却增加了，这些都显示出气候正在温暖化。从 9 500 年前起进入小枹栎属占优势的时代，而且这一时代一直持续到花粉带 4 的高山栎属槠树林遭到人为破坏为止。只是在中途的 5 300 年前（花粉带 2 和 3 的分界线）发生了微小的变化。

山矾属和蕨类的孢粉在 8 000—5 300 年前出现比例很高，显示出这一时期喜马拉雅山气温高，降水量多。但是，从 5 300 年前起山矾属消失，凤尾草类急剧减少，显示出气候寒冷和降水量减少，土地越来越干燥。

与拉拉湖相似，苏米（Sumxi Co）湖（北纬 34 度 30 分，东经 81 度）位于青藏高原西部，海拔 5 058 米。根据花粉分析[25]，苏米湖在 5 500—4 300 年前曾有过蒿属减少、藜属显著增多的气候干燥期。

以非洲为中心的印度季风影响减弱，同时，喜马拉雅山拉拉湖周边以及青藏高原苏米湖周边的气候也显示出冷凉干燥化倾向，这一点耐人寻味。如何阐释非洲和地中海沿岸的气候变化与喜马拉雅山气候变化的因果关系，当然是今后需要研究的一个课题，但现在看来，连接两者的关键应该是印度季风的变化。在非洲干燥、地中海沿岸湿润的时候，喜马拉雅山的拉拉湖和青藏高原也干燥，这一趋势与非洲类似。印度季风的影响减弱，进而带来夏季降水量减少，这就是引发气候干燥化的原因。但是，与青藏高原显著的干燥化相比，喜马拉雅山拉拉湖周边的干燥化并不十分明显，这是因为拉拉湖周边二月前后有积雪，兼有某些地中海型气候的缘故。也就是说，伴随印度季风的南下，夏季降水量虽然有所减少，但冬季降水量反而增加，所以其干燥化并没有在花粉数据图中明显地显现出来。

印度文明的盛衰　8 000—5 300 年前的多雨期促使印度拉贾斯坦到旁遮普以及哈里亚纳地区的农业产量增加，人口也随之增加。但是，从 5 300 年前起气候开始变得寒冷干燥，季风到来推迟，于是，印度西北部的气候也逐渐转为干燥。由于印度季风减弱，夏季雨量减少，人们逐渐聚集到印度河边。在孕育了印度文明的印度西北部拉贾斯坦（图 8-11）到旁遮普及哈里亚纳，前哈拉帕期（5 300—4 500 年前）和哈拉帕期（4 500—4 000 年前）的遗址都集中分布在喜马拉雅山麓流出的各条河流的沿岸[26]，与之前或之后的后哈拉帕期（4 000—3 600 年前）不同。

这是由于前哈拉帕期与哈拉帕期的印度平原受到印度季风减弱的影

图8-11　曾孕育出印度文明的拉贾斯坦平原，现在已经变成干燥的沙漠草场（安田摄）

响，变得比之前更为干燥的缘故。对前哈拉帕期以前的拉贾斯坦盐湖进行的花粉分析结果[27]显示，5 300年前的水位很高。近年来，对莲酋萨尔湖进行的花粉分析结果[28]也显示出该湖水位很高，5 300年前处于湿润期。

苏万（Swain）博士等人[29]重新探讨了辛博士等人[27]所发表的莲酋萨尔湖花粉数据。他们根据与冬季降水量关系密切的松属和蒲桃属花粉的增加，认为湖水水位的上升是由于冬季雨量增加的缘故。正如在喜马拉雅山中的西尼泊尔拉拉湖周边所观测到的那样，印度河上游的喜马拉雅山西部，由于冬季受地中海型气候的影响，即使是现在也有相当厚的积雪。

由于印度季风减弱，夏季雨量减少，印度河流域的平原整体上变得干燥。但是，极地寒潮的南下使得冬雨增加，尤其是使得喜马拉雅山中的积雪量增加，而积雪量的增加又使初春的融雪水量增加，最终导致源于喜马拉雅山的河流水量增加。对于以小麦和大麦等冬季作物为主的印度文明来说，这是一件好事，因为冬雨和初春融雪水量的增加可以促进小麦和大麦增产。印度季风减弱，夏季雨水减少，平原干旱，人们为了寻找水源而聚集到印度河边。这时，幸运的是气候冷凉而冬雨频繁，于是，源于喜马拉雅山各条河流的融雪水量也随之大幅增加。印度文明得以发展的准备阶段，就这样被事先铺垫好了。

不过，一般认为印度文明发展到都市文明阶段是在 4 500 年前，比美索不达米亚晚 1 500 年左右，而且印度都市文明的出现是突然的。在这里，我们也可以看到 4 500 年前的"人类文明史大爆炸"。都市大多是按照当初制定好的计划修建的，四面围有厚厚的城墙，东西南北铺设着道路，井然有序，下水道也非常完备。后藤健氏[30]说，这简直就像在大都市周边建造的卫星城。到底是谁，为什么，如何实施了这个都市建造规划呢？至今还是一个谜。

后藤氏[30]认为，给印度河河谷低地带来都市建造规划的，是与美索不达米亚文明圈进行交易的"环·艾拉姆"人。"环·艾拉姆"人自古就与美索不达米亚做青金石交易，受到美索不达米亚都市文明的强烈影响。应该就是这些"环·艾拉姆"人在印度河谷低地建立了殖民都市，第一座殖民都市就叫摩亨佐·达罗。"环·艾拉姆"人将美索不达米亚的都市规划带到印度河谷时，正值 4 500 年前的"人类文明史大爆炸"时期，而这一时期也相当于美索不达米亚的乌尔和乌鲁克等都市群繁荣昌盛，长江流域的石家河遗址（湖北省）和良渚遗址（浙江省）等大都市相继出现的气候寒冷期。

此外，还有另一条支撑印度都市文明繁荣昌盛的通道，即"阿拉伯湾古代文明"。

除谷物以外，其他产出很少的美索不达米亚，在木材、铜以及其他金属方面多依赖于阿富汗、巴基斯坦和印度河流域，而用船运输这些体积巨大或非常沉重的货物的，则是以阿曼和巴林为中心发展起来的"阿拉伯湾古代文明"。在美索不达米亚被称作"梅鲁哈"的国家其实就是指印度文明圈，梅鲁哈将木材、石材、金、银、象牙、红玉髓、青金石、孔雀、串珠等运送到美索不达米亚，然后，美索不达米亚再将大麦、小麦、羊毛、芝麻油、织物、皮革等农产品运送到梅鲁哈。

我们认为，印度河谷的都市文明就是这样在美索不达米亚文明的影响下形成的。美索不达米亚的都市规划也是经由从事两地交易的商人之手传入印度河谷的。

适应寒冷化的文明　综上所述，旱作畜牧文明是以气候最温暖期结束以后的 5 700 年前的气候变化为契机而产生的；气候干燥化使畜牧民聚集于大河之滨，从而创造了都市文明诞生的契机。作为一种危机，气候寒冷化对旱作畜牧民影响很大，但同时也成为他们创造新的都市文明的契机。在新仙女木回寒期，也是气候危机引发技术革新，从而产生了新的文明。

但是，在气候寒冷期创造了新文明的旱作畜牧民，现在又面临"21世纪地球温暖化"这一完全相反的气候危机。旱作畜牧民曾想出克服气候寒冷化的办法，但他们却完全没有克服气候温暖化的手段。当然，在人类史上，温暖化曾经是人们所期待的好事。

人类没有任何克服气候温暖化的经验，甚至对其束手无策。那么，人类在温暖化的 21 世纪究竟该怎样做才能继续生存下去呢？"人类万年一遇的危机"已经迫在眉睫。

促使都市文明产生的是榨取自然程度很高的旱作畜牧农耕。放牧绵羊和山羊，从而使森林和水循环系统遭到破坏，高生产率带来的剩余价值背后隐藏着对自然的掠夺。

现代工业文明也是旱作畜牧民创造出来的。就像绵羊和山羊不分昼夜地啃食大地一样，工业技术的核心——工厂也是不分昼夜地开工，掠夺着大地的资源。从单方面榨取自然资源的旱作畜牧农耕的延续中产生出自然榨取型工业技术文明，是有其必然性的。绵羊和山羊将森林吃尽之后，人类将手伸向化石燃料；将鲸鱼捕获干净之后，人类将手伸向石油。这只是对象从森林变成化石燃料，从鲸鱼变成石油而已，人类单方面榨取自然的生活方式并没有改变，毋宁说榨取的规模比以前更大，这才是问题之所在。

只要延续旱作畜牧型都市文明，我们就无法脱离这种破坏森林和水循环系统的文明业障。

很遗憾，旱作畜牧型都市文明在其文明原理中并没有克服迫在眉睫的地球温暖化的手段。麦作农耕产生于新仙女木回寒期，都市文明产生于全新世最温暖期结束，气候开始寒冷的时代。作为掠夺地球资源、不断破坏地球环境的现代文明始祖，近现代欧洲工业技术文明产生的时候，也正值小冰期的气候寒冷期。我们现代新型智人在气候寒冷化引发的危机中勇敢地面对挑战，过往的历史讲述着我们曾经克服种种危机的英勇事迹。由于气候寒冷，现代新型智人曾一度面临粮食危机、社会不安以及民族大迁徙，旧文明体系开始崩溃。但是，危机之后产生了技术革新，文明体系得到重建，人类文明继续向前发展，并跨入一个崭新的阶段。

以12 800年前的新仙女木回寒期为契机而产生的麦作农耕革命、5 700年前全新世最温暖期结束后产生的都市革命、发端于4 200年前全新世最大规模气候寒冷化的游牧革命、3 200年前全新世后期的气候寒冷化所引发的骑马革命、在17世纪初小冰期的气候恶化中产生的科学革命和工业革命，由于上述这些革命，旱作畜牧文明一次又一次地向前发展，并跨越到新的文明阶段。

"从文明发展的视角看，寒冷化并不可怕"。的确，寒冷化虽然会引起一时的社会动乱，但是它会激励人类从危机中振作起来，完成新的技术革命，构筑新的社会体系，开辟新的文明时代。但是，此次地球温暖化却不可小觑，因为引导现代文明的旱作畜牧民从未克服过如此大规模的地球温暖化。

在21世纪末，如果真如IPCC（政府间气候变化专业委员会）所预测的那样，地球平均气温上升6.4度的话，那这个升温速度就可与15 000年前导致冰河时代终结，全新世最温暖期开始的升温速度相匹敌。

从冰期向后冰期温暖化过渡的时代，旱作畜牧民并没有马上开始农耕革命。麦作农耕革命并不是发生在地球温暖化的时代，而是发生在3 000年之后的新仙女木回寒期。

从以往的历史来看，旱作畜牧民的生活方式对于气候寒冷化具有很好的适应性，但在温暖化时代他们又能展现出怎么样的适应性，还是个未知数。能够对温暖化展现很好的适应性的，应该是本书第一部所阐述的稻作渔猎文明。要想顺利渡过地球温暖化这一危机，我们需要真诚地倾听隐含在稻作渔猎文明中的声音，而且最重要的是，考古学者们在承认旱作畜牧文明的同时，也要承认稻作渔猎文明的存在。

人类灭绝与恐龙灭绝　15 000 年前，即使在 50 年间地球年平均气温上升了 5—6 度，按地球年平均气温比现在低 7—8 度的时代计算，也仅仅是上升了 5—6 度，所以当时地球的年平均气温比现在还要低 2—3 度。

但是，现在的地球温暖化不一样。如果真如 IPCC 所预测的那样，21 世纪末全球年平均气温上升 6.4 度的话，那就意味着全球年平均气温比现在高 6.4 度。

在地球年平均气温比现在高 6.4 度的时代，现代新型智人可能会经历之前的旧人、原人乃至猿猴都没有经历过的事情。因为人类在地球上诞生以来，大多都是冰河时代，温暖的间冰期只有短短的一段时间。而且即使在最温暖的间冰期，气温也只不过比现在高 2—3 度，年平均气温比现在高 6.4 度的间冰期，在过去 90 万年间一次也没有出现过。

的确，为了适应过去 10 000 年来的温暖的全新世间冰期，现代新型智人创造了文明。温暖是好事，寒冷才不好这一常识，是被生活在寒冷地带的欧洲人制造出来的，但事实上，现代新型智人开辟新时代或跨入新的发展阶段都是在气候寒冷期。在温暖期突然出现的寒冷化，虽然给现代新型智人带来了一时的危机，但以危机为动力，现代新型智人开发出新技术，开拓了新时代。

在 46 亿年的地球历史中，最后到达的地质时代被称为"第四纪"，也被称为"人类纪"。"人类纪"虽然已经是人类的世纪，但大半还处于寒冷期，温暖的间冰期只有短短的一瞬间。由此可见，人类是适应寒冷的生物。地球自身也喜好寒冷，即使从维持健全的地球生命系统来讲，寒冷的冰河时代也是比较适宜的。

地质时代的第四纪以寒冷的冰河时代为特色，地球自身创造了适应寒冷气候的生命系统。而且作为第四纪生物之代表而出现在地球上的人类，也具有适应寒冷气候的生命体特质。人作为适应寒冷气候的生物而创造出来的文明，也自然具有适应寒冷气候的性质。不过，我们也必须认识到，现代文明有可能适应气候寒冷化，但对温暖化却很脆弱。

恐龙就是人类的反面教员。恐龙是适应中生代高温期，即适应地球温暖化的生命体。在地球温暖化时代极尽繁荣的是恐龙。地球迎来高温期，变得很热的时代，恐龙适应了这一气候，并得到了发展。但最后，恐龙却灭绝了，原因是陨石撞击地球所引发的全球寒冷化。陨石的撞击使大量尘埃扩散到大气中，遮挡了太阳光线，地球一时间遭遇了冰河时代般的寒冷。

恐龙与地球温暖化相适应，并建立起巨大的王国，但气候寒冷化给恐龙的繁荣画上了句号。如果地球更加温暖的话，恐龙或许能够创造出一个与之相适应的社会体系，因为它们是适应地球温暖化的生命体。但是，它们对相反的寒冷化却很脆弱。因此，恐龙的繁荣便被终结了。

人类诞生的第四纪以冰河时代为特色，人类适应了这一寒冷气候而成为统治者。因此，人类在未来肯定能够克服更加残酷的气候寒冷化。但是，当人类面临诞生以来从未经历过的地球温暖化的时候，不仅仅是人类文明，人类这一生命体的存在本身也将面临危机。这种可能性是很大的。适应地球温暖化而极尽繁盛，并成为地球生命之王的恐龙，就是在从未经历过的地球寒冷化中灭绝的。

与恐龙相反，适应地球寒冷化而极尽繁盛，并成为地球生命之主宰的人类，也有可能在地球温暖化的过程中灭绝。

这一危机，也许就在 100 年后到来。

参考文献

［１］ 安田喜宪《大河文明的诞生》，角川书店，2000 年。

安田喜宪《气候变化文明史》，NTT 选书，2004 年。

［2］ 铃木秀夫《气候与文明》，铃木秀夫、山本武夫《气候与文明・气候与历史》，朝仓书店，1978 年。

［3］ Butzer, K., *Environment and Archaeology*, Methuen, 1964.

［4］ 安田喜宪《森林的荒废与文明的盛衰》，新思索社，1988 年。

［5］ Magny, M., Successive oceanic and solar forcing indicated by Younger Dryas and Early Holocene climatic oscillations in the Jura. *Quaternary Research* 43, pp. 279–285, 1995.

［6］ Bortenschlager, S., Chronostratigraphic subdivisions of the Holocene in the Alps. *Striae* 16, pp.75–79, 1982.

［7］ Harrison, S. P. and Digerfeldt, G., European lakes as palaeohydrological and palaeo-climatic indicators. *Quaternary Sci. Review* 12, pp.233–248, 1993.

［8］ 安田喜宪《5 000 年前的气候变化与古代文明》，《科学》五八，1988 年。

［9］ Korhola, A., *et al.*, Holocene temperature changes in northern Fennoscandia reconstructed from Chironomids using Bayesian modeling. *Quaternary Science Review* 21, pp.1841–1860, 2002.

［10］ Bottema, S. and Woldring, H., Late Quaternary vegetation and climate of Southwestern Turkey — Part Ⅱ. *Palaeohistoria* 26, pp.123–149, 1986.

［11］ van Zeist, W. and Bottema, S., *Late Quaternary Vegetation of the Near East,* Dr. Ludwig Reichert Verlag, Wiesbaden, p.156, 1991.

［12］ 成濑敏郎《发现五〇〇〇年前诺亚大洪水的证据》，《科学朝日》十一月号，1994 年。

［13］ Joachim, R., Vegetation and land use during 6000 years. *Lundqua Thesis* 26, vol. 27, pp.1–62, 1989.

［14］ Owen, R. B., Barthelme, J. W., Renaut, R. W. and Vincens, A., Palaeolimnology and archaeology of Holocene deposits north-east of lake Turkana, Kenya. *Nature* 298, pp.523–529, 1982.

［15］ Gillespie, R., Street-Perrott, F. A. and Switsur, R., Post-glacial arid episode in Eciopia have implications for climate predition. *Nature* 306, pp.680–683, 1983.

［16］ Hassan, F., Holocene lakes and prehistoric settlements of the western Faiyum, Egypt. *Journal of J. Archaeol. Science.* 13, pp.483–501, 1986.

［17］ 对比图引自安田喜宪《世界史中的绳文文化》，雄山阁，1987 年。

［18］ Butzer, K., *Early Hydraulic Civilization in Egypt*, The Chicago Univ. Press, p.134, 1976.

［19］ McClure, H., Radiocarbon chronology of late Quaternary lakes in the Arabian desert. *Nature* 263, p.755, 1976.

［20］ 松本健《美索不达米亚都市文明的诞生》，金关恕、川西宏幸《讲座·文明和环境·第 4 卷·都市与文明》，朝仓书店，1996 年。

［21］ 川西宏幸《埃及都市文明的诞生》，金关恕、川西宏幸《讲座·文明和环境·第 4 卷·都市与文明》，朝仓书店，42—46 页，1996 年。

［22］ 朝仓正《气候变化和人类社会》，岩波现代新书，1985 年。

［23］ 安成哲三《喜马拉雅的上升与季风气候的形成》，《生物化学》三二，1980 年。

［24］ Yasuda, Y. and Tabata, H., Vegetation and climatic changes in Nepal Himalayas Ⅱ. *Proc. Indian National Science Academy* 54, pp.538−549, 1988.
安田喜宪《气候与文明的盛衰》，朝仓书店，1990 年。

［25］ van Campo and Francoise Gasse, Pollen and diatom inferred climatic hydrology changes in Sumxi Co basin (Western Tibet) since 13,000yr B. P.. *Quaternary Research* 39, pp.300−313, 1993.

［26］ 安田喜宪《印度文明的盛衰与绳文文化》，《日本研究》一，205—272 页，1989 年。
Joshi, J. P., Bala, M. and Ram, J., The Indus Civilization: A reconsideration on the basis of distribution maps. In Lal. B. B and Gupta, S. P. (eds), *Frontiers of the Indus Civilization*, pp.530−551, I. M. Sharma of Books & Books, New Delhi, 1984.

［27］ Singh, G., Joshi, R. D., and Singh, A. B., Stratigraphic and radiocarbon evidence for the age and development of three salt lake deposits in Rajasthan, India. *Quaternary Research* 2, pp.496−505, 1972.

［28］ Madella, M. and Fuller, D. Q., Palaeoecology and the Harappancivilisation of South Asia: a reconsideration. *Quaternary Science Reviews* 25, pp.1283−1301, 2006.

［29］ Swain, A. M., Kutzbach, J. E. and Hastenrath, S., Estimates of Holocene Precipitation for Rajasthan, India, based on pollen and lake-level data. *Quaternary Research* 19, pp.1−17, 1983.

［30］ 后藤健《印度湾都市文明的诞生》，金关恕、川西宏幸《讲座·文明和环境·第 4 卷·都市与文明》，朝仓书店，1996 年。

第九章
橄榄栽培的起源与发展

一、橄榄栽培的起源

用油炸 旱作畜牧民在栽培小麦和豆类的同时，也饲养绵羊和山羊，并以此建立了恒久地、稳定地获取动物蛋白质的食物生产系统。与其他食物生产系统相比，这应该是最有效率的食物生产系统。

之后，油料作物的发现又进一步丰富了旱作畜牧民的饮食生活。油炸以后，以前不能吃的东西变软变得能吃了；油炸也可以给以前靠烧烤不能添加味道的食物添加味道，并使其变软，还可以消毒。

东亚人多使用陶器，将食物放进陶器中煮或蒸，这样可使坚硬的食物变软并入味。但是，旱作畜牧民以烧烤为料理之基本，所以很难食用烤后就变硬的食物。不过，芝麻油和橄榄油的发明使他们可以油炸食物，这就大大丰富了旱作畜牧民的饮食生活。

如果去希腊，一定会看到一望无际的橄榄园（图 9-1）。我们不禁会想，这里的人怎么会对橄榄如此执着呢？但是，在原本以烧烤为主，基本不蒸煮食物的旱作畜牧世界里，橄榄油的发明确实给人类的饮食生活带来了革命性变革。也正因为如此，他们才会栽培这么多的橄榄。

对于旱作畜牧民的食物生产系统来说，橄榄是不可或缺的。本章将对橄榄栽培的起源与发展进行探讨。

地中海农耕文化 1967 年，中尾佐助氏[1]将地中海农耕文化称作"拉比农耕"，并阐明了它的农耕文化史特征。中尾氏首先将其称作"旱

图 9-1　橄榄园（安田摄）

图 9-2　橄榄果（安田摄）

季农耕"，然后又将其称作地中海农耕，这是一种以一年生禾本科麦类植物为主要农作物，在农耕初期与山羊饲养相结合的农业。

中尾佐助氏指出，地中海农耕的特色是栽培豆类和食用树木果实。豆类主要包括豌豆类、蚕豆类等主要作物。果树主要包括无花果、椰枣、橄榄、杏树、胡桃、开心果、西洋李等。

尤其是橄榄（图 9-2），已经成为地中海的风土性特色，是地中海农耕中果树利用的代表。中尾氏在 1967 年将地中海农耕划分为九个阶段（图 9-3）。

但是，迄今为止几乎没有人将中尾氏提出的地中海农耕发展阶段置于准确的人类文明史时间轴线上进行分析，只有我[2]做过一点预测性的尝试。中尾氏[3]在 1978 年对地中海农耕文化赋予了"硬叶树林农耕文化"的名称，与东亚"照叶树林农耕文化"相对照，从而为我们提供了比较文明论的视角。

东亚的稻作渔猎文明与照叶树林文化密不可分，而且有关照叶树林农耕文化发展阶段的人类史定位，佐佐木高明先生[4]已作过详细阐释。但与此相反，关于与旱作畜牧文明密不可分的"硬叶树林农耕文化"发展阶段的定位，我可以毫不过分地说，迄今为止我们几乎一无所知。

因此，本章的目的就是通过使用以花粉分析和种子分析为主的古植物学方法，来阐明作为地中海农耕特色的橄榄栽培的起源与发展，并以此给"硬叶树林农耕文化"背景下的旱作畜牧农耕文化提供一个时间轴，以便定位其发展阶段。

中尾佐助（1967）[1] 的 地中海农耕文化的发展阶段	本章使用的时间轴（安田）
I 野生采集阶段	未见到 14 000 年前利用果树的证据
II 果树利用阶段 无花果、椰枣的繁殖 根栽（Ubi）农耕文化的传入	果树利用阶段的证据仅限于地中海沿岸的部分地域 未见到日本绳文时代那样的果树利用
III 大麦作物化 一棱型的大麦、二棱型野生种的栽培化 六棱型大麦出现 IV 小麦作物化 二粒小麦、一粒小麦的栽培化 裸大麦出现 北欧新石器农耕文化的分离 从雨季农耕文化接受粟	12 000 年前 大麦、小麦、豆类的作物化，几乎同时进行 10 000 年前，开始栽培利用无花果
V 油料作物的导入 从雨季农耕文化接受植物油 完成家畜利用的农耕技术体系 生产力扩大	5 700 年前 在以色列、黎巴嫩的地中海沿岸，开始正式栽培橄榄
VI 裸 2 粒系小麦的导入 古代地中海地域农耕文明的鼎盛期 VII 普通小麦 发生小麦革命 （北欧农耕文化自IV向VII飞跃……） VIII 沙拉的利用 生食蔬菜的栽培化 IX 饲料用禾本科植物的栽培 肉畜的利用扩大	从 3 500 年前起 在希腊、罗马文明地带的地中海沿岸，橄榄被广泛栽培

图 9-3　硬叶树林文化的发展阶段

橄榄与希腊文明　温暖的冬雨地带适合橄榄生长，最冷月平均气温摄氏 3 度以下的地方，橄榄不能生长。但在夏季炎热干燥、冬季温暖湿润的地中海沿岸，海拔 0—600 米的地带最适合橄榄栽培。

很多人都指出过，橄榄是地中海沿岸的象征，对希腊文明的发展意义重大。希罗多德曾说："艾皮达弗罗斯地区的人们栽培谷物失败后，与德尔颇伊诸神商量，神启示说：可以栽培橄榄。于是，艾皮达弗罗斯地区的人们就每年去雅典献上牺牲供品，然后获得橄榄树苗。于是，艾皮达弗罗斯地区就繁荣起来了。"[5]另外，希腊七贤人之一，并以梭伦改革而著名的梭伦禁止了阿提卡地区所有物产的出口，唯独橄榄例外[6]。在经济贫困的时候雅典仍然可以出口橄榄，可见橄榄生产规模之大。对雅典来说，橄榄无疑是很重要的物产。

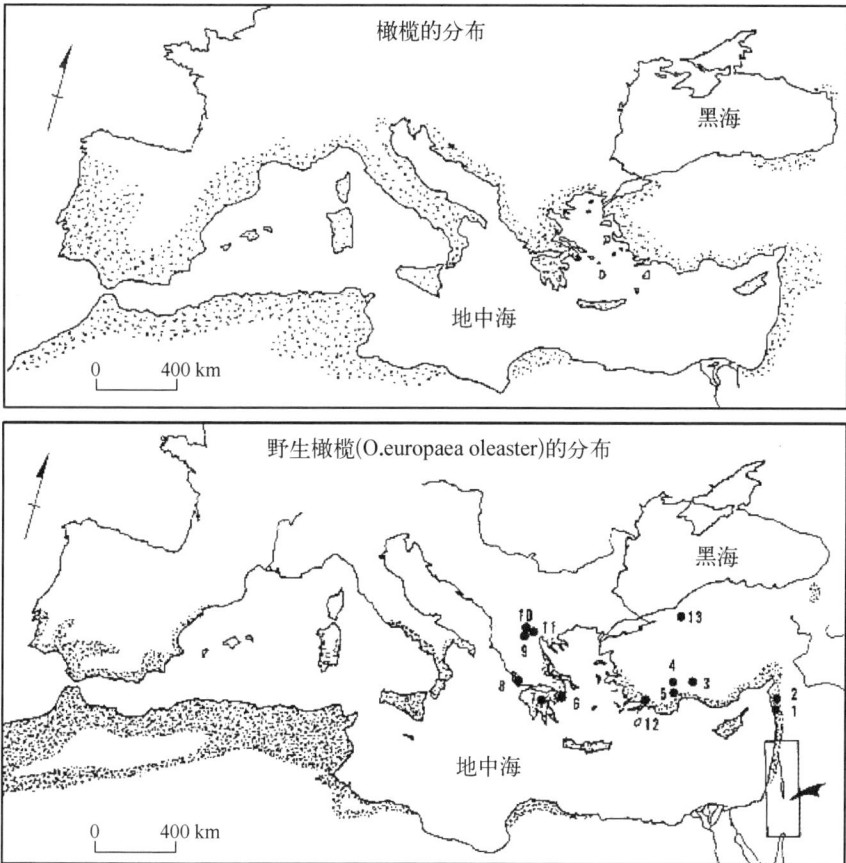

图9-4 现在栽培橄榄分布（上）及野生橄榄分布（下）与花粉分析地点（安田，1990）[6]

1.加布峡谷 2.埃尔鲁伊湿原 3.贝伊谢希尔湖 4.珀纳尔巴舍湖 5.索卢特湖 6.科伊拉达湾 7.霍托萨湿原 8.科罗内湿原 9.希玛迪蒂斯湿原 10.维戈里蒂斯湿原 11.埃德萨湿原 12.克伊杰伊杰湖 13.阿邦特湖

橄榄的栽培，对于雅典的发展乃至希腊文明的繁荣是不可或缺的。因此，过去一般认为橄榄的栽培始于希腊。希腊完善了橄榄栽培技术，并对这一技术进行垄断，从而奠定了文明发展的基础。

但是，近年来的环境考古学成果显示，橄榄的栽培远比希腊文明早。

栽培橄榄的诞生　有一点可以确信无疑，栽培橄榄是从野生橄榄中分化出来的。不过，哪一种是栽培橄榄的野生种，意见并不统一。仑弗流（M. Renfrew）博士等人[7]认为，栽培橄榄是从广泛分布于亚洲、非洲乃至南美洲的库里索尼拉橄榄中分化出来的。但是，左哈利（D. Zohary）博士等人[8]认为，栽培橄榄是由分布基本重合的野生（Oleaster）橄榄中分化出来的（图 9-4），并指出橄榄的栽培化始于死海至加利利湖之间的约旦河溪谷，其年代可以追溯到约 6 500 年前的金石并用时代。左哈利博士等人在死海北岸的图莱拉特·加苏尔（Teleilat Ghassul）遗址（公元前 3 700—前 3 500 年）（图 9-5 之 1）发现了大量的炭化橄榄籽。但是，现在的图莱拉特·加苏尔遗址周边没有包括橄榄树在内的自然林（图 9-5），由此我们可以知晓，左哈利博士等人从遗址中发现的橄榄是栽培橄榄。

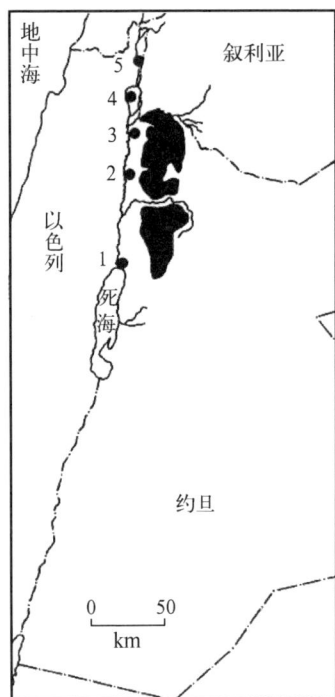

图 9-5　橄榄自然林分布（黑色部分）与种子、花粉分析地点（橄榄分布，Neef，1990）[9]

1. 图莱拉特·加苏尔遗迹
2. 阿布·哈米德遗址　3. 特尔·埃什·什纳遗址　4. 加利利湖　5. 弗雷湖

尼弗（R. Neef）博士[9]在约旦河溪谷的阿布·哈米德（Abu Hamid）遗址（图 9-5 之 2）和特尔·埃什·什纳（Tell esh Shuna）遗址（图 9-5

之3）也发现了大量的橄榄籽，而且对出土的木炭材质进行检测后发现，在阿布·哈米德遗址中高达71.5%的木炭是橄榄木，在特尔·埃什·什纳遗址中高达99%的木炭是橄榄木。阿布·哈米德遗址炭化橄榄籽的碳十四年代（日历年代）是6 450±100年前（GrN-16358），特尔·埃什·什纳遗址炭化橄榄木碳十四年代（日历年代）是5 845±95年前（GrN-15200）。另外，左哈利博士所报告的图莱拉特·加苏尔遗址的橄榄木碳十四年代是6 025±270年前（GrN-15195）。阿布·哈米德遗址和特尔·埃什·什纳遗址出土的炭化木多半是橄榄木，这说明6 500—6 000年前，人们作为燃料最容易利用的就是橄榄木，而且遗址附近就有橄榄园。这两个遗址提供了橄榄栽培化的重要证据。

基于花粉分析的探讨　不仅从遗址中检测出了炭化橄榄种子和炭化橄榄木材，从花粉的分析结果来看，死海北岸的约旦河溪谷很可能就是栽培橄榄的起源地。

以色列弗雷湖的花粉分析结果（图6-5）[10]显示，从7 750年前起橄榄花粉（图9-6）的出现比例就很高。从查伊斯特（W. Zeist）博士和波特玛（S. Botteema）博士[11]所作的有关最终冰期以后中近东植被复原图（图6-6）来看，在最终冰期至全新世初期的中近东地区，主要是以藜科和蒿属为主的草原。从以色列至黎巴嫩山脉一带，12 000年前起就有槠（Quercus calliprinos）、开心果（Pistacia palestina）、鼠李（Rhamnus palestina）、杨梅（Arbutas andrachne）以及松（halepensis）为主的森林存在，是一个特殊的地区。在以色列的地中海一侧生长着开心果（Pistacia palestina）、长角豆

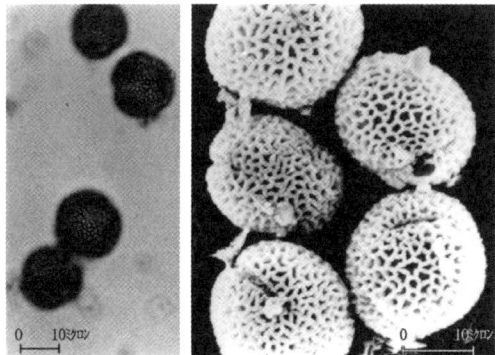

图9-6　橄榄花粉（安田摄）

属（Ceratonia siliqua），同时也生长着野生的 Oleaster 橄榄等常绿乔木。

巴鲁奇（U. Baruch）博士[12]所作的以色列加利利（Galilee）湖（亦称 Kinneret 湖）的花粉分析结果显示（图 9-7），从碳十四年代 5 950 ± 700年前起，枹栎、楮亚属的花粉开始减少，橄榄树花粉反而增加到约 20%（这是以全出现花粉数为基数的百分比，以下如无特别标记，皆同）。

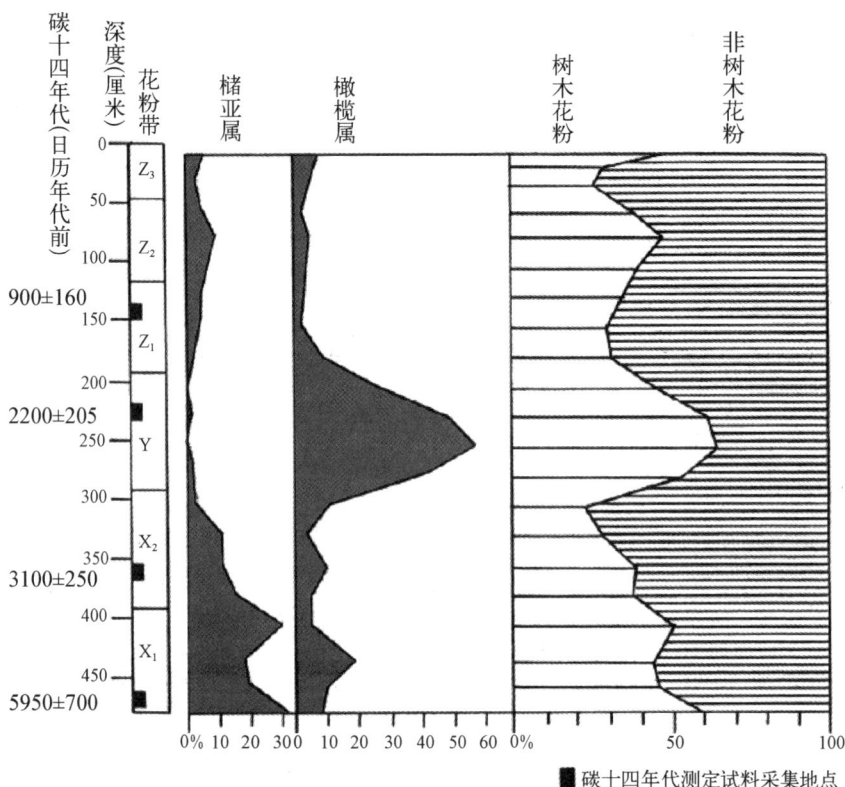

图 9-7　以色列加利利湖花粉数据（Baruch, 1990）[12]，出现比例以全出现花粉为基数

波特玛博士等人[13]所作的中近东橄榄分布区域表层土花粉分析结果显示，橄榄花粉的出现比例为 1.6%—8.4%，而在没有橄榄分布的区域表层土中，橄榄花粉的出现比例不到 1%。由此可知，加利利湖在 5 900 年前所显示的高达 20% 的橄榄花粉，肯定是栽培橄榄花粉。而且枹栎、楮亚属花粉则随着橄榄花粉的增加而减少，显示出人口增

加，橄榄园不断扩大，枹栎亚属森林遭到了破坏。另外，根据叙利亚加布峡谷的花粉数据（图6-4）分析，橄榄花粉从10 000年前起就开始增加了。

橄榄栽培的起源　从死海北岸的以色列到黎巴嫩再到叙利亚的地中海沿岸，从晚冰期的12 000年前起就适合野生的Oleaster橄榄树生长。种子和花粉的分析结果显示，在这个自古适合野生橄榄树生长的地方，从金石并用时代到青铜时代前期的5 700年前，橄榄的栽培化就已经开始了。从弗雷湖和加布峡谷花粉的分析结果来看，橄榄的栽培时间很可能可以追溯到8 000年前。

叙利亚现在仍在培育橄榄树苗。原本能够分株繁殖的橄榄树，现在已经用嫁接方法繁殖了。但是，初始时期的橄榄是如何栽培的，现在还不清楚。

橄榄油　叙利亚西北部希腊化罗马时代的阿帕梅亚（Apamea）遗址（图9-8），是因橄榄交易而繁荣起来的交易都市之一。从以色列到黎巴嫩再到叙利亚的地中海沿岸，都是因橄榄栽培而繁荣起来的。橄榄的果实用盐腌制后可以作为咸菜吃（图9-9），但不能生吃，很涩。因此，橄榄的栽培化最开始很可能是为了榨取橄榄油。

将橄榄的果实放到一个大桶里用热水泡，表面就会渗出油来，并浮到水面。然后，从木桶底部将水抽出，压榨浸泡过的橄榄果，这样就可

图9-8　曾因橄榄交易而繁盛的叙利亚西
　　　　北部阿帕梅亚遗址（安田摄）

图9-9　荷兰的腌制橄榄（安田摄）

以榨出橄榄油。在克里特岛，用这种方法可以从一棵橄榄树的橄榄果里榨取 2.5 千克的橄榄油。橄榄油不仅可以用于料理，也可以用作灯油或化妆品原料。因此，橄榄的生产和交易是地中海文明发展的一大因素。

二、都市文明的发展与橄榄栽培

都市文明的诞生与橄榄　橄榄真正的栽培化始于 5 700 年前，这正好相当于美索不达米亚都市文明诞生的年代，值得特别留意。橄榄的栽培化，很可能是由于都市文明发展，都市人口增加，橄榄油需求量剧增的结果。

叙利亚西北部的特尔·马斯图马（Tell Mastuma）遗址位于海拔 450 米左右的台地之上（图 9-10），从遗址上望去，是一望无际的橄榄园（图 9-11）。1980 年以来，以古代东方博物馆江上波夫[14]团长为核心的日本考古发掘团队一直对其进行考古发掘。从迄今为止的考古发掘成果来看，特尔·马斯图马遗址共分十四个文化层，大体分为三个时代（图 9-12）。

第一层（最上部四米）是铁器时代二期（公元前 900—前 720 年），第二至五层（中部三米）是青铜器时代中期（公元前 2000—前 1600 年），第五到十四层（下部十一米）是青铜器时代前期（公元前 2400—前 2000 年）。

该遗址的大部分形成于青铜器时代前期。1988 年，我在该遗址的墙壁中用浮选法提取了植物种子，并进行了分析，结果如图 9-13 所示。在青铜器时代前期的第七层和第六层虽然有橄榄种子，但是大麦、小麦等麦类种子占绝大多数。橄榄种子（化石化的橄榄种子称橄榄石）只占整体的 5%，可知那是一个大麦和小麦多产的时代。

但是，进入第八层以后，麦类和杂草种子急剧减少，85% 以上变

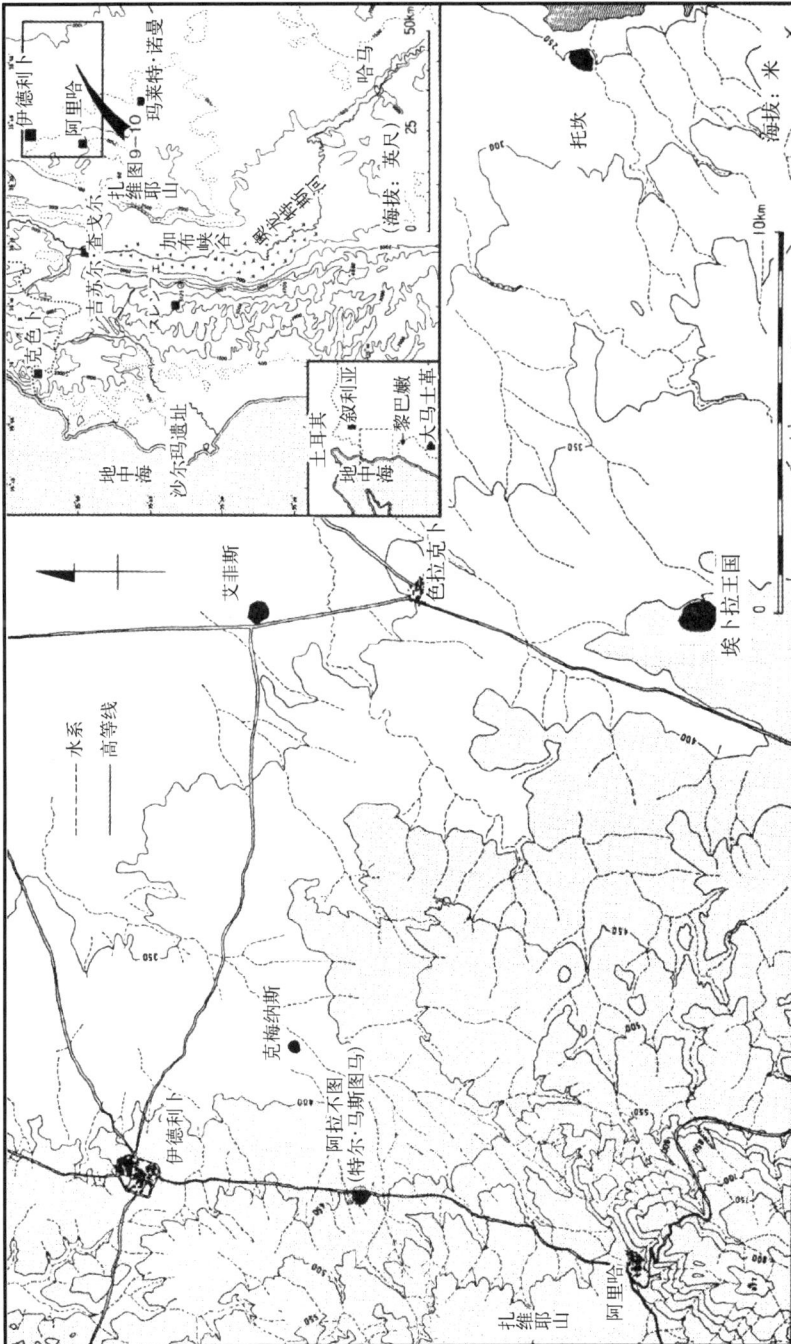

图 9-10　叙利亚西北部特尔·马斯图马遗址及其周边

图 9-11 站在特尔·马斯图马遗址上看到的橄榄园（安田摄）

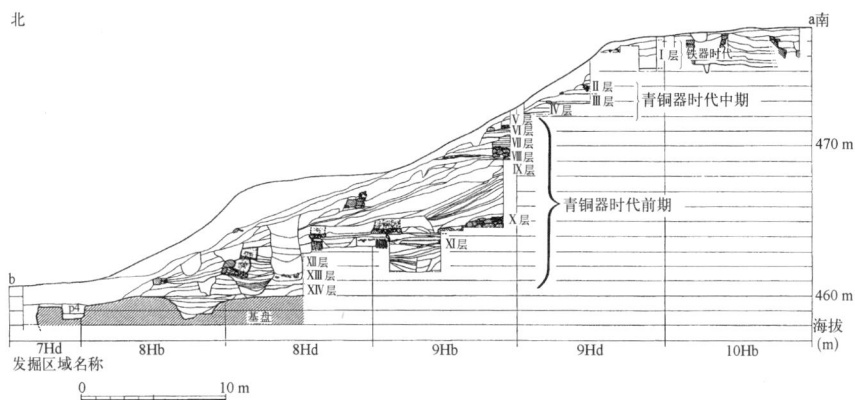

图 9-12 特尔·马斯图马遗址的底层（江上编，1988）[14]

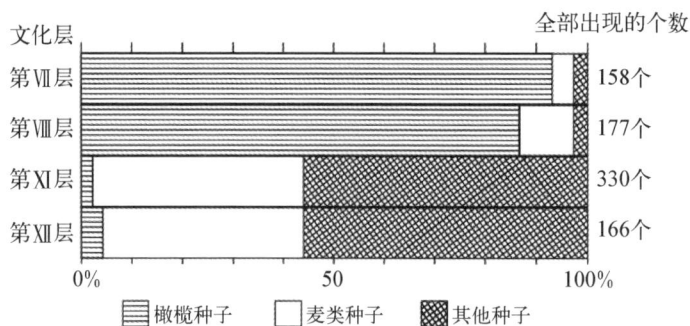

图 9-13 特尔·马斯图马遗址的种子分析结果（安田，1990）[6]

成了橄榄种子。大麦和小麦的出现比例也急剧减少，可知第六层至第八层之间，该遗址周边的土地利用形式发生了巨大变化，即由麦田变成了橄榄园。这一倾向进入第七层后更加明显，而且在第八和第七层中出土了大量的橄榄被粉碎后的碎片，证明这一时期已经开始榨取橄榄油了。这些橄榄石（图9-14）和碎片已经炭化，形状完整的炭化橄榄石很可能是仓库着火时形成的，炭化的橄榄碎片很可能是和家畜粪便混合在一起，作为燃料来使用的。在树木较少的地区，压榨橄榄后剩下的残渣碎片是可以作为宝贵的燃料加以利用的。

① 大麦　② 小麦　③ 橄榄石
④ 橄榄石

图9-14 从特尔·马斯图马遗址检测出来的橄榄种子和麦类种子（安田摄）

综上所述，在叙利亚西北部的特尔·马斯图马遗址周边，从青铜器时代前期后半的第八层开始就已经有正式的橄榄园存在了。

特尔·马斯图马遗址西南40千米的加布（Ghab）峡谷花粉分析结果显示，以8 000年前的层级为分界线，土耳其栎型（Quercus cerris）和松属花粉减少，橄榄属、胡桃属和葡萄属花粉增加，这很可能意味着加布峡谷周边已经开始栽培橄榄。叙利亚西北部的地中海沿岸现在也是橄榄的重要产地，其实这里的橄榄，在青铜器时代前期就已经被栽培化了。

在都市文明的发展过程中，对橄榄油的需求量越来越大，叙利亚西北部的地中海沿岸作为给美索不达米亚各个都市提供橄榄的主要产地而发展壮大起来。在特尔·马斯图马遗址东南20千米的地方（图9-10），有闻名于美索不达米亚各个都市之间的埃卜拉王国的都城特尔·马杜克遗址（图9-15）。

在特尔·马杜克遗址，由意大利商队发现了10 000件以上的黏土板文书（图9-16），而这些黏土板文书中多处记载了有关橄榄的事。例如，黏土板文书记载："在2 260戛纳·克斯塔（1戛纳·克斯塔约等于

图 9-15　特尔·马杜克遗址埃卜拉王宫
（安田摄）

图 9-16　从特尔·马杜克遗址书库发现
的黏土板文书（安田摄）

360 平方米）的面积上种植了 1 000 棵橄榄树。"[15]另外，橄榄树被记录为"油木"，证明橄榄的栽培是以榨油为目的的。

我们可以认为，特尔·马斯图马遗址和特尔·马杜克遗址所在的叙利亚西北部的地中海沿岸，将橄榄栽培权垄断在手，然后向美索不达米亚各个都市出口橄榄油或橄榄果实，从而积累了巨大的财富。就这样，栽培橄榄的发展契机便与都市文明的诞生紧密地联系在一起了。

由于油料作物的导入，中近东的食粮发生了巨大变化，我们可以把它称作"橄榄革命"，而且"橄榄革命"是与都市革命一起发生的。

三、3 500 年前的气候剧变与橄榄栽培

3 500 年前的气候变化与橄榄栽培的发展　在北纬 35 度以北的地中海沿岸，橄榄栽培爆发性地扩大是在 3 500 年前。这一时期，地中海沿岸遭遇了气候剧变，而以此为契机，以前只能在北纬 35 度以南的地中海沿岸栽培的橄榄，也可以在北纬 35 度以北的地中海沿岸大量栽培了。这一变化也关系到之后希腊、罗马文明的发展。

始于 3 500 年前的地中海沿岸的环境剧变，近年来通过斯坦

（M. Stein）博士等人[16]
对以色列死海年缟的分析
而得到证实。死海木来就
是低于海平面的盐湖，但
近年来死海水位进一步下
降，在过去 10 年间水位
下降了 10 米，现在的水
位比海平面低 420 米左右。
10 年前建造的栈桥现在高
高地悬在空中，已经不能
使用了（图 9-17）。死海
水位急剧下降的原因，是
因为不断地汲取死海的水
来抽取矿物质。从盐分很
高的死海水中可以生产出
镁等工业产品所必需的矿
物质。即使是现在，死海
水位每年还是会下降 1 米
左右，所以如果过去发生

图 9-17　以色列死海与因水位下降而高出水面的栈桥（安田摄）

图 9-18　明确显示 3 500 年前气候变化的埃里木峡谷年缟（安田摄）

了气候剧变，几十米的水位变化是完全有可能的，一点都不奇怪。

　　由于死海水位急剧下降，湖岸受到侵蚀，于是在埃里木峡谷便出现了从未见过的大约高 10 米的露头（图 9-18），而且在裸露的地层中发现了美丽的年缟。现在的死海湖底是由春夏季的旱季堆积起来的石灰质白色层，和秋冬季的雨季形成的有机物褐色层组成，两层为一组，就像年轮一样，每年形成一条年缟。因此，一条一条地细数这些年缟，我们就可以确定准确的年代。

　　在死海的埃里木峡谷出现了记录着过去 4 000 年间年缟的露头。露头的最下部是 4 200 年前气候恶化期形成的沙层，也就是说，由于死海水位急剧下降，4 200—4 000 年前形成的沙滩显露出来。沙层是带有波纹的非常美丽的沙石，其中几乎不含石灰成分。

4 200—4 000 年前水位急剧下降后，水位又再次上升，从而堆积出带有年缟的厚度约 60 厘米的泥沙层。泥沙层中也有漂亮的年缟，这些年缟由秋冬季的雨季形成的有机物较多的破碎层，和春夏季的旱季形成的有机物较少的破碎层组成，看不到含有石灰的年缟。由此可知，至少到那时为止，即使在夏季的旱季，石灰性物质也没有沉淀到湖底，与现在的水文环境是大不相同的。

在这些带有年缟的泥沙层上部，突然出现了 3 500—3 200 年前形成的厚度约 1.5 米的沙层（图 9-18）。沙层的突然出现，显示出水位下降使堆积成年缟的湖底露出水面，变成了湖岸。而且沙层中含有很多石灰结晶后形成的霰石，证明出现了与过去不同的水文环境。死海中堆积霰石是从全新世后期开始的。霰石要想堆积起来，就需要显著的干燥气候。3 500 年前，死海水位急剧下降，出现了沙滩环境，湖岸石灰沉淀，便堆积成霰石。这一事实说明，那时水位明显下降，气候非常干燥。

3 500 年前，死海水位急剧下降了 45 米（图 9-19）。有人通过分析日本列岛指出过这个时代急剧的气候寒冷化和海平面下降情况（参照第四章）。但在死海周边，气候在寒冷化的同时还伴随着显著的干燥化。

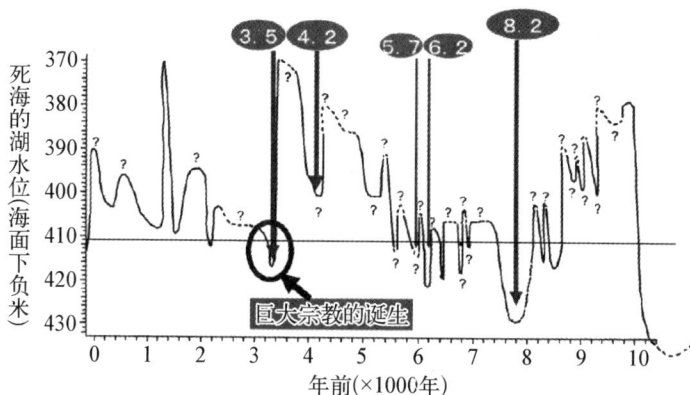

图 9-19　死海过去 10 000 年间的水位变化（Migowski et al., 2006）[16]

位于北纬35度以南的死海周边，气候变冷，同时也变得非常干燥，正如前文所指出的（图8-4），地中海沿岸的气候以北纬35度为分界线，寒冷期时北纬35度以北湿润，温暖期时则干燥。当时，由于气候变冷，北纬35度以南的地中海气候变得干燥，北纬35度以北的地中海沿岸则变得湿润。

在北纬35度以北的地中海沿岸，从这时起便发生了大范围的土地使用目的变更，即人们开始大规模地栽培橄榄、胡桃等果树。我认为，这是由于北纬35度以北的地中海沿岸伴随着始于3 500年前的气候寒冷化而冬雨增加，适于果树栽培的土地不断扩大的缘故。3 500—3 200年前的气候变化所带来的湿润的土地条件，成为北纬35度以北地中海沿岸能够大规模栽培橄榄的契机。

从3 500年前起，全世界的气候都开始恶化，3 200年前进入显著的寒冷期。恶化的天气一直延续到公元前250年前。

死海的年缟分析结果显示，始于3 500年前，3 200年前达到极点的气候寒冷化，对于地中海文明的兴亡发挥了决定性作用。在这个时代，安纳托利亚高原上的赫梯帝国灭亡，被称为"海洋之民"的人像狂风一样迁徙，地中海世界陷入极度的动乱之中[17]。作为其背景，我们必须指出3 500—3 200年前的气候恶化。

此次死海湖面的变化是基于年缟分析得出的，与之前用碳十四测定出来的年代相比，可信度大大提高了。

始于3 500年前，3 200年前达到极点的气候恶化，在地中海引发了民族大迁徙，使地中海沿岸陷入极度动乱之中。死海水位急剧下降所显示的3 500—3 200年前的气候寒冷化，才是使"海洋之民"狂暴，从而导致迈锡尼文明和赫梯帝国崩溃的背景性原因。而且由于此次动乱，原来只在中近东南部传播的橄榄栽培技术也传播到地中海沿岸，于是，橄榄栽培技术便在整个地中海世界普及开来。

另外，经过此次动乱，原来赫梯人垄断的制铁技术也传播到地中海世界，使人们可以开垦以前无法开垦的丘陵地带，这也是促进橄榄栽培

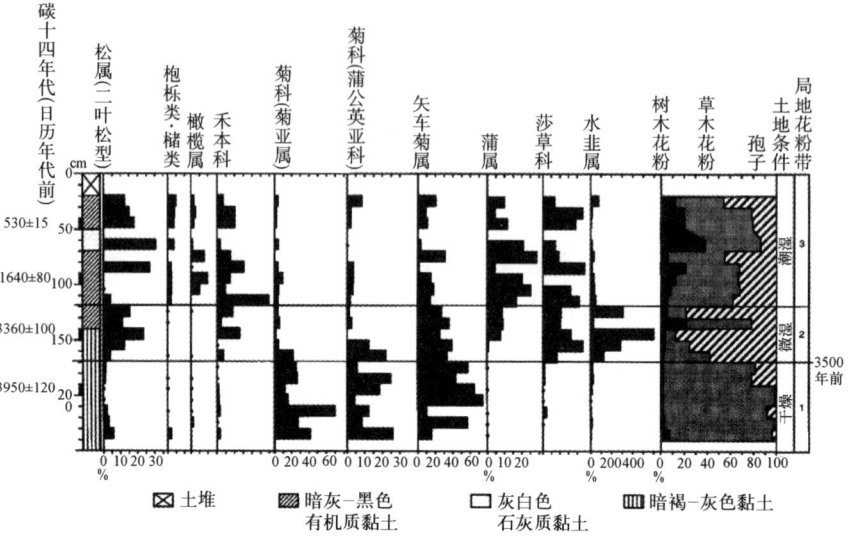

图 9-20　叙利亚埃尔鲁伊盆地的花粉数据（Yasuda, 1997）[18]

化的一个重要因素。

北纬35度以北气候的湿润化　特尔·马斯图马遗址以西10千米的地方有埃尔鲁伊（EL-Rouj）湿原。1988年，我[18]对埃尔鲁伊湿原进行钻探，提取了地层堆积物，其花粉分析结果如图9-20所示。

埃尔鲁伊湿原的花粉分析结果显示，3 500年前这里曾经发生过显著的气候变化。在花粉带1的时代，这里多产矢车菊属（Centaurea）和草本类植物，证明埃尔鲁伊湿原周边的气候是干燥的。但是，大约以3 500年前的层级为分界线，松属、枹栎和槠亚属的花粉以及适宜生长在湿原的蒲属（Typha）、黑三棱属（Sparganium）、莎草科（Cyperaceae）等急剧增加，说明埃尔鲁伊湿原水位上升，气候开始湿润化。在地中海地区，带来气候湿润化的是冬雨。3 500年前的气候寒冷化使冬雨增加，于是，气候便开始变得湿润了。

波特玛博士等人[13]从希腊科伊拉达（Koiladha）湾（图9-21）的海底堆积物中也分析出类似的结果。在海底175厘米的层级发生了巨大变化。之前出现比例很高的禾本科、栽培型禾本科、车前草属

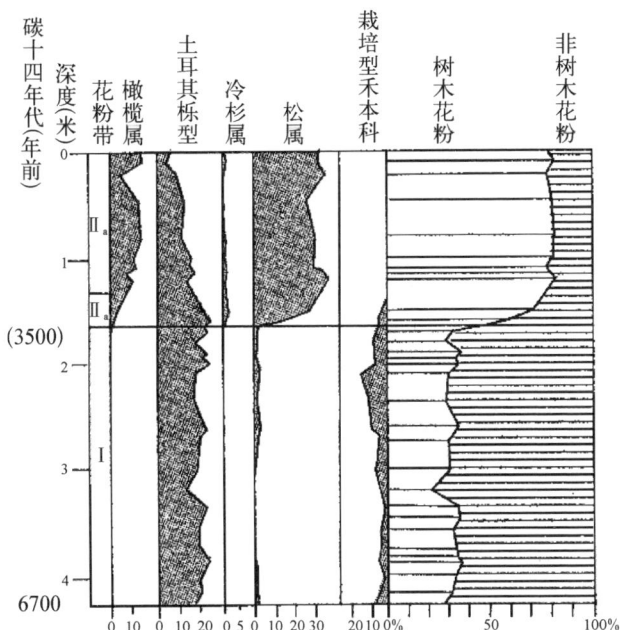

图9-21 希腊科伊拉达湾的花粉数据（Bottema and Woldring, 1990）[13]，出现比例以全出现花粉比例为基数，3 500 年前是 Bottema 推测的年代

（Plantago）和土耳其栎型花粉开始减少，松属、冷杉属（Abies）、胭脂虫栎属（Quercus coccifera）、橄榄花粉等反而急剧增多。

作为花粉植物区系急剧变化的背景，我们当然要考虑海底堆积环境和海底物质供给的变化，但从生长在伯罗奔尼撒半岛海拔 1 100 米以上山地的冷杉属增加这一现象来看，气候的寒冷湿润化应该与其有关。

与埃尔鲁伊湿原一样，在全出现的孢粉中树木花粉所占的比例增加也值得注意。波特玛博士推测，引起这一剧变的时间是 3 500 年前。

埃尔鲁伊湿原水位从 3 500 年前起急剧上升，显示出地中海沿岸冬雨增加，气候变得湿润。冬雨的增加是由于极地寒潮的南下，在很大概率上，我们可以认为是由于气候寒冷化引起的。

另一方面，对科伊拉达湾的分析结果显示，生长在伯罗奔尼撒半岛海拔 1 100 米以上山地的冷杉属花粉从 3 500 年前起开始增加，说明气候寒冷湿润。不论是埃尔鲁伊湿地还是科伊拉达湾，从3 500年前起都出现了树木花粉增加的现象，证明此时出现了更适宜树木生长的环境。

因此我们可以断定，地中海沿岸北纬35度以北的气候，从3 500年前起开始寒冷湿润化。

3 200年前的地中海沿岸处于剧变期，安纳托利亚高原上的赫梯帝国灭亡，伯罗奔尼撒半岛上的迈锡尼文明崩溃，地中海世界进入黑暗时代。始于3 500年前的气候寒冷湿润化，与"海洋之民"的暗中涌动密切相关。

橄榄栽培的发展　在3 500年前，北纬35度以北的气候开始变得寒冷湿润，于是土地也随之变得湿润，给橄榄等果树栽培带来了有利条件。在图9-21所显示的科伊拉达湾花粉数据图中，我们也可以看到橄榄花粉的激增。

分析安纳托利亚高原西南部的索卢特（Sogut）湖，也可以得到相似的结果。图9-22是索卢特湖的花粉数据图。在碳十四年代

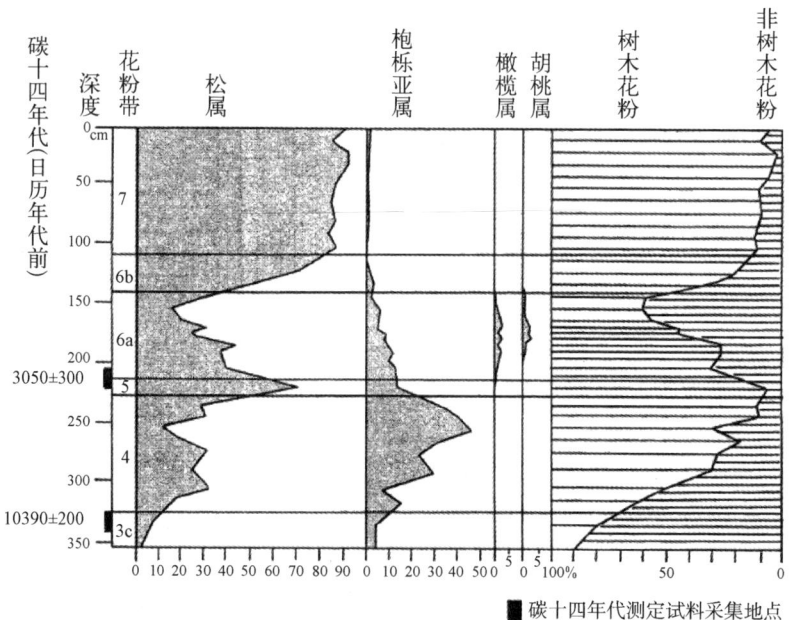

图9-22　土耳其南部索卢特湖的花粉数据（Bottema and Woldring, 1990）[13]，出现比例以全出现花粉比例为基数

3 050±300 年的层级后面，松属、桦属、土耳其栎型、阿勒波栎型的花粉急剧减少，而橄榄、胡桃（Juglans regia）的花粉出现并开始增加。这说明人们砍伐掉刺柏和枹栎森林后种植了橄榄、胡桃等果树。

胡桃的天然分布区在黑海沿岸，而在安纳托利亚高原西南部的索卢特湖周边，3 000 年前突然出现了胡桃树，显然是人为栽培的结果。在安纳托利亚高原上的珀纳尔巴舍（Pinarbasi）湖，克伊杰伊杰（Koycegiz）湖、阿邦特（Abant）湖也都得到了与索卢特湖类似的分析结果。

图 9-23 显示出希腊北部埃德萨（Edessa）湿原的花粉数据。以地表下 300 厘米，碳十四年代 3 510±70 年前的层级为分界线，橄榄树、胡桃树、板栗树、葡萄树的花粉出现并开始增加，在希腊北部的希玛迪蒂斯（Khimaditis）湿原和维戈里蒂斯（Vegoritis）湿原也得到了相似的分析结果。

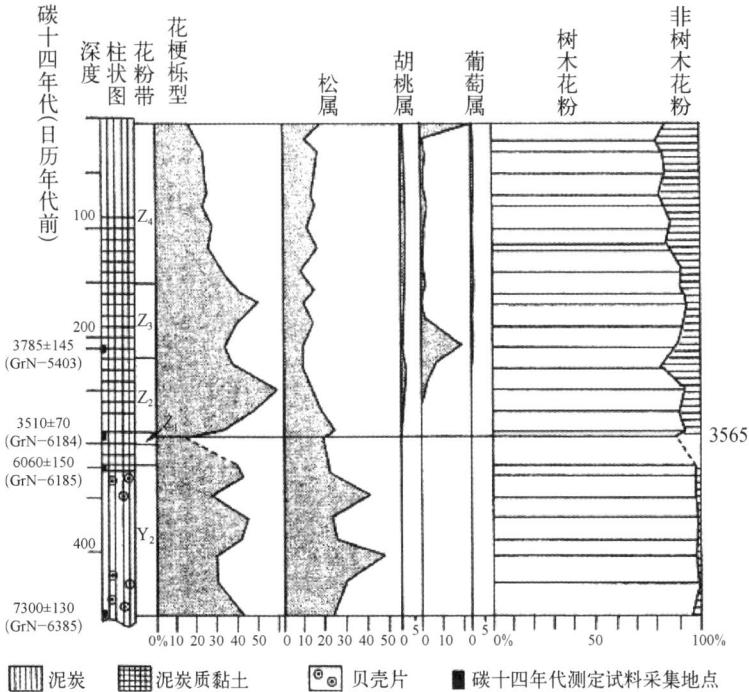

图 9-23 希腊北部埃德萨湿原的花粉数据（Bottema et al., 1974）[19]，出现比例以全出现花粉比例为基数

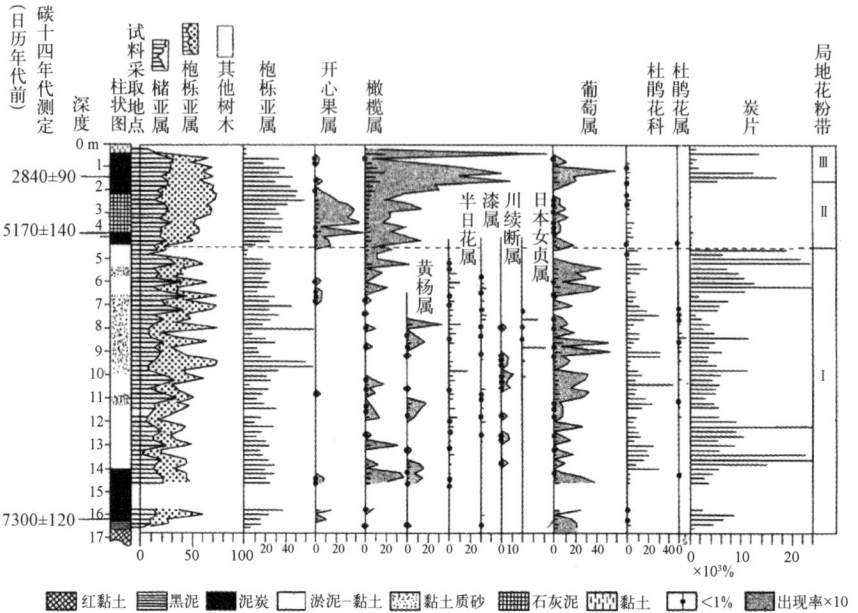

图 9-24 希腊科罗内湿原的花粉数据（安田，1998）[2]，出现比例以全出现花粉比例为基数

在希腊西南部的科罗内（Korone）湿原，碳十四年代 2 840 ± 90 年前的层级下面显示着 3 200 年前的情况，即开心果属花粉减少，橄榄属花粉激增（图 9-24）。在科罗内湿原周围，橄榄花粉与开心果花粉从 5 700 年前起开始增加，说明橄榄栽培与开心果栽培已经开始。但是，到了 3 200 年前，开心果花粉减少，橄榄花粉和葡萄花粉占据优势。这说明，希腊的科罗内湿原周边已经专种橄榄了。

开心果花粉减少，橄榄花粉增多的层级，正相当于堆积物从石灰泥转变成泥炭的阶段，这说明 3 200 年前的气候湿润化使得土壤环境更适宜栽培橄榄。在科罗内湿原周边，泥炭开始堆积，气候寒冷而湿润，所以开心果已经不能在周边栽培了。相反，橄榄栽培却快速扩大。橄榄花粉出现最多的年代是 2 800 年前，由此可知希腊文明已进入繁荣期。都市对橄榄油需求的增加以及橄榄油出口量的增加，促使科罗内湿原周边大规模地栽种起橄榄来。

气候变化与橄榄栽培的发展　安纳托利亚高原的贝伊谢希尔（Beysehir）湖[20]和索卢特湖（图9-4），现在已不属于橄榄栽培区。尽管比例很低，但从3 000年前的层级起那里出现了橄榄花粉（图9-22），同时也出现了胡桃属和栗属。而且连续了一段时间后，橄榄花粉再次在地表下约140厘米处，胡桃属在地表下约130厘米处消失了。

现在不是橄榄分布区的地方3 000年前出现橄榄，并持续了一段时间，这很可能是由于气候湿润化而导致适宜橄榄栽培的土地扩大的结果，这种可能性我们是必须要考虑的。

希腊科伊拉达湾的分析结果（图9-21）显示，以3 500年前的气候寒冷湿润化为契机，麦类为主的农耕衰退，橄榄栽培和胡桃栽培得到了发展。

始于3 500年前的气候寒冷湿润化，特别是湿润化给橄榄生长提供了适宜环境。尤其是从安纳托利亚高原到希腊一带，以此次气候变化为契机，橄榄栽培得到了快速发展，橄榄栽培同时还伴随着板栗、胡桃、葡萄等其他果树的栽培。现在，我们在地中海北部沿岸能够看到的以橄榄为中心的果树栽培体系，很可能是以3 500年前的气候寒冷湿润化为契机而形成的。

有一个很有趣的现象，黎凡特地区开始栽培橄榄的5 700年前，正相当于安纳托利亚高原与叙利亚北部气候寒冷湿润化的时代。

科罗内湿原的花粉分析结果（图9-24）显示，以5 700年前为分界线，禾本科、伞形花科（Umbelliferae）、蓼科（Polygonaceae）、车前草属、毛茛属（Ranunculus）、紫苏科（Labiatae）等与农耕相关的花粉急剧减少，炭片也急剧减少。相反，落叶枹栎亚属、开心果和橄榄的花粉则开始增加。5 700年前与农耕相关的花粉减少，森林恢复以及开心果、橄榄等果树花粉增加，其背景是5 700年前开始的气候寒冷湿润化，这一点我们在前一节已经指出。到了3 500年前，由于气候再次寒冷湿润化，开心果的栽培范围缩小，出现了专种橄榄的现象。这当然与希腊文明的繁荣所带来的都市橄榄油需求的增加密切相关，但在希腊中部，导致开心果栽培范围缩小的最主要原因是气候寒冷湿润化，这一环境不适宜开心果生长。地中海沿岸的橄榄、胡桃、板栗等果树栽培的扩大与发展，很可能是全新世气候变化，尤其是气候寒冷湿润化的影响所导致。

土壤的劣化与社会经济体制的变化　如前文所述，橄榄栽培在地中海沿岸发展起来，与气候变化密切相关。也就是说，橄榄的起源与发展以气候湿润期为契机，是湿润的土地条件促进了橄榄的栽培化。当然，我们也必须考虑到，气候的湿润化也会使表层土壤流失，使土壤进一步劣化。但就在森林的破坏与冬雨的增加使地中海沿岸的土壤迅速劣化的时候，橄榄作为救世作物登场了。

希腊等地的橄榄栽培，与橄榄能够在贫瘠的土壤中生长这一点分不开。例如，希腊南部伯罗奔尼撒半岛橄榄栽培的扩大，就与土壤的劣化密不可分。

迈锡尼社会对森林的严重破坏导致土壤劣化，所以在这些贫瘠的土地上只能种植橄榄。关于这一点，我已在其他文章[17]中论述过，敬请参考。橄榄栽培在气候寒冷湿润期获得了发展机遇，其背后有土地湿润化与土壤劣化问题。同时，以气候变化为契机而引发的社会经济体制的变化，尤其是希腊文明的繁荣所带来的都市人口的增加，以及与此相伴随的橄榄油需求的增大，也对橄榄栽培的发展产生了巨大影响。

在橄榄真正开始大规模栽培的5 700年前，都市文明在美索不达米亚诞生。都市文明的诞生使都市人口增多，带来了橄榄加工方式的多样化，从而促进了橄榄栽培化。

同样，橄榄栽培在安纳托利亚高原和希腊迅速扩大的3 000年前，赫梯帝国与迈锡尼文明崩溃，新的地中海世界秩序形成，并走向铁器文化时代。社会经济体制的变化，很可能是由3 500年前的气候剧变引发的，而社会经济体制的变化也成为橄榄栽培范围扩大的契机。赫梯帝国所垄断的制铁技术，随着帝国的崩溃而在地中海区域普及开来，从而使曾经不能开垦的山地变成了橄榄园。土地利用的变化和橄榄油需求的增加支撑着橄榄栽培的发展，而以气候变化为契机的社会经济体制的变化，则带来了橄榄栽培范围的扩大。

四、罗马将橄榄栽培推广到地中海世界

橄榄栽培的展开 图 9-7 是以色列加利利湖花粉数据图，它告诉我们，进入花粉带 Y 时代后，橄榄属花粉就急剧增加了。这相当于公元前 350 年至公元 550 年的时代，即希腊时代至罗马拜占庭时代初期。在这一时期，从加利利湖至戈兰高原南坡，橄榄栽培极其盛行。在碳十四年代 2 200 ± 205 年前（公元前 500—前 250 年）的前一个层级，橄榄属花粉出现比例高达 60% 以上，由此可见，在希腊化罗马时代，加利利湖周边的橄榄栽培已经达到鼎盛时期。

对叙利亚特尔·马斯图马遗址前方水池底部的堆积物进行花粉分析，其结果（图 9-25）显示，橄榄属花粉从碳十四年代 1 760 ± 230

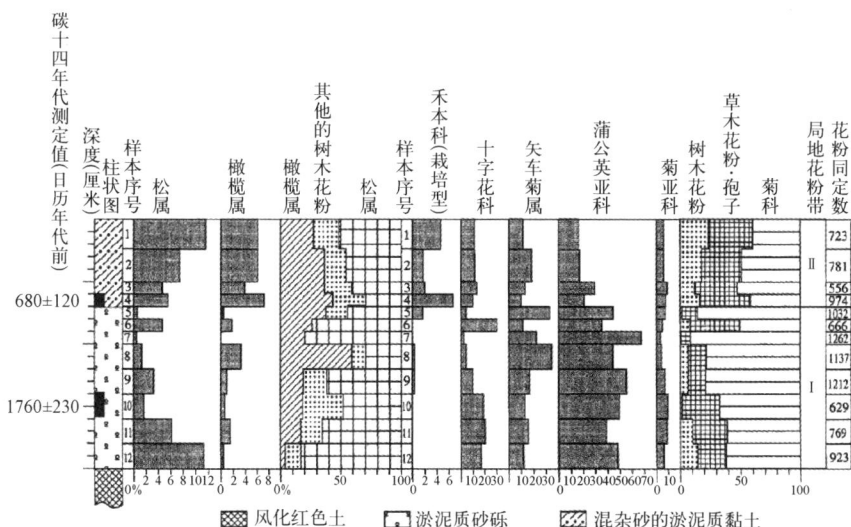

图 9-25 叙利亚特尔·马斯图马遗址的花粉数据（Yasuda, 1997）[18]

年前（公元 190—230 年）的层级之下开始增加，这说明进入罗马时代以后，特尔·马斯图马遗迹周边已经开始大规模种植橄榄。现在能看到的一望无际的橄榄园，其实在罗马时代就已经形成了。我们可以说，进入罗马时代后地中海沿岸才大规模种植橄榄，并出现了今天的这种景象。统治地中海沿岸的罗马不仅在各地建设了具有先进都市系统的小罗马城，还在各地扩大橄榄、葡萄等都市生活不可或缺的作物栽培。

在位于希腊伯罗奔尼撒半岛山地的胡图萨湿原（图 8-1），橄榄属花粉从碳十四年代 2265 ± 85 年前（公元前 315—前 85 年）的层级开始增加，由此可知，即使在伯罗奔尼撒半岛山地深处，从希腊化罗马时代起就已经开始广泛地种植橄榄了。

有可能人类在 8 000 年前就开始种植橄榄了。5 700 年前，从黎凡特走廊至约旦河溪谷的区域开始种植橄榄；在 4 500 年前的青铜器时代前期后段，叙利亚西北部的地中海沿岸也开始大面积种植橄榄；以 3 500 年前的气候寒冷湿润化为契机，在安纳托利亚高原到希腊一带广泛种植橄榄。于是，到了希腊化罗马时代初期，橄榄种植便在地中海沿岸普及开来。

公元前 250 年—公元 240 年的温暖期与文明的兴亡　气候从公元前 250 年的希腊化罗马时代起开始温暖化，死海水位上升，死海周边的气候开始变得湿润。罗马时代属于湿润时代，死海水位很高。这一时代一直持续到公元 240 年（图 9-26）。过去，人们曾认为罗马时代寒冷，罗马海退发生，海平面很低。费阿布里基（Fairbridge）所进行的古典式海平面变化研究曾指出罗马海退和后罗马海侵[21]，他的学说在历史学家之间至今还有人相信，并继续使用[22]。但是，费阿布里基所做的海平面变化曲线是错误的。罗马的繁荣期并不是海退期，而是发生了海侵的温暖期。

罗马将北纬 35 度以南的地中海沿岸与非洲东部作为领土，是因为在温暖期北纬 35 度以南的中近东和非洲北部湿润，各种谷物产量较高

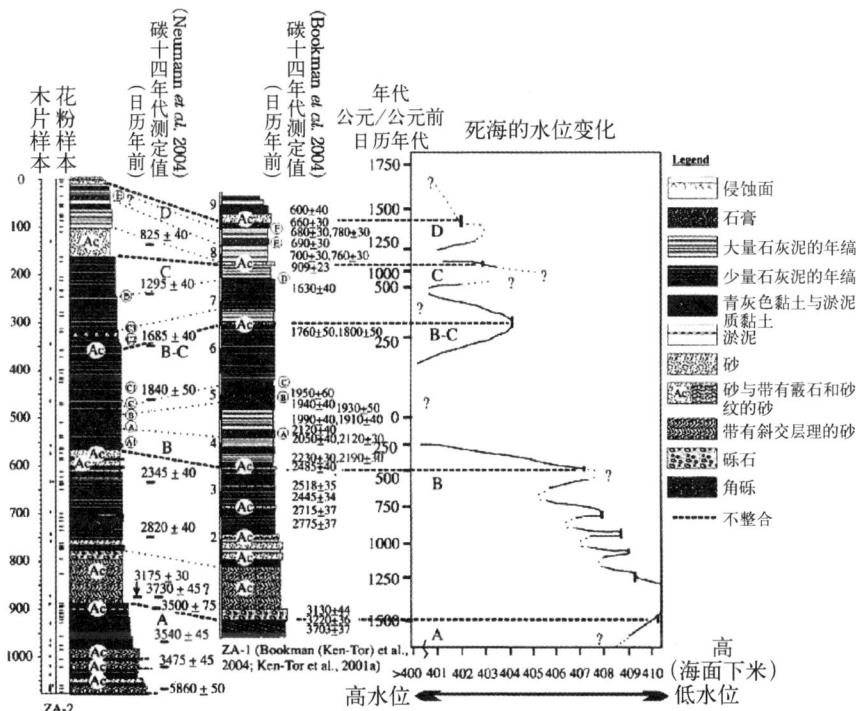

图 9-26　死海埃里木峡谷年缟所阐明的死海水位变化（Neumann et al., 2007）[16]

的缘故。罗马甚至将领土扩张到阿尔卑斯以北的日耳曼，罗马帝国领土能如此扩大，其实是温暖的气候所赐。

在东亚，滇王国和日本弥生文化发展起来的公元前 3 世纪至公元 3 世纪，正好相当于罗马的湿润温暖期。

能够证明"罗马温暖期"和"滇王国温暖期"的证据，就来自死海年缟[16]和日本富山县御厨池年缟[23]（图 9-27）。御厨池年缟的分析结果清晰地显示出"罗马温暖期"与中世温暖期的存在。

在死海的埃里木谷发现了带有美丽年缟的露头，从而证实了 3 500 年前显著的气候恶化。当时，死海周边北纬 35 度以南的气候是异常寒冷而干燥的。

这个气候寒冷期在公元前 250 年左右结束，年缟再次开始堆积，死

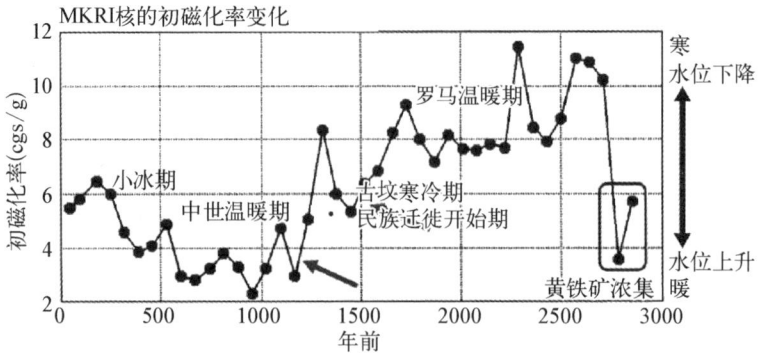

图 9-27 日本富山县御厨池所阐明的气候变化（福泽，2006）[23]

海的水位开始逐渐上升。耶路撒冷博物馆中展示着犹太英雄希律王时代制造的船锚。锚的制作材料年代是公元前 60 年。分析锚的锤部铅同位素，可知它是在意大利的矿山制造的。

图 9-28 面向哭墙而祈祷的犹太人（安田摄）

公元前 61 年，希律王修复了达维德王和所罗门王建造的宫殿外墙，建造了现在的哭墙（图 9-28），据说哭墙曾经有 50 米高。希律王以马察达平原为中心，在沙漠中建造了 11 座城堡。希律王从耶路撒冷去马察达城时乘船渡过了死海。耶路撒冷博物馆所展示的锚，可能就是那时使用的。希律王东征西讨时，以色列地区的降雨量比现在多，是一个湿润的时代，它给犹太民族带来了发展。

埃里木谷的美丽年缟在堆积过程中存在若干断裂。年缟断裂说明那个时代发生了某种异变。例如，年缟受到剧烈干扰的公元前 31 年（图 9-29），是因为大地震袭击了这个地区。此次地震由弗莱维厄斯

（Flavius）记录下来，可知地震确实发生在公元前31年。地震搅乱了年缟，使青灰色的黏土层下面的白色土层混入到青灰色黏土层中，从而出现了搅乱层（图9-29）。

从公元前31年的搅乱层向上数，其第31层就是耶稣诞生的公元0年

耶稣的诞生

公元前31年的地震，弗莱维厄斯

公元前250年

图9-29　以色列埃里木峡谷年缟（安田摄）

所形成的年缟。耶稣诞生年代的年缟中含有美丽的盐结晶，与现在湖岸堆积盐相比，它的味道更甜。"成为大地之盐！"——这是耶稣说的话，我们需要仔细回味这句话。

耶稣诞生那年的年缟中几乎不含石灰成分，由青色的厚黏土层和褐色的铁成分沉积构成，说明这个时代死海周边雨水较多，气候湿润。公元前250年至公元前31年的年缟厚度有80厘米，而公元前31年至公元240年的年缟厚度却有180厘米，堆积速度达到之前的两倍，由此可知罗马时代的死海周边雨量非常充沛。降雨使周边较多的物质向湖底堆积，从而形成了厚厚的年缟。

耶稣诞生时的年缟花粉分析结果[16]显示，当时的死海环境比现在湿润，橄榄树、葡萄树以及椰枣树结满果实，满眼绿色。恐怕耶稣也曾造访过这充满绿色的死海吧。

同样，在日本富山县立山的御厨池年缟（图9-27）中也明确记录了公元前250年至公元240年的"罗马温暖期"。这一时期，御厨池周边的积雪量减少，湖水蒸发量增大[23]。

从死海年缟和御厨池年缟来看，公元前250年至公元240年的温暖期肯定存在，但其间详细的气候变化尚不明了。不过，福井县水月湖的年缟[24]和尾濑原的花粉[25]却将这500年间的气候变化记录得一清二

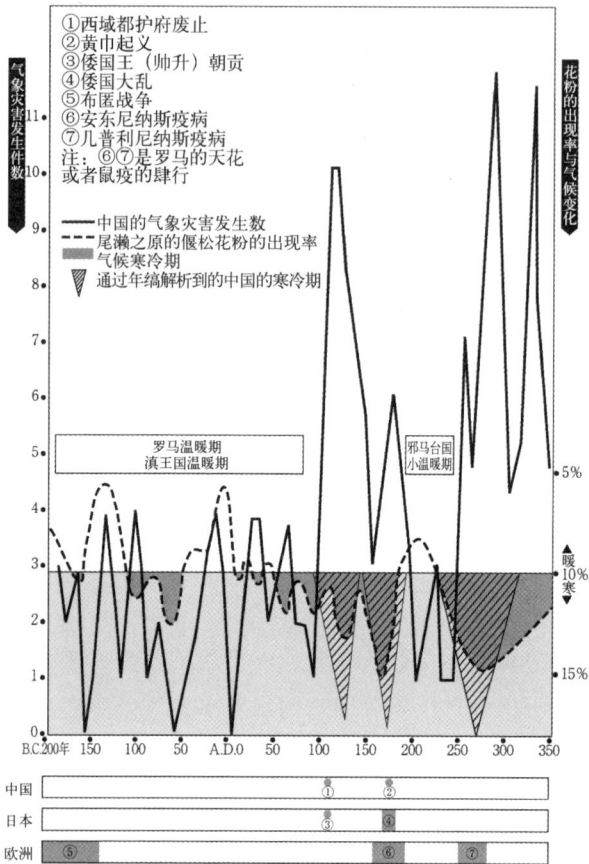

图9-30 中国的气象灾害及公元100年以后的气候恶化（安田摄）[29]

楚（图9-30）。

　　气候从公元100年起变得不稳定。水月湖年缟分析结果与尾濑原花粉分析结果（图9-30）显示，这500年间有两个气候恶化期：以公元120年为鼎盛期的气候恶化期（寒冷期）和以公元180年为鼎盛期的气候恶化期（寒冷期）。由于公元100年以后气候变得不稳定，北方丝绸之路的要塞——西域都护府最终在公元107年被废弃，而且从此以后，中国的气候灾害数量便大幅上升了。

　　在死海年缟的分析结果中没有显示出公元120年和公元180年为鼎盛期的气候恶化期，但公元125年，作为罗马殖民地的北非开始爆发鼠疫，此后，安东尼纳斯疫病（公元 165—180 年）也开始流行。从不断遭遇疫病灾祸（图 9-30）这一点来看，公元 100 年以降，即使在地中海沿岸，气候也变得不稳定了。

黄巾起义（公元 184 年）爆发于以公元 180 年为鼎盛期的气候寒冷期，最终导致东汉王朝的灭亡（公元 220 年）。

铃木秀夫先生[26]曾介绍多田狷介氏的学说[27]：汉帝国的崩溃始于公元 100—130 年间的气候异常。公元 108 年的气象灾害导致黄河下游的平原地区出现大批贫民和流浪者，这些贫民和流浪者阶段性地由北向南迁徙，使混乱区域不断扩大。而且在公元 184 年的黄巾起义中，华北平原的居民几乎全部死亡，起义波及整个帝国，人口由原来的 5 000 多万一下子锐减到 400 多万。

在黄巾起义爆发，中国大陆陷入一片混乱之时，日本列岛也发生了倭国大乱。

我[28]曾反复指出，日本列岛的倭国大乱始于以公元 180 年为鼎盛期的气候恶化期，是在东亚政经体制的变动中爆发的。它在稻作农耕民居住的冲积型低地也引发了巨变，特别是在大阪府河内平原三角洲一带，弥生时代前期至中期发展起来的瓜生堂遗址等大型聚落一个接一个地被废弃了。

不过，此次倭国大乱后，倭国拥立了一位女王，她就是"卑弥呼"。以公元 180 年为鼎盛期的寒冷期结束以后，公元 200—240 年间中国大陆的气象灾害不多，尾濑原花粉分析结果显示，这个时期气候温暖。邪马台国的发展与倭国的和平，其实就是这个短暂的温暖期所赐。我[29]把这个短暂的温暖期称为"邪马台国小温暖期"。

罗马帝国的衰亡与货币含银量　在稻作渔猎民的东亚接连发生黄巾起义、倭国大乱、东汉灭亡等大事件的同时，在旱作畜牧民的罗马也发生了剧烈震荡，即罗马帝国的衰亡。

罗马货币的含银量能够清楚地说明罗马的衰亡。罗马皇帝尼禄（公元 54—68 年在位）时代，罗马发生了一场大火灾。为了筹集修缮款，

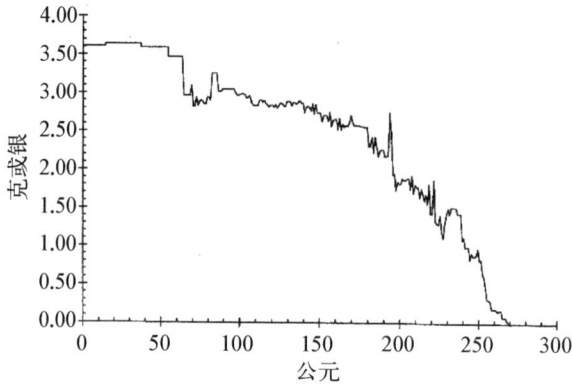

图 9-31　罗马硬币含银量的变化（Tainter and Crumley, 2007）[30]

公元 64 年尼禄皇帝降低了货币的含银量（图 9-31）。不过，那只是把 98% 的含银量降低到 93%[30] 而已。

　　但从此以后，接下来的皇帝们每逢经济危机就采用降低含银量的办法来恢复国家财政。安东尼·庇护时代（公元 138—161 年在位）是罗马帝国最繁荣的时代。这一繁荣得益于北纬 35 度以南属州温暖湿润和北纬 35 度以北属州温暖干燥的气候。因此，到安东尼·庇护时代为止，货币含银量虽然缓慢下降，但毕竟遏制了猛跌。

　　安东尼·庇护死后，罗马与帕提亚爆发了战争。参战士兵带回疫病，最终使罗马帝国失去了三分之一的人口。据说公元 189 年，罗马一天就死掉了 2 000 人。一般认为，这次疫病是鼠疫[31]。从这个时代起，罗马货币的含银量便开始急剧下降。

　　在死海的年缟中虽然没有记录下来鼠疫流行的公元 180 年前后气候恶化，但我们从日本列岛的尾濑原花粉、水月湖年缟以及大阪府河内平原的微地形变化中仍然可以找到证据。公元 180 年前后也是东亚大动荡期，公元 184 年中国发生了黄巾起义，日本发生了倭国大乱。由此推测，罗马疫病多发也应该与气候有关。

　　疫病使人口急剧减少，罗马守卫边疆的军队也自然减少了很多。于是，从这个时代起，奴隶和剑斗士们开始被征入伍。罗马货币含银量的降低引发了通货膨胀，依菲索的面包价格上涨了两倍。

在康茂德公元 192 年去世的时候，罗马货币的含银量尚维持在73%，但之后的塞普蒂米乌斯·塞维鲁（公元 193—211 年在位）将含银量降到 56%，而且从此以后，罗马货币的含银量就开始无限制地下降。

公元 235—284 年的 50 年间是罗马帝国的衰亡期，属州政府荒废，战争频发，军队和官僚数量增加，从而使得应付这一开支的税金不断上涨。为了筹措这笔巨款，只能进一步降低货币含银量。公元 260 年，货币含银量已经下降到 15%[30]，这引发了毁灭性的通货膨胀和政治动乱，50 年间竟有 26 个皇帝登基且退位。

在政治与经济的混乱之中，公元 240—272 年间罗马受到日耳曼人的不断侵入，甚至有一部分日耳曼人已经侵入到意大利领土的深处。公元 267 年，歌德族袭击了依菲索遗址，破坏了雅典娜神殿。在异民族不断侵入的同时，公元 250—270 年，几普利尼纳斯疫病再次袭击了罗马。

公元 240 年开始出现的罗马帝国的衰亡与气候变化密切相关，这一点从死海年缟的分析结果中可以得到证实。公元 240 年，死海水位急剧下降（图 9-32），同年，死海年缟中突然加入了厚 3 厘米的沙层，显示当时水位确实在下降。另外，公元 240 年以前的年缟中很少见到白色霰

公元670年的伊斯兰阿拉伯

公元240年前的沙层

图 9-32 显示公元 240 年气候变化的死海年缟（安田摄）

石，这说明那个时期气候湿润。但是，公元 240 年以后的年缟中，到了夏季（旱季）便有白色霰石堆积，说明这时气候已经变得干燥。

从公元 240 年起气候显著恶化，北纬 35 度以南的中近东和北非遭遇干旱，属州的农业产量减少，这对于以农业为本，国家财政收入的 90% 来自农作物的罗马帝国来说，是致命的打击。气候恶化导致谷物产量减少，尤其是中近东和北非属州的疲敝造成税收减少，压迫了国家财政。这些税金本来是应该作为军饷支付给驻守北方，抵御日耳曼人入侵的罗马士兵的。但是，罗马皇帝无奈只好降低货币的含银量来渡过财政危机。其结果，引发了罗马通货的暴跌和通货膨胀。居住在罗马的市民得不到任何利益，驻守在边疆的士兵生活得越来越苦。于是，他们失去了作为罗马市民的觉悟，不断有逃亡者出现了。

另外，气候恶化也以寒冷化的形式直接打击了居住在阿尔卑斯以北的日耳曼人。正当保卫边境的罗马士兵失去了对罗马帝国忠诚的时候，气候寒冷化又促使日耳曼人大举入侵罗马领土，罗马就这样走上了衰亡之路。

公元 240 年的气候恶化与民族大迁徙　从公元 240 年起，显著的气候恶化期再次袭击东亚。中国的气象灾害激增，尾濑原的花粉分析结果显示，偃松花粉急剧增多，显示出当时的气候已经变冷。另外，水月湖的年缟分析结果也显示，当时有显著的气候寒冷化（图 9-30）。

由于气候恶化，中国动乱增多（图 9-30），匈奴、羯、鲜卑、氐、羌等被称作"五胡"的畜牧民从北方和西方大举入侵华北。有人[32]指出，其规模达到了 1 000 万人。于是，中国陷入了持续动荡 300 年之久的"五胡十六国"时代。

铃木秀夫先生[26]援引佐藤彰一氏的"危机的 3 世纪"这一说法指出，3 世纪的气候恶化所带来的改变历史的意义比 5 世纪日耳曼人入侵罗马的意义还要大。3 世纪后期，莱茵河右岸的罗马帝国防线被突破，日耳曼人大举南下，随后，斯拉夫人也开始入侵。日耳曼人的民族大迁徙始于 3 世纪后期，但其契机则是公元 240 年开始的气候恶化。

放眼东亚，滇王国在这个时代已经灭亡，日本的弥生时代也以公元240年左右为分界线而发生巨变。我们应该把弥生时代转变为古坟时代的时间设定在公元240年左右，这样做比较妥当。

阪口丰氏[25]根据尾濑原的花粉分析结果，将公元240—732年定位为"古坟寒冷期"。以公元240年为弥生时代的终结，从环境史上看是妥当的。阪口丰氏在世界上最早发现了公元240年开始的气候恶化，此次气候恶化使罗马帝国衰亡，使中国陷入大动乱，在世界史上发挥了重要作用。

五、果树文化的不同走向

硬叶树林农耕文化　1967年，中尾佐助氏[1]将地中海农耕文化划分为九个阶段（图9–3），其中需要特别注意的是，他将无花果、椰枣、橄榄等可以靠根茎繁殖的果树设置在大麦以及小麦等农作物的前一个阶段。这种阶段划分背后，当然有中尾氏的学术假说作支撑。

他认为，人类最古老的农业是东南亚以芋头栽培为主的"根栽（Ubi）农业"。"根栽农业"经印度传到地中海区域的时候，人们注意到和芋头一样，无花果、椰枣和橄榄也可以靠根茎繁殖，于是就着手栽培它们，形成了地中海最初的农业。当时风靡一时的萨（O. Sauer）博士[34]的农业起源论在很大程度上影响了中尾氏的想法。

近年来基于花粉和种子分析的中近东古植物学研究成果显示，在禾本科麦类作物之前设置果树利用阶段的想法是可以的，但需要做一些修正。

首先，在人类从旧石器时代向新石器时代转换的晚冰期至后冰期初期，中近东大部分地区都是森林很少的草原或沙漠草原（图6-6）。14 000年前，地中海沿岸存在森林的地域仅有黎巴嫩至以色列北部的地中海沿岸，其余都是草原。其中既有蒿草、藜草以及禾本科杂草中零星地点缀着乔木的森林草原，也有辽阔的大草原，还有沙漠草原。这种情况一直持续到8 000年前左右。

14 000年前，在森林最早开始扩大的地中海沿岸，无花果和开心果也最早开始被利用。但在森林很少的地方，我们完全无法想象人们会积极地利用果树。特别是橄榄树的栽培化，要比麦类的栽培化晚很多。

在12 000年前叙利亚东北部的特尔·穆雷贝特（Tell Mureybet）遗址（图9-33上），检测出单粒小麦的野生种、二棱大麦的野生种、镜片豆（Lens culinaris）、豌豆等豆类，同时还检测出葡萄和无花果（图9-33下）[35]。当然，现阶段我们并不否定无花果在麦类成为农作物之前就已经被栽培的可能性。

但是，在以色列11 000—9 000年前的耶利哥（Jericho）遗址和叙利亚的阿斯瓦德（Aswad）遗址（图9-33上），却几乎找不到葡萄和无花果，尽管该遗址的气候条件适合葡萄和无花果生长。当然，我们必须考虑无花果比麦类更难保存下来这一情况，但与上述遗址检测出的大量单粒小麦、二粒小麦、裸麦、二棱大麦、镜片豆、豌豆相比（图9-33下），葡萄和无花果的出现比例仍然很低。

在远离地中海沿岸，相对靠近内陆，处于森林稀少环境下的叙利亚北部，从10 000年前的阿布·胡雷拉（Abu Hureyra）遗址、土耳其东南部的恰夭奴（Çayönü）遗址、伊朗的甘吉·达雷（Ganj Dareh）遗址、阿里·科甚（Ali Kosh）遗址（图9-33上）等众多遗址中检测出大量的单粒小麦、二粒小麦、裸麦和二棱大麦，但没有大量地检测出无花果（图9-33下）。

检测出大量无花果的，是约旦10 000—8 000年前的艾因·加扎尔（Ain Ghazal）遗址（图9-33上）。该遗址检测出二粒小麦、二棱大麦、

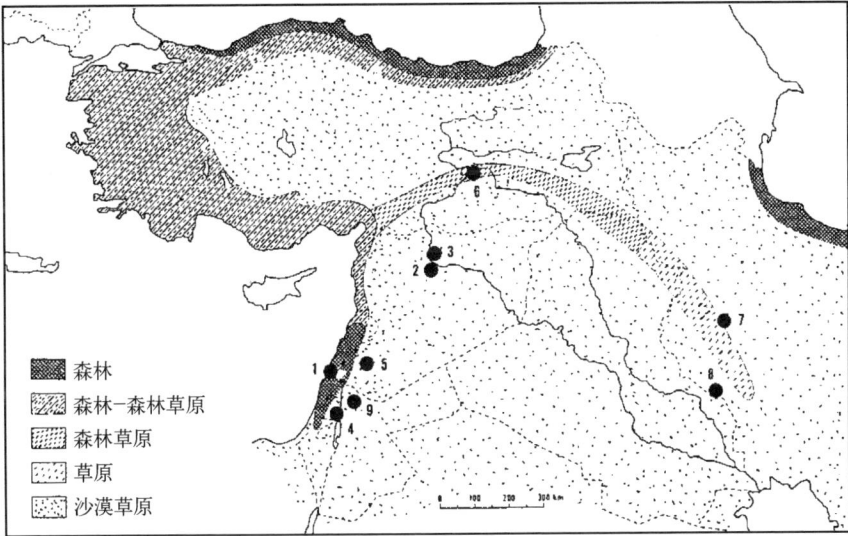

1.哈尤尼姆遗址　2.阿布·胡雷拉遗址　3.穆雷贝特遗址　4.耶利哥遗址　5.阿斯瓦德遗址　6.恰夭奴遗址　7.甘吉·达雷遗址　8.阿里·科甚遗址　9.艾因·加扎尔遗址

地点序号	遗址名称 英文名	年代 公元前(单位千年)	谷物					豆类						果树		
			一粒小麦	二粒小麦	裸麦	二棱大麦	六棱大麦	小扁豆	豌豆	苦蚕豆	蚕豆	鹰嘴豆	镜片豆	葡萄	橄榄	无花果
1	哈尤尼姆 (Hayonim)	11	·	·	W	·	·	·	·	·	·	·	·	·	·	·
2	阿布·胡雷拉 (Abu Hureyra)	11,10	W	·	·	W	·	+	·	+	·	·	(+)	+	·	·
3	穆雷贝特 (Mureybet)	10	W	·	·	W	·	+	+?	+	·	·	+	·	·	+
4	耶利哥 (Jericho)	9,8,7	●	●	·	●	+	●	●	·	+	·	·	+	·	+
5	阿斯瓦德 (Aswad)	9,8,7	+	●	·	●	·	●	+	+	+	·	·	+	·	+
2	阿布·胡雷拉 (Abu Hureyra)	8	●	●?	·	●	·	·	·	+	·	·	·	·	·	·
6	恰夭奴 (Çayönü)	8,7	+	●	·	●	·	●	●	●	+	·	·	·	·	+
7	甘吉·达雷 (Ganj Dareh)	8	·	·	●	·	·	+	·	·	·	·	·	·	·	·
8	阿里·科甚 (Ali Kosh)	8,7	+	●	·	●	+	●	·	·	·	·	·	·	·	·
9	艾因·加扎尔 (Ain Ghazal)	8,7,6	·	●	·	●	·	●	·	·	·	·	●	·	·	·

W 野生　　●大量出土　　+少量出土　　　　　　遗址的地点序号与上图位置对比

图9-33　中近东地区初期农耕及其遗址（上），（下）为遗址出土的种子。植被分布来自 Zeist and Bottema，遗址分布来自 Miller, 1991（安田，1995）[41]

镜片豆、豌豆，同时也检测出大量的无花果（图 9-33 下）。由此可见，无花果的栽培始于地中海沿岸，很可能可以追溯到 10 000 年前。但是并没有检测出橄榄，其他果树的出现比例也很低，根本不能与出土了大量橡实、核桃等日本绳文时代的遗址相比。

中尾佐助氏[1]指出，地中海农耕是豆类与麦类一起栽培化的。从遗址检测出大量的豆类来看，这是不争的事实。但是，从现阶段大型遗存的分析结果来看，我们并不能认为无花果、椰枣或橄榄的栽培化早于麦类和豆类的栽培化，并像日本绳文时代的板栗那样被大范围地半栽培化。在阿布·胡雷拉遗址和特尔·穆雷贝特遗址中，与野生单粒小麦、裸麦、二棱大麦、镜片豆等一起发现的葡萄和无花果，很可能还属于野生采集阶段的果实。日本弥生时代的稻作农耕是以橡实、板栗以及七叶树果实等绳文时代的食用坚果作为基础，逐步向谷物栽培转移的，但在西亚的麦作农耕地带，关于谷物栽培以前的果树利用，我们现在还缺少明确的证据。

本书第六章已经指出，由于 15 000 年前的地球温暖化，草原上的大型哺乳类动物消失，人类开始逃进大裂谷西侧的黎巴嫩山脉，那里生长着茂密的森林，有开心果树和杏树等等。人们在那里掌握了利用植物的技术，并进行了一场定居革命（参照图 6-8）。在新仙女木回寒期，人类面临粮食危机，于是对大裂谷低湿地周边生长的野生麦类进行了栽培化。那时，利用植物的技术起到了极大作用。我认为自己的这个学术假说是正确的，但现阶段还没有获得能够完全证明这一学术假说的古植物学证据。还望年轻学者继续努力。

另外，中尾氏认为大麦的作物化比小麦的作物化古老，但从现阶段对遗址出土种子的分析结果来看，还没有可以证明大麦作物化比小麦作物化更古老的证据。与麦类作物化同等重要的是豆类，中尾氏的麦类作物化阶段应该改为麦类豆类作物化阶段。麦类和豆类的作物化几乎是同时发生的，从耶利哥遗址及阿斯瓦德遗址的年代判断，应该不晚于 12 000 年前。

10 000 年前的艾因·加扎尔（Ain Ghazal）遗址出土了大量的无花果，很明显无花果已被栽培化。但是，无花果的利用仅限于地中海沿岸的部分地区。

导入油料作物 橄榄真正的栽培化始于以色列至黎巴嫩地中海沿岸以及死海北部的约旦河溪谷，那里的森林在冰期至后冰期的气候变化中最早开始扩大，而森林中就生长着野生（Oleaster）橄榄。从加布峡谷或弗雷湖的花粉分析来看，橄榄的栽培化有可能可以追溯到 8 000 年前，但现阶段可以确实追溯到的是 5 700 年前。这正好相当于中近东发生都市革命的时代。在都市文明的发展过程中，都市人口增多，以料理方法的开发为发端，橄榄油的需求量随之增大，我们认为这就是橄榄栽培化的一大契机，这个阶段相当于中尾氏[1]所说的油料作物导入阶段。

果树文化的比较生态史 以 3 500 年前的气候寒冷湿润化为契机，土耳其和希腊开始大规模种植橄榄、胡桃和板栗等果树。希腊科伊拉达湾的分析结果显示，气候的寒冷湿润化和土壤劣化使麦类为主的农耕衰退，橄榄和开心果的栽培化得到了发展。很有可能那时的橄榄栽培已经扩大到贝伊谢希尔湖周边，即现在已经不是橄榄栽培区域的地方。

3 500 年前的气候变化成为希腊、罗马文明得以发展的契机，而希腊、罗马文明亦可以称为"橄榄文明"。希腊化罗马时代至罗马拜占庭时代初期，黎凡特地区的橄榄栽培达到顶峰。那时，橄榄栽培已经普及到地中海的每个角落。

不仅是死海的年缟分析，阪口丰氏[36]所作的群马县尾濑原花粉分析中也都明确地显示出始于 3 500 年前的气候恶化。此次气候恶化也给东亚带来了剧烈震荡。正如铃木秀夫先生[37]所指出的，北方民族的南下与春秋战国时代的动荡，使大量气候难民从大陆涌入日本列岛。将稻作带到日本列岛的，正是这些乘船外逃的难民。

上述研究都支持了佐佐木高明先生[39]最早提出的日本稻作可以追溯到绳文时代的学说。气候恶化在中国大陆引发了社会动荡和政治动乱，从而产生了许多乘船外逃的气候难民，而他们就是将稻作带到日本列岛的主角。近年来，有关日本弥生时代起始年代的研究[40]显示，九州北部的山寺式陶器年代可以追溯到公元前 1 000 年，所以有人提出了弥生时代始于公元前 1 000 年的学说，我的见解[38]开始得到了支持。始于 3 500 年前，3 200 年前达到极点的气候寒冷化（日本列岛则表现为湿润化），严重打击了以食用坚果为基本生计方式的绳文社会，绳文时代晚期的文化便在此次气候恶化中崩溃了。

在北纬 35 度以北的地中海沿岸，始于 3 500 年前的气候寒冷湿润化，也导致了赫梯帝国和迈锡尼文明等古代东方文明社会的崩溃，为以希腊为中心的新古代地中海世界拉开了帷幕。在地中海沿岸，胡桃、板栗、开心果、橄榄等果树文化亦以 3 500 年前的气候变化为契机而得到了发展。

相反，在东亚的日本列岛，始于 3 500 年前的气候恶化导致橡树、板栗树、核桃树等果树文化崩溃，从而使绳文社会向以稻作为主的农耕社会转变。始于 3 500 年前，3 200 年前达到极点的气候变化，给欧亚大陆西端地中海沿岸的地中海文明，特别是作为果树文化的"橄榄文明"带来了发展机遇，但在欧亚大陆东端的日本列岛，却导致了作为果树文化的绳文文化的崩溃。由于 3 500 年前的气候变化，果树文化最终在欧亚大陆东端的日本和西端的地中海世界分道扬镳，走向了完全不同的道路。

参考文献

［1］ 中尾佐助《农业起源论》，森下正明、吉良龙夫《自然——生态学研究》，中央公论社，1967 年。

［2］ 安田喜宪《森林的荒废与文明的盛衰》，新思索社，1988 年。

［3］ 中尾佐助《现代文明两大源流——照叶树林文化与硬叶树林文化》，朝日选书，1978 年。

［4］ 佐佐木高明《照叶树林文化之路》，NHK，1982 年。

［5］ Meiggs, R., *Trees and timber in the ancient Mediterraean*, Oxford University

Press, 1982.

［6］ 安田喜宪《人类灭绝的选择》，学习研究社，1990 年。

［7］ Renfrew, J. M., *Palaeoethnobotany*, Methuen & Co. LTD, 1973.

［8］ Zohary, D. & P. Spiegel-Roy, Beginnings of fruit growing in the old world. *Science* 187, pp.319–327, 1975.

［9］ Neef, R., Introduction, development and environmental implications of olive culture: The evidence from Jordan. In Bottema, S. *et al.* (eds), *Man's role in the shaping of the eastern mediterranean landscape*, A. A. Balkema, pp.295–306, 1990.

［10］ Baruch, U. and S. Bottema, A new pollen diagram from Lake Hula. In Kawanabe, H., Coulter, G. W. and Roosevelt, A. C. (eds), *Ancient Lakes, Their Cultural and Biological Diversity*, Kenboi Production, Belgium, pp.75–86, 1999.

［11］ van Zeist, W. & S. Bottema, *Late Quaternary vegetation of the Near East*, Dr. Ludwig Reichert Verlag, 1991.

［12］ Baruch, U., Palynological evidence of human impact on the vegetation as recorded in Late Holocene lake sediments in Israel. In Bottema, S. *et al.* (eds), *Man's role in the shaping of the Eastern Mediterranean landscape*, A. A. Balkeme, pp.283–293, 1990.

［13］ Bottema, S. & H. Woldring, Anthropogenic indicators in the pollen record of the Eastern Mediterranean. In Bottema, S. et al. (eds), *Man's role in the shaping of the Eastern Mediterranean landscape*, A. A. Balkema, pp.231–264, 1990.

［14］ 江上波夫《特尔·马斯图马第四次发掘调查概报》，古代东方博物馆，1988 年。

［15］ 五味享《特尔·马斯图马前三千年纪橄榄产业繁荣的可能性》，江上波夫《特尔·马斯图马第四次发掘调查概报》，古代东方博物馆，41—47 页，1988 年。

［16］ Migowski, C., Stein, M., Prasad, S., Negendanke, J. F. W., Agnon, A., Holocene climate variability cultural evolution in the Near East from the Dead Sea sedimentary record. *Quaternary Research* 66, pp.421–431, 2006.
Neumann, F. H., Kagan, E. J., Schwab, M., Stein, M., Palynology, sedimentologyandpalaeoecology of the late Holocene Dead Sea. *Quaternary Science Review* 26, pp.1476–1498, 2007.

［17］ 安田喜宪《气候改变文明》，岩波书店，1993 年。

［18］ Yasuda, Y., The rise and fall of olive cultivation on northeast Syria-Palaeoecological study of Tell Mastuma. *Japan review* 8, pp.143−165, 1997.

［19］ Bottema, S., Late Quaternary vegetation history of north-western Greece, Ph. D. dissertation, State Univ. Groningen, 1974.

［20］ Bottema, S. & H. Woldring, Late Quaternary vegetation and climate of southwestern Turkey. Part Ⅱ. *Palaeohistoria* 26, pp.123−149, 1984.

［21］ 保柳睦美《气候变化》，福井英一郎《朝仓地理讲座 自然地理学》，朝仓书店，1970 年。

［22］ 矶贝富士男《中世的农业与气候》，吉川弘文馆，2002 年。

［23］ 福泽仁之《从御厨池年缟堆积物看立山信仰的起始——人为什么要登立山？》，安田喜宪《山岳信仰与日本人》，NTT 出版，125—146 页，2006 年。

［24］ 福泽仁之、安田喜宪《基于水月湖细颗粒堆积物检测的过去 2000 年间的气候变化》，吉野正敏、安田喜宪《讲座文明与环境 6 历史与气候》，朝仓书店，28—46 页，1995 年。

［25］ 阪口丰《尾濑原自然史》，中公新书，1989 年。

［26］ 铃木秀夫《气候变化与人》，大明堂，2000 年。

［27］ 多田狷介《黄巾之乱前史》，《东洋史研究》26—4，160—183 页，1976 年。

［28］ 安田喜宪《气候变化与文明盛衰》，朝仓书店，1990 年。

［29］ 安田喜宪《气候变化的文明史》，NTT 选书，2004 年。

［30］ Tainter. J., Crumley, C. L., Climate, complexity, and problem solving in the Roman empire. Coastanza, R. *et al.* (eds), *Sustainability or collapse?* The MIT Press, Cambridge, pp.61−75, 2007.

［31］ William H. McNeill（增田义郎等译）《世界史》，新潮社，1971 年。

［32］ 田村实造《中国史上的民族迁徙期》，创文社，1985 年。

［33］ 佐藤彰一、松村赴《西欧·上》，朝日新闻社，1992 年。

［34］ Sauer, C. O., *Agricultural origins dispersals,* Amer. Geogr. Soc., New York, 1952.

［35］ Miller, N., The Near East. In van Zeist *et al.* (eds), *Progress in old world palaeoethnobotany*, A. A. Balkema, pp.133−160, 1991.

［36］ Sakaguchi, Y., Some pollen records from Hokkaido and Sakhalin. *Bull. Dept. Gegor. Univ. Tokyo* 21: 1−17, 1983.

［37］ 铃木秀夫《气候变化改变语言》，NHK 书籍，1990 年。

［38］ 安田喜宪《日本文化的风土》，朝仓书店，1992 年。

［39］ 佐佐木高明《稻作以前》，NHK 书籍，1971 年。

［40］ 藤尾慎一郎《新弥生年代试论》,《季刊考古学》88，2004 年。

［41］ 安田喜宪《气候与森林的巨变》，梅原猛、安田喜宪编《讲座文明与环境 3　农耕与文明》，朝仓书店，1995 年。

第三部

日本为什么缺少农耕革命？

福井县大野市村落附近的山林（安田摄）
日本稻作曾是利用村落附近山林资源的森林农业

第十章

没有农耕畜牧，日本也曾先进

森林绳文文化的诞生 "西亚麦作半月弧"和"东亚稻作半月弧"出现在动荡的晚冰期，当时日本列岛的环境也发生了很大变化[1]。从15 000年前起，日本列岛的气候率先从大陆型气候转变为海洋型气候，以北纬40度以南的多雪地带为中心，山毛榉、枹栎等温带落叶阔叶林开始扩大分布范围，绳文时代草创期的人们则带着最古老的陶器，开始在这温带落叶阔叶林中生活。绳文陶器文化属于强烈地依存于森林和海洋资源的森林·海洋文化。在森林中，人们食用橡实、板栗、核桃等坚果类和山菜，并狩猎野猪和鹿等森林动物，捕获鱼贝类，这就是他们的生计方式。福井县鸟滨贝塚的考古发掘告诉我们，携带着绳文时代草创期隆线纹陶器的人们从14 500年前起就居住在那里了。花粉分析结果显示，绳文时代草创期的人们在那里居住时，周围生长着郁郁葱葱的山毛榉和枹栎等温带落叶阔叶林，人们在三方湖里采菱、捕鱼，在森林中采集橡实、核桃，捕猎野猪和鹿等森林动物。

西亚人以干燥的大草原为背景而开始麦作和畜牧，长江流域的人们在森林和沼泽地周边开始稻作和渔猎的时候，绳文文化也诞生了。它是作为一种森林·海洋文化诞生的。

在动荡的晚冰期，西亚人将干燥的草原生态系统纳入文明系统之中，因此渡过了危机，这意味着麦作农耕与畜牧相结合的旱作畜牧文明的诞生。另一方面，生活在东亚森林中湿润地带的人们，将湿润的湖沼生态系统纳入文明系统之中，从而渡过了危机，这意味着稻作农耕与渔猎相结合的稻作渔猎文明的诞生。但是，日本列岛的人们有所不同，他们将温带落叶阔叶林和海洋生态系统纳入文明系统之中，在渔猎采集的生活中找到了另一种可以称为"半栽培渔猎文明"的新路。

日本绳文文化诞生的背后，有丰饶的温带落叶阔叶林以及孕育着森林的大海。日本人以这丰饶的森林和海洋资源为背景，创造了长达10 000年以上的绳文森林·海洋文明。

另一种文明　是否可以将绳文文化称为文明，存在着不同意见。我觉得绳文文化既是森林文明，也是海洋文明，这是我的立场。因此，我[2]把绳文文明界定为"半栽培渔猎文明"。过去的主流意见是：文化是文明之前的阶段，文明由文化发展而来。但是，我认为文化和文明是同时并存的。梅棹忠夫氏[3]认为，文明是指制度、装置等硬件部分，文化是指宗教、思想等软件部分，我支持这种观点。文明如同近现代欧洲文明扩散到全世界一样，它可以超越民族和国籍，是全球共有的，但文化却是某个民族和国家特有的。

狩猎、捕鱼、采集，这些是旧石器时代普遍的生活方式。在这个基础上再加上坚果类（橡子、栃实、板栗等）植物的半栽培化，麻、白苏、葫芦、豆类的栽培化，以及渔业资源利用的最大化，"半栽培渔猎文明"便产生了。这种生活方式不仅在绳文文明中存在，在美国原住民（美洲印第安）和新石器时代的古欧洲文明中也能够看到。这是适合中纬度温带落叶阔叶林，并与日本的海洋性风土相适应的生活方式。狩猎、捕鱼、采集与坚果类植物的半栽培化，以及麻、葫芦、白苏的栽培化，可以最大限度地循环利用森林与海洋资源。坚果类植物的半栽培证据来自青森县三内丸山遗址，年代为7 000年前，属于绳文时代前期。通过对该遗址大量的板栗花粉进行分析，我[4]最早指出了这一点。

但很多人认为，绳文时代不可能有文明，认为绳文时代出现文明是很荒唐的。文明首先要有文字和金属器，然后大规模地破坏自然，建造都市，出现国王。国王残酷地驱使穷人去建造巨大的建筑，相信自己所信的神是绝对且唯一的，于是就通过战争消灭其他国家。一般认为，只有到了这个时候，文明才会出现。

绳文时代没有文字和金属器，那怎么能认为这个时代有文明呢？——反对意见中这种意见占绝大多数。但是，当我们发现稻作渔猎民创造的长江文明后终于明白，没有文字和金属器的文明是有可能存在的。迄今为止，我们只将旱作畜牧民创造出来的文明称作"文明"，但其实在人类文明史上，还有和旱作畜牧文明完全不同的文明存在。即使文字和金属器对旱作畜牧民来说是文明的重要因素，但对其他文明来说，并不一定是重要的因素。

比起文字，长江文明的人们更重视"言灵"，即语言的神力。因此，他们通过拔齿来驱除作为"言灵"出口的口腔邪气。日本绳文人也有拔齿习俗，可见也重视"言灵"。但是，发明了文字的黄河文明的人们则没有拔齿习俗。

另外，比起青铜器，长江文明的人们更重视玉器。当然，绳文人也重视玉。玉器才是东亚绳文人以及稻作渔猎民的至宝。人类史上的文明不只有旱作畜牧文明，所以以旱作畜牧民的文明要素来理解所有文明，难道不是一种错误吗？二战以后的日本考古学者想以欧洲人阐释的旱作畜牧文明模式来解释全世界的所有文明，这就好似二战后的日本学者想以阶级斗争史观来解释全人类的历史一样。

进入 21 世纪后，这种旱作畜牧文明以及在其延长线上发展起来的近现代工业技术文明，还有近年来的市场经济仍然在无止境地发展，难道我们不觉得疲劳吗？即使生活变得再富裕，却从早到晚地打仗，坑害他人，破坏自然。对于这种旱作畜牧型的文明，难道我们还没受够吗？至少我已经受够了。

绳文时代的人们以狩猎、渔猎和采集为基本生计，最大限度地循环利用森林和海洋资源。他们基于平权思想，维系避免战争的社会制度，他们对制陶和艺术活动倾注了不同寻常的精力，拥有建造大型木楼的技术。他们构建了以女性为中心的社会，视生死为最重要的事项。他们拥有万物有灵的世界观，敬畏所有生命，与自然和谐共处。

在北海道至冲绳的广阔空间里，这种生活方式被普及开来，并持续了 10 000 年以上。绳文陶器的分布范围就是日本固有的领土，我们即使这样说也并不过分。在绳文文明的根本原理中保留着现代文明已经失去的东西，所以从这个意义上讲，绳文文明应该正是我们现代人想要的另一种文明。

定居革命与陶器革命 绳文时代始于动荡的晚冰期，这时全球气候从寒冷的冰河时代转变为后冰期，是一个温暖的时代。16 500 年前完成了陶器革命，15 000 年前又完成了定居革命。在人类史上，陶器革命和定居革命是宣告绳文时代开启的具有人类史意义的事件，同时也显示了绳文人领先于世界的技术创新。

到底是将绳文时代的起始年代定在发生陶器革命的 16 500 年前合适？还是定在发生定居革命的 15 000 年前合适？目前学界尚无定说，但至少在 15 000 年前，绳文时代就已经开启了。

在那个时代，日本列岛曾是世界上的先进地区。当时曾有怎样的技术创新？当时的日本究竟有多么先进？看看绳文时代草创期的陶器就明白了。绳文时代草创期的陶器厚度为 5 毫米，而中国玉蟾岩遗址出土的陶器厚度在 1 厘米以上。在那个时代，埃及和美索不达米亚还不懂制陶技术。我的朋友哈森是伦敦大学埃及考古学的权威教授，他在看到 10 000 年前绳文时代草创期的陶器后感叹道："这比 7 000 年前埃及的陶器还要出色！"一直到 3 000 年前转变为弥生时代为止，制作绳文陶器的技术保持了 13 000 年。我们可以说，绳文文明是世界上最长久的文明，这也说明绳文人率先开发出在不破坏森林和海洋资源的前提下，对其进行最大限度的循环利用，并使其永久持续的技术。

领先世界的陶器，证明绳文人发明了以汤菜为主的饮食文明。绳文时代草创期制作的陶器，在当时是世界上最先进的高科技。

领先世界完成定居革命，证明绳文人以平权思想为基础建立起重视个人和家族的文明。绳文文明是一种对大自然怀有敬畏，与自然共存并循环共生的文明，同时也是一种亲近人类的文明。信赖自然、相信自然的人们也会信赖他人、相信他人。因此，绳文时代是一个没有大规模杀戮和战争的和平时代，也是保护孕育生命的女性，在生命的诞生与死亡中确认人生最高价值的母系文明。

在其他地区产生都市文明的 5 700 年前，即在绳文时代中期，日本列岛出现了像青森县三内丸山那样的绳文型都市。这难道不能说那时的绳文文明也已经进入了都市文明阶段吗？

在埃及文明和美索布达米亚文明出现之前，尼罗河低地和美索不达米亚南部低地的生活水平还很低，印度河流域还停留在使用细石刀的中石器时代。但在日本列岛，中石器时代早在 15 000 年前就结束了，此时已经率先进入新石器时代的绳文阶段。连印度河文明都能从一个相当于中石器时代的生活水平跨入都市文明阶段，那拥有高水平新石器文化背景的绳文型都市就必然具备了高度发达的都市功能。

20 世纪 60 年代，福井县鸟滨贝塚发现了大量的鹿角斧，与中国浙江省河姆渡遗址发现的鹿角斧完全一样。最近还发现，富山县樱町遗址的木质住宅也与河姆渡遗址发现的木质建筑采用了同样的建筑结构。绳文人不仅在日本列岛的沿海地区活动，还有可能进入日本海、东海，甚至与长江下游进行过海上交易。毫无疑问，他们出海进行交易活动，促进了海洋文明的发展。绳文时代中期的山形县中川代遗址出土了代表长江文明的玉钺，我认为长江文明与绳文文明之间有过深层次的交流。绳文时代中期以后，日本开始流行拔齿，这应该也是从中国大陆传过来的。以 4 200 年前的气候变化为契机，中国大陆的人和文化都传入了日本，这是确凿的事实。九州还发现了被认为是黑陶的陶器。

绳文人在 16 500 年前完成陶器革命，15 000 年前完成定居革命以后，一直过了 10 000 年以上的停滞性生活——这曾经是日本考古学界的定说。更何况大多数日本考古学者都认为绳文文明是不可能存在的。但是，我们直接的祖先并没有他们那么愚蠢。对于日本考古学者的这种自虐性绳文史观，我是彻底反对的。

"循环"与"共生"的世界观　在持有绳文世界观的绳文人心里，有几个精神支柱。太阳、山、柱、女性、土、火、和平等等。"生命"

是构成绳文世界观主轴的关键词，他们比谁都更重视生命的尊贵。下面，我们就以"生命"这一关键词为主线，来探讨一下绳文人"循环"与"共生"的世界观。

绳文人享受森林恩赐，并倾听森林的声音。他们最大限度地利用森林资源，并顺应森林的季节性变化。当然，森林中的一切生灵都重复着永久的再生与循环。冬季，森林仿佛死了一样，但到了翌年春季又会有新的生命萌发。与森林共生的绳文人的世界观也和这个世界上的所有生命一样，永远重复着再生与循环。这就是"森林思想"。

另外，绳文时代是以女性为中心的社会，绳文时代的大部分陶偶为女性，且为孕妇这一特点便可视为证据。生命的诞生和死亡，是绳文人最重要的人生课题，在价值观上，与赚钱为人生最大目标的现代社会完全不同。其中孕育生命的女性发挥了重要作用，绳文时代的母亲是伟大的。

图 10-1 是函馆市垣之岛 A 遗址出土的绳文时代前期孩子的足印陶版。脚底被整体印下来，脚趾粗壮。担任发掘工作的阿部千春氏推测，这些应该是死去的孩子的足印。这些孩子的足印陶版上被打上孔，可以穿绳挂在墙壁上。有些陶版破损后又被修复好，而且均出土于大人的墓穴中，这说明 6 000 年前的绳文人曾把孩子的足印视为纪念而珍藏，当自己死去时将其一同埋入墓中。

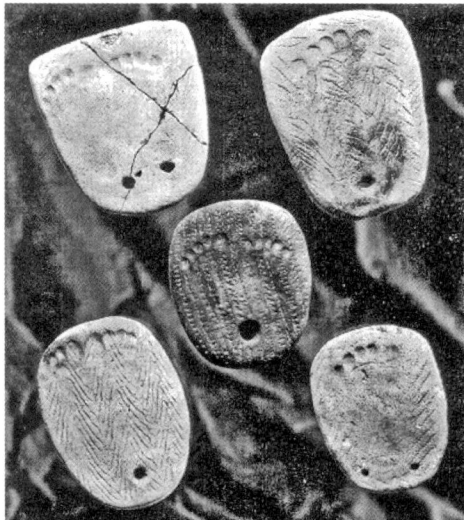

图 10-1　北海道垣之岛 A 遗址出土的孩子足印陶版（函馆市藏）

自己的孩子比自己先去世，对于父母而言，没有什么比这更难过的事了。6 000 年前的绳文人抱着这种悲痛心情将死去孩子的足印取下来制成陶版，并作为一生的纪念，然后在自己离开人世时将这一纪念一同埋葬。

绳文人应该是很重视自己与家人的亲情和团聚的。世界上再没有像绳文人那样执着于陶器的了。制造了世界上最古老陶器的绳文人，也是世界上最早组建家庭的人。全家围着陶罐一起吃煮熟的山珍海味，这种料理法也是绳文人最先想到的。16 500 年前，他们在世界上率先完成陶器革命，开始制作陶器。制陶所需要的水、土、火，都是日本列岛海洋性风土的恩赐。因为制造陶器而开始定居，所以世界上最先组建家庭，并与家人享受团圆的，也是绳文人。

此后将近 13 000 年间，绳文人一直在制造绳文陶器，这也是绳文人喜欢吃汤菜的证明。他们将山珍海味都放进锅里一起煮，这种火锅类的食物正是由他们最先发明的。在寒冷的冬季，一家人围着火锅团聚，绳文文化中土与火的精神则闪耀其中。

另外，绳文时代的遗址还出土了各种日常用品，但有一种东西始终没有出现，即人类集团相互残杀的武器。绳文时代并没有人类大规模互相残杀的战争，贫富差距很小。在绳文时代，人们世界观的基础是"珍惜生命的循环与再生，相信人与自然"。世界上其他地区的人们总是疲于战争，贫穷的人们备受虐待和剥削。但是，绳文人互信互助，彼此分享。这种和平的生活持续了 10 000 年以上。可以说这是人类史上的一个奇迹。

与此相对立的是"人人相互怀疑"的旱作畜牧文明。因为怀疑，所以需要契约；为了制定契约，所以需要文字；为了保护自己，所以需要金属武器；因为要随家畜迁徙，所以必须将财宝随身携带，同时这也是为了防备敌人的袭击而做好的随时逃跑的准备。他们需要携带迁徙到新的住处也可以使用的、具有普遍价值的"信用性财宝"[5]，所以他们开发了便于携带且不太沉重的金银饰品。"信用性财宝"需要以金银饰品装饰在身体上，但在"人人相互信任"的绳文社会里，契约、武器、金银饰品等等，这一切都不需要。孩子的足印陶版才是最宝贵的。

绳文人所需的蛋白质主要来自鱼贝类。捕捞河流、湖泊以及海湾内的鱼贝类是他们的主要生计方式，在行为方式上与饲养绵羊和山羊的旱作畜牧民有着根本性区别。绳文人熟悉水空间，在与水的深层交流中生活。将水空间纳入自己的生活方式，这就为之后顺利接受维持水循环生态的稻作渔猎文明做好了重要铺垫。对绳文人来说，水空间并非惧怕的对象，而是带来丰收的空间。这与旱作畜牧民的生活方式不同。就像"诺亚大洪水神话"所描述的那样，旱作畜牧民将水空间视为恐惧对象。

绳文人不仅在湖岸采菱角，在海湾内捕鱼，他们也去外海，他们善于操纵独木舟，发明了渔钩、渔叉、渔网等工具。不仅如此，绳文人还往来于日本海，甚至有可能横跨东海，与中国的江南进行过交易。对绳文人来说，大海是带来各种食物的母亲之海，也是接触新文明的交易之海。绳文人的生活空间是以大海为媒介的。

地球为无数的生命而存在，人类的生命只不过是其中的一种。绳文人感受着与所有生灵共存的喜悦，安心舒适地生活，这就是绳文力量的源泉。在学习绳文文明的过程中重新审视地球环境，重新审视生命，重新审视日本人自身，并以此给予日本人生存的力量，使之成为日本文明的活力，这难道不是考古学者的责任吗？使用国民缴纳的税金而工作的考古学者们，你们到底是为什么而发掘遗址呢？

福井县鸟滨贝塚发现了很多修补过的陶器。绳文人很爱惜东西，他们并不会采尽山上的野菜，也不会杀掉野猪和鹿的幼崽，他们会为了明年留下它们，等它们长大。绳文人可以控制自己的欲望，他们敬畏自然，不会让自然资源枯竭，而是要循环利用。他们认为世界上的一切生灵都是死而复生的，他们心中有这种"再生与循环"的世界观。

旱作畜牧型、稻作渔猎型、半栽培渔猎型文明　构建交易网络、树立统率家畜群的头领、对于金银的强烈嗜好、在危险环境中开发出来的金属武器、与其他部落交易时需要的契约以及书写契约时需要的文字、为了统合若干部落而建立的具有普遍性的理念等等，这些主要都是畜牧民创造出来的。因此，这些特色也可以说是旱作畜牧型都市文明的文明要素。

但是，畜牧民只扩张到干燥与湿润的交错地带，并未能进入湿润的季风亚洲的森林核心区。因为那里被一望无际的茂密森林覆盖，视野不佳，到处都是沼泽，而且是疟疾等传染病和风土病的高发区。这些都是旱作畜牧民从未体验过的，所以过去的人类文明史有一种定论，认为湿润的季风亚洲远离文明之光，长期以来一直延续着未开化的野蛮生活。

不过，近年来的研究发现，即使在季风亚洲的森林地带，自古以来也有高度发达的文明存在，其中之一就是我们阐述过的长江文明，而另一个就是绳文文明。

正如本书第一部所阐述，长江是流经季风亚洲核心地带的大河，曾经为茂密的森林所覆盖。森林中的巨木有多么粗大，我们可以从湖南省马王堆遗址出土的椁木中窥见一斑。其椁木使用了厚50厘米以上、宽近2米、长

图 10-2　湖南省马王堆遗址出土的椁木（安田摄）

5 米的巨型木板（图 10-2）。也就是说，西汉时代长江流域还生长着如此巨大的树木。在这种森林里居住的人们，以稻作和渔猎为生计。

过去，一般认为稻作的起源最早也只能追溯到 5 000 年前，而且是起源于云南。但现在发现，最古老的稻作起源地在长江中下游，而且可以追溯到 10 000 多年以前。另外，以稻作和渔猎为基本生计方式且建有围墙的都市，早在 6 000 年前就已经在长江中游诞生了。到了 4 500 年前，超过 100 万平方米的大型都市也相继出现了。

但是，迄今为止还没有发现文字和金属器，所以日本的考古学者认为不能算是文明。金属器确实是文明发展的重要要素，但不是必须的要素。在印度文明圈，拉贾斯坦东南部 8 000 年前就已经开始使用铜器了。但即使拥有了金属器，印度河流域的人们还是长期停留在中石器时

代的生活水平。对金属器的使用而言，矿床露出的干燥地带具有最优越的条件，而在地表覆盖着森林的湿润地带，寻找金属矿床是非常困难的。正如青山和夫氏[5]所指出的，玛雅文明并没有依靠金属器，玛雅人依靠石器便创造出了高水准的文明。而且众所周知，安第斯文明的印加人也没有文字，但现在已经没有人认为安第斯文明不是文明了。

迄今为止，长江流域确实没有发现金属器和文字。但要说它不是文明，它建有围墙的都市规模过于宏大，其中出土的陶器和玉器的制作技术也过于高超。所以我们还是要承认，在湿润的森林地带和环太平洋地区存在着另一种没有金属器和文字的文明，我[6]把这另一种文明称作"环太平洋生命文明"，以区别"旱作畜牧文明"，并明确它在人类文明史中的地位。在"环太平洋生命文明圈"的季风亚洲森林地带有稻作渔猎文明存在，其代表就是长江文明。

最近，一直否认长江文明存在的中国考古学家们终于承认了它的存在。现在，不承认长江文明存在的只剩下日本考古学者了。就好像总是在阶级斗争史观中固执己见一样，日本的考古学者总认为没有金属器和文字就不能称作"文明"。若总是在这种陈腐的文明史观中固执己见，日本的考古学者一定会被世界淘汰掉。

毫无疑问，绳文时代的人们已经开始半栽培七叶树（栃木）和板栗，并以其果实为主食了。这两种植物的半栽培化是如何实现的呢？为了详细复原这个过程，我们分析了青森县三内丸山遗址和龟之冈遗址的花粉。其结果显示，青森县三内丸山遗址前期至中期盛行的板栗半栽培化，集中在气候温暖期。北川淳子氏[7]通过三内丸山遗址的花粉分析（图10-3），阐明了遗址周边的植被变迁与气候变化的关系，由此我们可以知晓，板栗的集约性半栽培正值温暖期。

另一方面，七叶树的半栽培化从绳文时代后期开始兴盛。青森县龟之冈遗址的花粉分析结果显示，在温暖期栽培板栗，在冷凉湿润期栽培七叶树。板栗和七叶树的半栽培化根据气候变化而交替，这一点很重要，说明绳文人边适应气候环境，边种植与之相适应的坚果类树木，

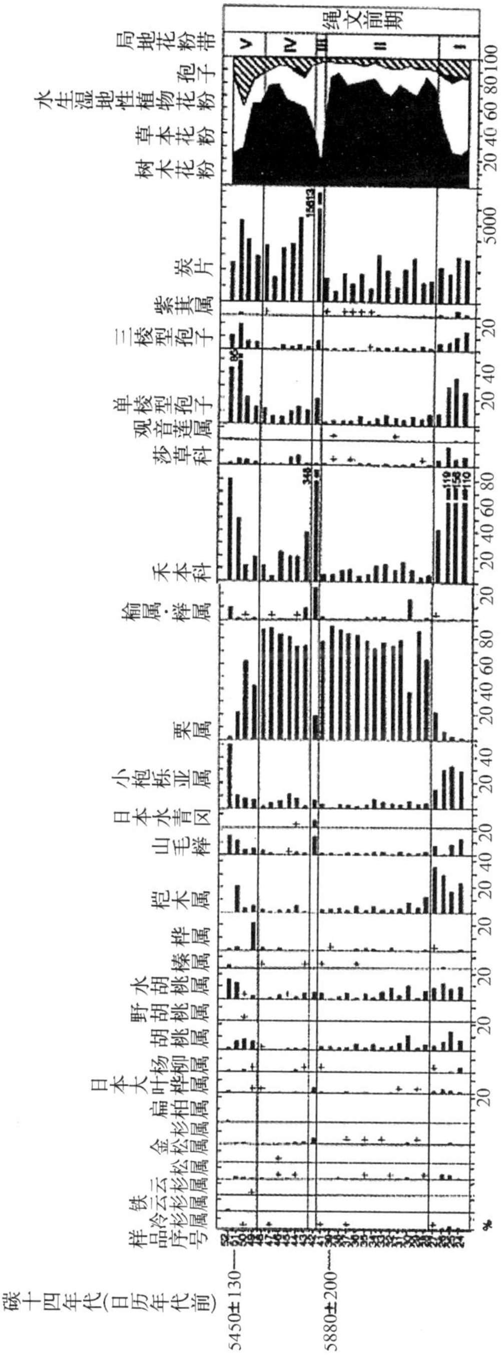

图 10-3　青森县三内丸山遗址绳文前期前期包含层花粉粉数据（Kitagawa and Yasuda, 2004）[7]

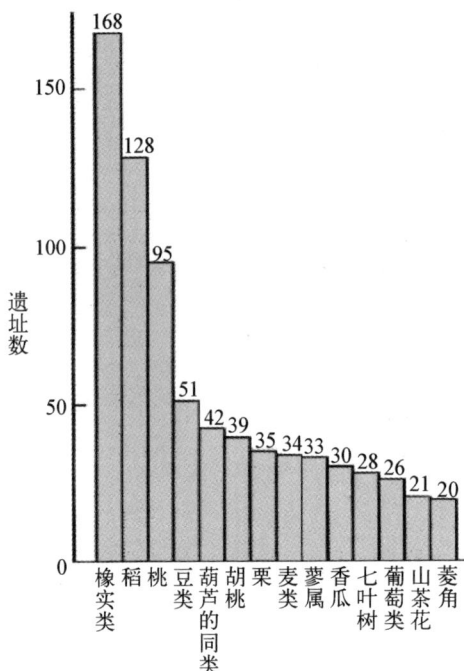

图10-4 弥生时代出土植物性食物的遗址数
量（寺泽，2000）[8]

并对其进行有意识的管理和培育。即使导入稻作农耕以后，七叶树和板栗的集约化利用方式在龟之冈遗址周边仍然被继承下来，一直延续到明治时代为止。

图10-4是寺泽薫氏[8]统计的弥生时代遗址出土的与食物有关的数据，它表明，即使进入弥生时代以后，稻米所占的比例依然很小，主食依旧是橡实和板栗等坚果类。进入弥生时代以后，日本人的饮食并没有变成像现在这样以稻米为主，绳文时代以来以橡实和板栗

为主食的饮食生活依然占据主流。相反，正如本书第九章所说，在旱作畜牧民的世界里，即使在10 000年前的农耕初期，也没有证据证明无花果、杏仁等坚果类果树的利用很普遍。西亚旱作畜牧民的生活方式与日本列岛受到绳文文明强烈影响的稻作渔猎民的生活方式，是有很大不同的。

近年来，北川淳子氏[9]也分析了位于白山山麓的福井县刘込池的花粉，其结果显示，刘込池周边的七叶树栽培始于19世纪初。我们推测，这相当于19世纪初的天保饥荒时代，在不适合稻作生产的高寒地区，七叶树的果实起到了救荒粮的作用。这也说明，即使在江户时代末期的日本，七叶树的栽培依然是人们获取主要食粮的手段。花粉分析结果还显示，七叶树栽培的衰退期是在日本经济高速增长期以后。

绳文时代开发的板栗和七叶树的半栽培技术一直被日本人继承下

来，而且直到日本经济高速增长期为止从未间断过，这一事实具有非常重大的意义。欧洲也曾有过半栽培板栗和七叶树的技术[10]，但现在，这种技术在很多地区几乎都被遗忘了，而在日本却仍然被继承下来。绳文时代确立的板栗和七叶树的半栽培化技术数千年间一直被继承下来，并奠定了日本文明的基础。在思考日本文明特质的时候，我们可以说这是一种不能忽视的文明系统。如果说人们改变自然，介入自然的能源循环而建立起来的生活方式在广阔的区域被长期稳定地维持下来，并获得了普遍性的话，那难道不能将其称为"文明"吗？

绳文时代的半栽培渔猎文明，即使进入弥生时代以后也一直被继承下来。从江户时代直到40年前的日本经济高速增长期为止，作为日本人的一种获取食粮的手段一直延续下来。日本列岛的稻作渔猎民所具有的对一切生灵的敬畏与慈悲之心、祈愿他人幸福的利他之心的原点，归根结底都可以追溯到绳文时代。

10 000多年间养成的绳文之心，弥生时代以后也一直被继承下来，并成为日本人思想的原点。把这种构成日本文明主轴和框架的绳文文化称为"绳文文明"，把绳文之心传于后代，这不正是我们现代人的责任吗？如果不是这样的话，那我们就不会明白日本人到底是怎样的人，日本人将朝着什么方向，如何地生存下去。

不能把欧美人建立起来的旱作畜牧民的文明概念，及其追随者们提出的文明概念看作唯一正确的文明概念，我们有必要重新审视迄今为止出现的这些文明概念。没有文字和金属器的文明过去是存在的，它们就是长江文明、绳文文明，以及与其相似的玛雅文明和安第斯文明。这些文明分布在环太平洋地区，共同构筑了"环太平洋生命文明圈"。欧美的学者研究美索不达米亚文明、印度文明、埃及文明等古代文明，并作为标准确立了一些文明概念，如果我们不能克服和超越它们，真正意义上的人类文明史就无法显现出来。

现在，基于稻作渔猎的长江文明和基于半栽培渔猎的绳文文明的实情真相已经开始清晰起来。因此，我们终于可以从以往的旱作畜牧型文明概念中挣脱出来了！

参考文献

［1］ Yasuda, Y. and Catto, N. (eds), Environmental variability and human adaptation since the Last *Glacial period*. *Quaternary International* 123/125, pp.1–158, 2004.

［2］ 安田喜宪《绳文文明的环境》，吉川弘文馆，1997 年。
安田喜宪《大河文明的诞生》，角川书店，2000 年。

［3］ 梅棹忠夫《近代世界的日本文明》，中央公论社，2000 年。

［4］ 安田喜宪《板栗林所支撑的高度发达的文化》，梅原猛、安田喜宪编《绳文文明的发现》，PHP，1997 年。

［5］ 青山和夫《古代玛雅 石器的都市文明》，京都大学学术出版会，2005 年。
青山和夫《古代中美洲文明》，讲谈社选书 METIR，2007 年。

［6］ 安田喜宪《迈向生命文明的世纪》，第三文明社，2008 年。

［7］ Kitagawa, J. and Yasuda, Y., The influence of climatic change on Chestnut and horse Chestnut preservation around Jomon sites in northeastern Japan with special reference to the Sannai-Maruyama and Kamegaoka sites. *Quaternary International* 123/125, pp. 89–103, 2004.

［8］ 寺泽薫《王权诞生》，讲谈社，2000 年。

［9］ Kitagawa, J., *et al.*, Human activity and climate change during the historical period in central upland Japan with reference to forest dynamics and the cultivation of Japanese horse chestnut (*Aesculus turbinata*). *Vegetation History and Archaeobotany* 13, pp.105–113, 2004.

［10］ 森山军治郎《近代法国的板栗民族志》,《专修大学北海道短期大学纪要》34，211—270 页，2001 年。

第十一章

稻作为什么没有推广开来?

曾与长江流域交流　鹿儿岛上野原遗址发现了距今 11 000 年前和 12 000 年前的陶器。当然,近年来中国长江流域还发现了比这更古老的陶器。我把上野原遗址出土的陶器拿给中国考古学界的领军人物、北京大学的严文明教授看,并说明这是绳文时代最古老的陶器之一时,他生气地说:"你不要胡说呀!这是弥生时代的陶器。"因为他认为这个陶器与中国的陶器很像。

毋庸赘言,在相当于上野原遗址的那个时代,中国的长江流域已经进入稻作时代。也就是说,人们在 10 000 多年前就已经开始稻作并制作陶器了。过去,很多人认为稻作起源于云南,年代最早可以追溯到 5 000 年前。但是,正如本书第一部所述,稻作其实起源于长江中下游,其年代可以追溯到 10 000 多年前。长江流域的人们种植水稻,制作陶器。他们制作的陶器与日本弥生时代的陶器相同,陶器表面没有复杂的纹样。

上野原遗址出土的陶器表面简洁,没有繁缛的绳文陶器特有的纹样,是颈部很细的壶形陶器。因此,严教授看了以后才说它不是绳文时代的陶器。虽然这句话来自伟大的考古学家的直觉,但正因为他看出上野原遗址出土的陶器和长江中游出土的陶器很相似,所以才说"这是弥生时代的陶器"。这说明在 10 000 多年前,长江流域和九州南部已经有交流了。当时的海平面比现在低 50 米以上,所以东海很窄,如果乘船,从长江下游到九州南端就如同从眼睛到鼻尖这么近,所以我认为,10 000 多年前九州南部与长江流域就已经有深层次的

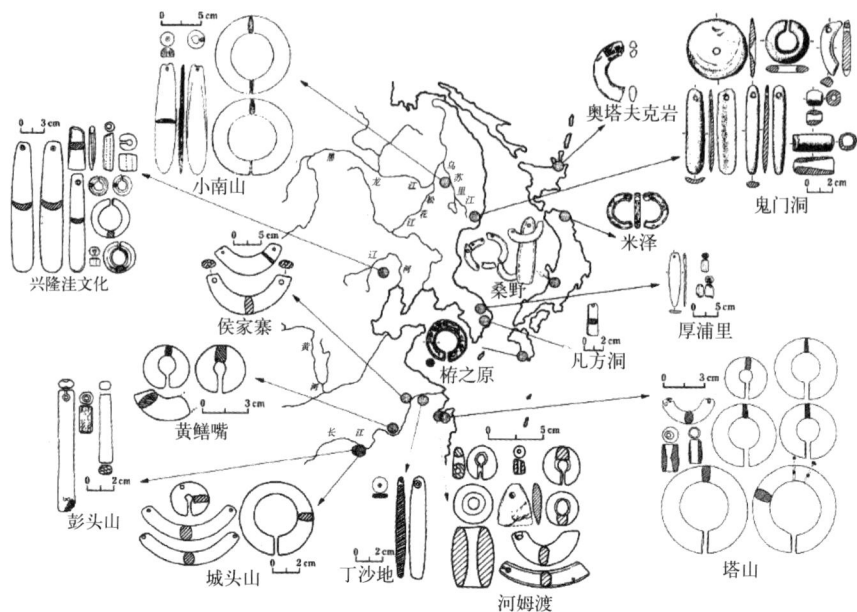

图 11-1　东亚新石器时代早期玦饰及其他组合玉器（邓聪，2004）[1]

交流了。

　　图 11-1 是藤田富士夫等人[1]制作的东亚玉玦分布图。九州南部的玉玦和长江下游的玉玦在形状上有很多共同点，所以我们可以认为，长江下游和九州南部的绳文遗址之间有很深的关系。另外，在福井县鸟滨贝塚出土了近百个用鹿角制作的鹿角斧，但为什么会有这么多鹿角斧呢？当时并没有搞清楚。不过，长江下游的河姆渡遗址也出土了同样的鹿角斧，两者比较，我们才知道它原来是用来耕地的锄头。大约在6 000 年前的绳文时代前期，富山县樱町遗址发现了干栏式房屋，其结构与河姆渡遗址的干栏式房屋完全相同。也就是说，6 000 年前的河姆渡遗址和日本绳文遗址之间已经有了交流。但尽管如此，在现阶段，明确的稻作证据只能追溯到 4 000 年前。

　　稻作传入日本列岛　藤原宏志氏[2]和外山秀一氏[3]的植硅体分析，以及佐藤洋一郎氏[4]的稻谷 DNA 研究，使稻作传入日本列岛的证据研究进入了一个崭新的阶段。

根据他们的研究,水田稻作传入日本至少可以追溯到绳文时代晚期的3 000年前,甚至可以追溯到绳文时代后期的4 000年前。

不过,根据佐藤氏的研究[4],绳文时代后期传入的稻种是热带粳稻,是在佐佐木高明先生[5]所说的烧田状态下栽培的,而水田种植的温带粳稻是在绳文时代晚期的3 000年前传入日本的。

关于传播途径,至今为止的说法是陆路传播,即经过朝鲜半岛南下,但这种说法已经被完全否定了。无论从哪条途径传播,都要穿越黄海或东海,海上传播途径越来越受到人们的重视。

佐藤氏对中国、朝鲜半岛、日本本土温带粳稻的250个品种的SSR进行分析,发现有8种变异,而且这8种变异在三个国家有不同的表现。中国稻谷的SSR包含了从a到h的8种变异,但朝鲜半岛的变异中缺少b,只剩下7种,而日本列岛的变异只有a和b两种。

由此可知,具有8种变异的中国是温带粳稻的故乡,而日本只有a和b两种这一现象告诉我们,稻作在传往日本的过程中丢失了其他6种变异。

另一方面,朝鲜半岛也缺失了b。在中国a到h的8种变异中b占七成以上,尽管如此,朝鲜半岛的SSR变异中却缺少了在中国最具优势的b。

日本只有a和b两种变异,说明温带粳稻的水田稻作传入日本时有一部分并没有经过朝鲜半岛,而是直接穿越东海传入日本列岛的。这就是安藤广太郎氏曾经提出的"直接传入说"。

佐藤氏认为,大概率可以追溯到绳文时代中期的热带粳稻的传播途径,应该是从福建到台湾,然后经冲绳到达九州南部的。这条途径就是柳田国男氏所说的"海上之路"。这条"海上之路"最有说服力。

尽管大多数日本考古学者都支持稻作从山东半岛经朝鲜半岛传入日本的说法,但我们不得不说,具有b变异的温带粳稻和热带粳稻,很可能都是直接穿越东海传入日本,或经过南方"海上之路"传入日本的。

栽培稻分籼稻和粳稻，而且过去人们一直认为，在中国长江流域，籼稻和粳稻曾是混合存在的。大部分日本考古学者则以此为依据指出："长江流域存在粳稻和籼稻两种，但日本出土的都是粳稻，所以粳稻从长江流域被带到华北地区，为使其适应寒冷地区而对其进行一定的驯育并加以品种改良，然后这些改良过的粳稻再从山东半岛，途经朝鲜半岛而传到了日本。"[6]

但是，近年来我们做了科研项目"长江文明的探究"，作为该项目研究的一部分，佐藤氏和矢野梓氏对长江流域的稻谷进行了 DNA 分析，其结果显示[7]，长江中下游并不存在籼稻，全部都是粳稻。因此，之前日本考古学者所支持的"经由朝鲜半岛传入说"是完全不成立的。要想让"经由朝鲜半岛传入说"成立，则需要新的证据。

稻作普及花费了很长时间　探讨农耕起源时，日本列岛的稻作起源是一个特例。中国长江下游和日本九州之间的直线距离只有 800 千米。在长江中下游，稻作始于 10 000 多年前，到了 5 000 年前，长江中下游就出现了都市文明，长江下游的良渚文化、长江中游的屈家岭文化便是其例证。而且日本各地也出土了许多能够证明曾与中国大陆交流的绳文时代遗物，例如漆器、葫芦、鹿角斧、玉器、玦饰等等。尽管如此，热带粳稻的烧田稻作在 4 000 年前，温带粳稻的水田稻作在 3 000 年前才传到日本。因此我们不得不说，绳文人对于农耕是有抵触的。为什么绳文人没有马上进入农耕社会呢？这是日本民族史上的一大谜团。

在福井县鸟滨贝塚，从绳文时代早期起就出土了白苏、牛蒡、葫芦、麻、豆类等栽培作物，这证明绳文人确实从事过原始农耕[8]。但是，并没有发现包括杂谷在内的大规模的谷物栽培证据。

吉崎昌一氏[9]在青森县六所村富泽遗址的绳文时代中期后段的居住遗址地面上发现了超过 2 000 粒的炭化稗属种子。绳文时代中期的北海道南茅部町浜梨野遗址也发现了绳文时代的稗属种子，在臼尻 B 遗址的绳文时代中期底层还检测出粟和稗的遗存[10]。但是，现在检测出稗和粟的遗址只限于北海道西南部至青森县北部。正如本书第四章所说，在绳文时代中期的三内丸山遗址虽然也有稗属栽培化的可能性，但在古植物学上，并没有获得确凿的证据[11]。

4 200—4 000 年前的欧亚大陆曾发生过气候剧变，这导致中国大陆发生了由北向南的民族大迁徙，长江文明因此而衰亡。长江下游的人们成为海上难民，最后漂到日本，带来了热带粳稻。

现在我们能够确认到的水田稻作属于绳文时代晚期。那时正值3 500 年前开始的气候寒冷期，海平面下降，适合水田稻作的低湿地不断扩大。而且就在这个气候寒冷期，中国大陆爆发了殷周革命和春秋战国时代的动乱，为躲避战乱而出现的气候难民[12]和海上难民[13]将水田稻作带到了日本。

正如佐佐木高明先生[8]所指出的，绳文时代晚期导入的水田稻作是大规模的，而且是几种文化要素组合在一起的，是一种完成度很高的稻作文化。在此之前，特别是以4 200 年前的气候恶化期为中心，虽然规模不大，但很可能还是有一些人从中国大陆分散来到日本列岛，带来了热带粳稻。热带粳稻虽然没有在日本爆炸性地普及开来，但在九州和濑户内海等地，很可能曾有过局部性的烧田稻作。

现在的问题是，各个时代稻作的普及率，和在生计方式中所占的比重。阐明稻作的普及率和比重是考古学的任务，如果只会说“出现了稻就是弥生时代”这样的话，那就等于忘记了考古学者的本分。在气候恶化，绳文人面临粮食危机的时候，稻作普及开来，由此反推，我们便可以阐明为什么绳文人一直拒绝稻作的部分原因。

在绳文时代晚期的青森县风张遗址发现了七粒稻谷，但没有发现从事稻作的考古学证据。虽然绳文人早已知道稻谷，但将其作为重要的生计方式却花费了很长时间。绳文人的食物十分丰富，有橡实、板栗、丰富的海产品，还有野猪和鹿等野兽，他们没有遇到过大量死人的饥荒，所以绳文人并不需要稻米。但是，在气候恶化，绳文文化即将崩溃的绳文时代晚期，绳文人很可能第一次遇到了人类的大量死亡。于是，他们接受了稻作。

三内丸山遗址人口多，并建造了巨大的建筑，所以那里一定存在农耕——以这种先入为主的观念来解释历史，其实是很危险的。首先，我们需要找到当时是否存在谷物栽培的确凿的古植物学证据。

另外，人口也是稻作普及的一个重要因素。森勇一氏[14]在爱知县弥生时代的朝日遗址环濠中检测出很多来自粪便污染的都市型昆虫和寄生虫卵。在绳文时代的三内丸山遗址中虽然也检测出很多寄生虫卵[15]，但没有发现证明污染的昆虫化石[16]。大规模的农耕需要很高的人口压力，但绳文时代并没有谷物栽培所需的人口压力。

稻米的证据，从绳文时代中期起就可以确认到，但水田稻作的证据，直到3 000年前中国大陆的海洋难民到来为止是确认不到的，这应该与绳文时代的人口密切相关。绳文时代中期，日本列岛已经有稻米了，所以面对危机时，稻作本应普及开来。但事实并非如此，这应该是人口压力低的缘故。要想使稻作在日本列岛普及，就需要很多来自大陆并掌握稻作技术的人移居日本。如前文所述，在中国大陆，3 500年前开始的气候恶化以及公元240年开始的气候恶化导致大量难民出现，也许正是这些难民来到日本后，稻作才得以普及开来。

农耕在草原和森林的交错地带产生。但是，日本列岛被森林覆盖，缺乏适合稻作的湿地草原。在绳文海侵期，海湾侵入内陆很深，无法保证从事稻作的生产场地。因此，就算稻谷传到日本，日本也很难确保稻作的生产场地，这也是水田稻作无法普及的理由之一。但是，进入绳文时代晚期的海退期以后，内湾海水退去，形成了湿地草原。于是，日本便开始转入稻作农耕社会。掌握水田稻作技术的人来到日本是一个原因，生产场地的确保也是一个原因。另外，以前人们认为，稻作传入日本以后便迅速地扩张到伊势湾沿岸，但现在的研究成果对这种观点提出了质疑。稻作农耕花费了将近1 000年的时间才慢慢地为绳文社会所接受，也许这样理解才更为恰当。

稻作扩张与气候变化　长江中游产生稻作的时代，是冰期向后冰期转变的动荡期。稻作扩张到长江下游，是在8 200年前的气候恶化期。

正如本书第三章所说，长江文明产生的 6 300 年前正值气候最温暖期结束后的寒冷期，而且稻作传到日本列岛的 4 200 年前和 3 200 年前，也正值寒冷期。

这种起源于南方的稻作，分别在 12 000 年前的新仙女木回寒期、8 200 年前、6 300 年前、4 200 年前、3 200 年前的气候寒冷期实现了扩张与发展。

我们姑且将 12 000 年前处于新仙女木回寒期的稻作扩张称作"第一次稻作扩张期"，将 8 200 年前的扩张称作"第二次稻作扩张期"，将 6 300 年前的扩张称作"第三次稻作扩张期"，将 4 200 年前的扩张称作"第四次稻作扩张期"，将 3 200 年前的扩张称作"第五次稻作扩张期"。另外，还有一次扩张期，即公元 2—3 世纪的气候恶化所带来的"第六次稻作扩张期"，相当于弥生时代中期末段至弥生时代后期。使罗马文明衰亡的公元 240 年的那场气候恶化，也使持有古坟文化的人从中国大陆来到日本，从而宣告了日本弥生时代的结束。

稻作农耕在寒冷期扩张发展，麦作农耕也一样。麦作农耕也是在新仙女木回寒期产生，在 8 200 年前的气候恶化期扩张到尼罗河流域的。

由此可见，谷物农耕是在气候恶化导致的粮食危机时代扩张和发展的，这就是我们称作"农耕"并对其无限向往的实情。

绳文人之所以选择谷物栽培，是因为以前的生计方式由于环境恶化而不能维系。反过来说，这之前绳文人曾对稻作有过抵触。

板栗、橡实等坚果类的半栽培和渔猎相互结合的半栽培渔猎生计方式，是持久而稳定的。也就是说，人对食物的嗜好是十分保守的。因此，从这个意义上讲，食物体系剧烈变化的时代，也就是社会和环境发生剧变的时代。

花费很长时间的稻作普及　过去有一个定说，认为稻作传到九州北部后，瞬间便扩张到伊势湾沿岸，同时，沿日本海一侧也迅速扩张到日本东北地区。但是，近年来的考古学研究成果[17]证明，稻作的普及花费了很长时间。从碳十四校正年代来看，弥生时代的起始年变得更早

（3 000 年前），所以从稻作传入日本到在日本西部普及开来，所花费的时间远比以前想象的长。

在日本各个地区，稻作是怎样被接受，后来又怎样扩张开来的呢？关于这一点，我会另作详细论述，在此我只想说，突带纹陶器时代传来的水田稻作迅速在日本列岛传播，到了远贺川式陶器时代，日本西部已经到处都是水田的假说，是不能成立的。

稻作的传播给日本文明史带来了很大影响，这是事实。但是，弥生时代一开始就给日本文明史带来了划时代的变化这一学术假说，其实只不过是憧憬农耕中心史观的考古学者的一种妄想而已。

参考文献

［1］ 邓聪《东亚玦饰的起源与扩散》，藤田富士夫《环日本海玉文化的始源与展开》，敬和学园大学人文社会科学研究所，19—34 页，2004 年。

［2］ 藤原宏志《探索稻作的起源》，岩波新书，1998 年。

［3］ 外山秀一《遗址的环境复原》，古今书院，2006 年。

［4］ 佐藤洋一郎《稻的文明》，PHP 新书，2003 年。
佐藤洋一郎《稻的日本史》，角川书店，2002 年。

［5］ 佐佐木高明《东·南亚农耕史》，弘文堂，1989 年。

［6］ 金关恕等《弥生文化的成立》，角川书店，1995 年。

［7］ Yasuda, Y. *et al.*, Environmental archaeology at the Chengtoushan site, Hunan Province, China, and its implications for environmental change and the rise and tall of the Yangtze River civilization. *Quaternary International* 123/125, pp.149–158, 2004.

［8］ 佐佐木高明《绳文文化与日本人》，小学馆，1986 年。

［9］ 吉崎昌一《古代杂谷的检测》，《考古学 journal》335，1992 年。
山口裕文《杂谷的自然史》，北海道大学国书刊行会，2003 年。

［10］ 吉崎昌一《古代北方农耕文化的源流》，小泉格、安田喜宪《海·潟·日本人》，讲谈社，1993 年。

［11］ 外山秀一《人的生活与自然的关联》，梅原猛、安田喜宪《绳文文明的发现》，PHP，1995 年。

［12］安田喜宪《气候与文明的盛衰》，朝仓书店，1990 年。

［13］安田喜宪《日本文化的风土》，朝仓书店，1992 年。

［14］Mori, Y., The origin and development of rice paddy cultivation in Japan based on evidence from insect and diatom fossils. In Yasuda, Y. (ed), *The Origins of Pottery and Agriculture*, Lustre Press and Roli Books, pp.273−296, 2002.

［15］金原正明《人为寄生虫所扰》，梅原猛、安田喜宪《绳文文明的发现》，PHP，1995 年。

［16］森勇一《村里的昆虫所讲述的人工林》，梅原猛、安田喜宪《绳文文明的发现》，PHP，1995 年。

［17］金关恕等《弥生时代的起始》，《季刊考古学》88，2004 年。

第十二章

日本文明史中的弥生时代

绳文日本船　我[1]曾在 1987 年指出，绳文时代以来，以森林与海洋为中心的海洋文明传统，作为一种强大的海流一直涌动在日本文明的底层。当然，绳文型的森林文明受到可以称为"外压"的弥生型文明的刺激而摆脱停滞性[2]，这一点是确实存在的。但是，我们也需要记住，受到外压文明刺激的时代是剧烈动荡的时代，也是杀戮的时代。特别是今天，被认为停滞的绳文时代是否真的停滞了呢？我们还需要进行验证。

在此我[3]制作了一张示意图，叫做"绳文日本船"（图 12-1）。在迎接新千年纪的时刻，我们有必要重新审视日本文明的结构。在这幅示意图中，我将日本文明的阶段划分为第一期、第二期、第三期、第四期，并在每期之间设置了一个可以称为"中间期"的过渡期。

在现阶段，我还无法明确地限定中间期的时代范围，所以没有在示意图中做标注。我们姑且先将其称为"第一中期间""第二中期间"和"第三中期间"。

下面，我将以图 12-1 为基础，阐释新日本文明论的结构。

日本文明第一期　日本文明第一期即绳文时代。

绳文人在 16 500 年前领先世界完成陶器革命，15 000 年前领先世界完成定居革命，这说明绳文人率先创造了爱护生命与家庭的文明。定居革命的前提是家族的维系。绳文人所热衷的绳文陶器中没有一件是重复的，表现出制作陶器的每个人的创造性。

对中国长江文明进行学术考察，让我有机会发掘了 6 300 年前的湖南城头山遗址、4 500 年前的四川龙马古城宝墩遗址等大型都市遗址。

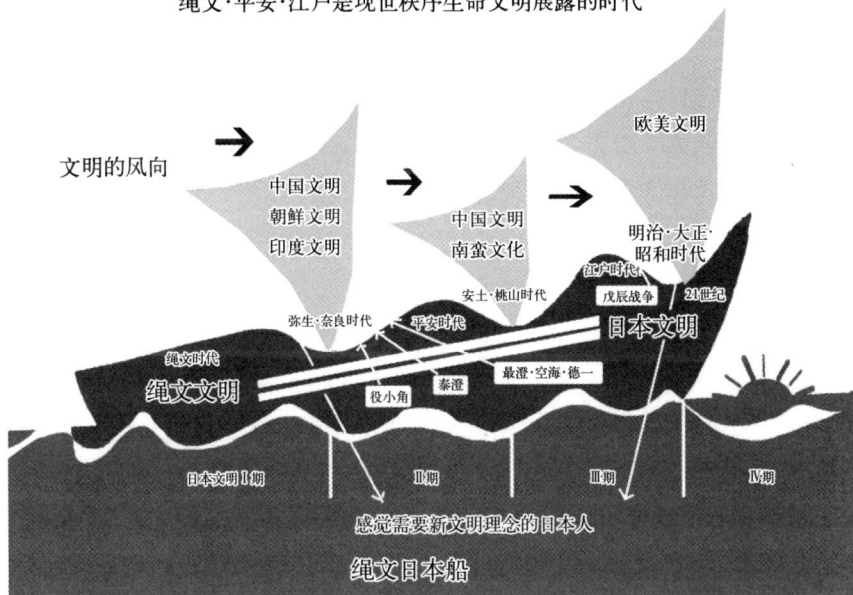

绳文·平安·江户是现世秩序生命文明展露的时代

文明的风向

欧美文明

中国文明
朝鲜文明
印度文明

中国文明
南蛮文化

明治·大正·
昭和时代

江户时代

戊辰战争

21世纪

安土·桃山时代

弥生·奈良时代

平安时代

日本文明

绳文时代

绳文文明

役小角

泰澄

最澄·空海·德一

日本文明Ⅰ期

Ⅱ期

Ⅲ期

Ⅳ期

感觉需要新文明理念的日本人

绳文日本船

图 12-1　能动性日本文明论的象征"绳文日本船"（安田，2004）[3]

正如本书第三章所述，早在 6 300 年前，以稻作为基本生计的都市型遗址就已经出现在长江中下游了，这是千真万确的事实。

但是从这些都市型遗址中挖掘出来的，都是被规格化了的陶器碎片。财宝被一部分统治者独占，并在死后带入坟墓。由此可见，在稻作农耕社会的发展过程中，庶民一直是被剥削、被压迫的。

与此相反，发掘绳文时代的遗址时，我们会发现大量庶民使用的日用品，可见绳文时代是每个人都能够享受物质的富足，并发挥出创造性的时代。

弥生时代的陶器被规格化和统一化了。所以以前有一种观点认为，弥生时代无论在社会方面还是文化方面，都比绳文时代先进。

但是陶器之所以会被规格化和统一化，是因为像奴隶一样的工匠需要按照统治者的意图，以传送带方式制造同样的陶器，从个人的创造性和自由的角度来看，绳文时代的陶器制作更令人感到愉悦。

亲近自然的绳文时代持续了 10 000 多年，建构了日本文明的主干。绳文时代是"知足美与慈悲文明"的主干得以形成的时代，而且这一文明主干与现代日本相连。

第一中间期 但是，和平而友善的社会同时也是停滞而保守的，而打破停滞性和保守性的新的刺激，则来自外部。

对于构成日本文明主干的绳文文明，从外部给予刺激，并使其活性化的就是第一中间期，它包括弥生时代、古坟时代和奈良时代。

外来文明给沉浸在安宁与富足之中的"绳文日本船"带来了刺激，起到了使其转向新航向的船帆作用（图 12-1）。这一点，是与过去的日本文明论完全不同的。

过去，日本文明论的主角是外来的外压性文明。弥生时代、古坟时代和奈良时代是日本国家基础的形成期，它们才是日本文明初期的主角。

也许有人会问，你说的"中间期"到底是什么呢？我其实就是想说，现在最需要的是主客转换。西尾干二氏[4]也曾指出，我们需要一种视角，将中国文明和欧美文明作为他者来对象化。

图 12-1 中明确显示，中国文明和欧美文明只是给日本文明带来刺激的外压性文明，是与日本文明完全异质的文明。

的确，这些外压性文明给"绳文日本船"带来了刺激与活力。它们起到了船帆的作用，给日本文明带来了活力，同时对日本文明的前进方向产生了重大影响，但我认为，其影响并没有达到动摇日本文明的根本，使其发生根本性改变的程度。弥生时代虽然让日本人的饮食生活发生了革命性变革，但对于日本文明主干的影响并不大。

所谓"绳文涵盖弥生"，就是这个意思。正如本书第一章所说，稻作其实是附加在绳文时代以来的"自然·人类循环型文明"之上的。

外压的时代肯定是动荡和杀戮的时代。因为要迎接由外部压力重新开启的时代，社会必然动荡，从而导致旧传统的崩溃。当时，日本肯定有很多人沦落了。今天，由于导入美国的市场经济原理，日本优良的雇用传统遭到破坏，许多人成为非正式雇员，并随着经济的衰退而失业。看到这种现状，我们就能很好地理解导入外部压力会怎样地折磨日本人。

本书第三章已经说过，1998年，我在湖南城头山遗址进行考古发掘时发现了6 300年前中国最古老的祭坛。祭祀坛上发现了应该是被作为牺牲而杀死的四具人骨。人骨旁边还出土了动物遗骨，应该都是为了稻作丰收仪礼而被杀死的牺牲品。

但迄今为止，绳文时代的遗址中从来没有发现过作为牺牲的人骨。也就是说，稻作农耕社会以后才有了这种杀人方式——把活人当作稻作丰收仪礼的牺牲。

另外，坂田邦洋氏[5]根据熊本县弥生时代前原长沟遗址出土的头骨进行了复原，那张复原图也显示出稻作农耕社会令人恐惧的一面。

我认为，前原长沟遗址出土的女性头骨是巫女。她的头骨从小就被人工变形，完全不像人类的恐怖形象是被人工制造出来的。当然，这张复原图并不是根据体质人类学的科学测定制作的，仅是一张想象复原图而已。但即使如此，这个头骨毕竟变形到了必须让考古学者进行想象的地步。

今后，我们希望不是用想象复原图，而是根据体质人类学的科学测定来复原这个头骨的面部表情。考古学者必须理解，随便的一张想象复原图就能给稻作农耕社会的印象带来巨大的影响。

具有恐怖面相的女巫所主持的丰收祭祀究竟是怎样的呢？应该与绳文时代开放性的、所有人的生命仿佛都在燃烧的那种祭祀完全不同。

根据植硅体分析，热带粳稻很可能在4 000年前就传到了日本列岛，但稻作并没有在绳文社会普及开来；3 000年前温带粳稻的水田稻作传来以后，其普及也花费了将近1 000年的时间。

掌握稻作技术需要时间是一个原因，但同时也是由于绳文人拒绝接受稻作农耕社会所隐含的残酷性和不平等性，对接受稻作有抵触的缘故。因为绳文人拥有一颗亲近人类、亲近自然的心。

面对今天的全球化，日本人应该善于选择，这种智慧从绳文时代就应该养成了。

但是，面对此次全球化背景下的市场经济，日本人轻易地抛下自己的优良传统，在来自美国的外部压力下屈服了。这也可以理解为日本人被不考虑日本利益，只考虑美国利益的国家领导人欺骗了。

日本文明第二期 来自外部压力的"第一中间期"是动荡和杀戮的时代。相反，在遣唐使终止，外来压力变小的平安时代，绳文文明的传统又得到了复苏。那是一个没有战争的和平年代，日本文明的第二期就是以平安时代为中心的时代。

最能让日本人的灵魂感到安宁，最能让日本固有的"国风文化"繁荣起来的，正是这个时代。日本人能够不受外压性文明影响，从容地与自己灵魂对话的，也正是这个时代。

也正是在这个时代，从役行者开始，由泰澄、最澄、空海以及德一等人的不懈努力使外来佛教与本土神道教得以融合，从而产生了"神佛习合"思想。泰澄、最澄、空海、德一，他们将视线投向日本的森林和海洋，开创了新的时代精神。

这样的世界观以及"神佛习合"的思想，一直延续到发布神佛分离令的明治时代，在日本人的灵魂深处延续了 1 000 年以上，从而构成了日本人灵魂的基干。

梅原猛先生[6]指出，始于平安时代的 10 世纪初，在 12 世纪达到顶峰的狂热的"蚁之熊野参拜"也是对绳文文化的一种回归。"它为再一次触及日本深层文化的根底，从根本上改变历史这一超越个人的巨大而潜在的意志所左右。"

这也是迎接新世纪的当代日本人所共有的时代精神。现在，对于绳文和稻作渔猎乃至森林的回归，正如梅原猛先生所指出的，是从被"结构改革"搞得筋疲力尽的日本人的内心发出来的声音，他们"想从根本上改变历史"。

但话又说回来，掀起狂热的熊野参拜，引发回归绳文时代的 10 至 12 世纪，其实正值被称为"中世纪温暖期"的气候温暖化时代。对于我来说，这一点很有意思。

21 世纪也是地球温暖化时代，而就在这个时代，日本人将要回归作为深层文化的绳文时代。

我觉得，这里肯定隐藏着许多秘密，例如，海洋性气候的风土，特别是日本以森林为特色的自然，作为森林之民、海洋之民的日本人的精神性等等，这些都必然隐含其中。

因此，要想预测日本不太遥远的未来，就需要进一步研究平安时代。

第二中间期　战国时代和安土桃山时代，是第二中间期的中心点。

如何定位出现武士的镰仓时代和室町时代，特别是如何定位没有受外部压力而发生内乱的南北朝时代，现在我们还不清楚。从根本上讲，"武士思想"的根源到底在哪里，现在我们还无法解释。

曾问过这个研究领域的领军人物——笠谷和比谷氏，他[7]回答说："是突然变异。"他认为，历史会发生基因突变似的变异，而我的历史观则是绳文时代以来的历史和传统一直延续至今，所以我和他的见解完全不同，这一点确实很有意思。关于"武士思想"，笠谷氏是专家，现在我们只能遵从他的说法。但是，我还没有放弃自己的假说。我认为，"武士思想"的渊源也可以追溯到绳文时代或稻作渔猎社会。

战国时代和安土桃山时代都是疲于杀伐的时代，这一点自不待言。

第二中间期也是战争和杀戮的时代。不可否认，这与以地理发现为契机的近代欧洲文明的扩散密切相关。

日本文明在 15 至 16 世纪发生了巨大转变。但是，作为外压性文明的南蛮文化并没有像第一中间期的中国文明那样给日本文明带来很大的影响。

日本文明第三期　日本文明的第三期指江户时代。江户时代因为闭关锁国而没有受到外压性文明的影响，日本人与自己的灵魂对话，从而创造出日本文明。

从江户的循环思想中我们就可以看到，绳文时代以来的再生与循环的森林思想在这个时代复活了。这是一件极其有趣的事。

日本人在与自己的灵魂对话时，自然流露出来的是对于自然的敬畏，以及再生与循环的森林世界观。因此，日本文明的第三期就是以这种循环系统为支撑的文明。

而且我们应该注意到，江户时代战争和杀戮很少，是日本人最幸福的时代。

在21世纪的今天，地球环境问题越发严重，地球资源枯竭，建立循环型社会的呼声越来越强。为日本的未来着想，重新审视江户时代是很重要的。要想重建因"结构改革"而凋敝的非中心地带，使日本充满活力，我们就需要向江户时代学习，面对自己的灵魂来经营国家，保障经济运行。

第三中间期 "绳文日本船"在和平与安宁的江户时代中逐渐丧失了活力，而让其清醒，并赋予其活力的，则是欧美文明。

由于明治开国后的现代化政策，日本作为工业国逐渐发展起来，并成为世界强国。

但是，第三中间期依然是战争与杀戮的时代。甲午战争、日俄战争、第一次世界大战、第二次世界大战，这些战争夺去了几百万人的生命。

日本文明第四期 那么，21世纪究竟会成为怎样的时代呢？

正如前文所说，外压性文明带来很大的影响，在经过混乱和杀戮的中间期之后，一定会迎来和平安定的年代，绳文时代以来的文化传统到那时必将复兴。

"历史是重复的"——如果这句格言是正确的话，21世纪则必将成为绳文时代以来的文化传统再次复兴的时代。

而且从回归森林，与自然共存这一倾向判断，其征兆已经开始显现。

　　因此，我不禁在心里祈愿，愿21世纪的日本文明第四期能够成为飞跃的时代。

　　日本文明史中的弥生时代　绳文时代以来的文化传统，作为一股巨大的潮流一直存在于日本文明的底层。弥生时代的稻作文化、安土桃山时代的南蛮文化、明治以后的近现代欧洲文明，都给绳文文明带来了刺激，起到了活性化的作用，但最终都被绳文文明吸收了。因此从这个意义上讲，我们可以毫不过分地说，绳文文明才是真正的日本文明。

　　弥生时代的研究，归根结底是对绳文文明的再评价。奠定日本文明基础的是绳文时代，弥生时代的稻作、古坟时代的国家建构等全部都是建立在绳文时代基础之上的。日本文明的原点在绳文时代，这当然与时间长有关，绳文时代有13 000年的历史，它渗透到日本人的心里，并构成了日本人的精神基干。但是，弥生时代只有不到1 000年的历史，而且其前期还保留着浓厚的绳文色彩。

　　对于弥生时代的研究反而会使我们认识到绳文文明才是日本文明的底力。日本的稻作不把家畜的粪便当肥料，而是用附近山上的枯枝落叶做肥料，这种农耕之所以能够确立，完全得益于绳文时代以来的文明传统。

　　弥生时代的影子很淡　因此我们可以说，弥生时代在日本文明史中的存在感是很小的。当然，弥生时代有不同于绳文时代的陶器，还出现了环濠聚落以及可以称为"农具"的新工具。但是，从日本人的饮食方面来看，只不过是在绳文时代以橡实、板栗、鱼贝类为中心的食谱中增加了稻米而已。

　　弥生时代是以稻作农耕而开启的，这种说法几乎没有什么意义。"有稻作就是弥生时代"这样的荒唐看法由日本具有代表性的弥生时代考古学者提出，并被坦然地写进历史教科书，告诉孩子们"稻作是从弥生时代开始的"。这其实是二战后日本考古学和历史学所信奉的"农耕中心史观"的根本性错误，而他们的错误认识现在却变成了孩子们使用的历史教科书，我对此不禁感到一种近乎愤怒的情感。

日本的历史由于稻作的传入而发生了革命性变革。对于这种看法，我们有必要重新思考。稻作在绳文时代已经传入，以后经过 1 000 年以上的时间才渗透普及开来。因此我们不得不说，过去那种把稻作与弥生时代的开启联系在一起的证据是非常薄弱的。

思考现代的历史教育 从孩子们的历史教科书来看，绳文时代的记述已经开始被轻视了。这明显地暴露出作为绳文子孙的现代日本人所面临的危机。

对于部分考古学者和历史学者的错误言论，日本考古学协会和历史学协会几乎没有发表任何反对意见。其负面影响其实比"旧石器捏造事件"还严重。尽管如此，却几乎完全看不到反对意见，这究竟是怎么回事呢？日本历史学协会曾那样强烈地反对日本新历史教科书，可为什么对删除绳文文化却没有发表任何正式的反对意见呢？这到底是为什么呢？

其中隐约可见的，是日本考古学者和历史学者对于西欧文明概念的固守。他们至今还相信戈登·查尔德以来的"新石器革命说"，即没有农耕（谷物栽培）就不能称为文明的文明史观。而且他们想把作为日本原点的绳文时代从孩子们的历史教科书中删除掉，把日本人培养成在国际社会中漂浮的无根之草。

在"结构改革"的名义下导入市场经济原理的全球化，使许多物质、非物质的遗产被抛弃了。实际上，这些物质、非物质的遗产都是日本人灵魂的归属，是不能丢掉的。现在，本应成为下一代勇气与生存之本源的祖先史记述，也将因为不正确的独断而被删除。我认为，这是绝对不可以的。

发生了这种事情却无人反对，我认为这背后还是农耕中心史观和欧美旱作畜牧文明史观在作怪，日本的考古学者和历史学者仍然被它们毒害着。删除日本文明史中的绳文时代，这确实是一个很严重的问题，因为日本文明史中的绳文时代是与日本民族赖以生存的根本密切相关的。

参考文献

［1］　安田喜宪《世界史中的绳文文化》，雄山阁，1987年。

［2］　中西辉政《国民的文明史》，扶桑社，2003年。

［3］　安田喜宪《文明的环境史观》，中公丛书，2004年。

［4］　西尾干二《国民的历史》，扶桑社，1999年。

［5］　坂田邦洋《关于人工变形的头盖骨》，《东亚古代文化》99，1999年。

［6］　梅原猛《日本的原乡——熊野》，新潮社，1990年。

［7］　笠谷和比古《近世武装社会的政治结构》，吉川弘文馆，1993年。

第四部
稻作渔猎文明的人类史意义

在云南洱海的钻探（竹田武史摄）
环境考古学将续写新的人类史

第十三章
稻作渔猎文明拯救地球与人类

日本海守护着森林文明　15 000 年前地球开始温暖化，在这一过程中，日本列岛领先世界，最早出现了山毛榉、枹栎等温带落叶阔叶林的扩张。这是因为在冰期至后冰期的地球温暖化过程中，极地冰川融化，海平面上升，日本列岛率先形成了海洋性气候的缘故。关键是对马暖流，随着对马暖流对东海的影响越来越大，日本列岛的气候逐渐变成了海洋性气候。对马暖流在 9 000 年前正式流入日本海，于是日本列岛的海洋性风土环境就此形成。日本海沿岸变成多雪地带，适应多雪环境的山毛榉林便一举扩张开来。

日本的绳文文化是森林与海洋文化，与率先扩张的温带落叶阔叶林和海洋性风土相适应。绳文人在世界上率先完成了定居革命。

此后，森林文明在日本列岛上持续了 10 000 多年。从 3 000 年前起，中国大陆爆发了骑马革命，但即使在骑马军团四处征战的时期，家畜民、旱作畜牧文明的士兵们也没有征伐到日本。那是因为有日本海和东海这一屏障，他们才未能大举进攻日本。在蒙古大军将要袭来，日本面临家畜之民、旱作畜牧文明的威胁时，解救森林之民和稻作渔猎文明的，仍然是大海。

环绕日本列岛的大海，使日本列岛在世界上率先建立起森林文明，并起到了保护森林之民和稻作渔猎文明免遭家畜之民、旱作畜牧文明侵入的作用。

但是，在 21 世纪全球化的巨浪面前，曾经很幸运的日本人将要面临剧烈的动荡。

家畜之民、旱作畜牧文明的扩散 我认为，现在这个时代，作为稻作渔猎民的日本人将要面对因旱作畜牧民而引发的第八次危机。第一次危机是4 200年前的气候变化引发的，第二次危机是3 500年前的气候变化引起的，第三次危机是公元240年的气候变化引起的，第四次危机是在"万叶寒冷期"的7世纪败给唐朝的白村江危机，第五次危机是13世纪的蒙古来袭，第六次危机是由明治开国而引发的与欧美列强之间的危机，第七次危机是二战之后的危机。日本人渡过了上述七次危机，但是现在，第八次危机又来了，即以市场经济为原理的经济全球化。

只要看看旱作畜牧民的代表盎格鲁撒克逊人如何征服美洲新大陆、澳大利亚、新西兰等环太平洋文明圈的人们，我们就可以理解家畜之民、旱作畜牧文明的扩张或者说侵略的过程。

移居美国和澳洲的大部分人是被欧洲社会排挤出来的，当中也包含很多不法者。相反，曾经生活在美洲的森林之民——美洲原住民（美洲印第安人）、印第安土著、新西兰的毛利族，还有澳洲的土著，他们都不是家畜之民、旱作畜牧文明的敌人。但是，他们安定和平的生活瞬间就被破坏了。这些原住民崇拜自然，相信别人，以诚心诚意为最大美德，但他们的价值观被蹂躏了。这些人根本不是彼此怀疑并身经百战的不法者的对手。虽然贫困但充满温情的和谐社会，就这样被破坏掉了。

同样的情况也多少出现在日本第一次"归化人"时代和第二次"归化人"时代。但这两次的"归化人"数量不多，再加上来者多为被家畜之民、旱作畜牧文明所驱赶的"精英人士"，所以这些"归化人"对日本的发展作出了巨大贡献。

但是，第八次市场经济原理下的经济全球化危机却没有那么幸运。市场经济原理是披着民主主义外衣，只对精英集团有利的制度。由于市场经济原理的浸透，在获取信息方面处于有利地位的精英集团统治和剥削一般民众的社会制度终于被建立起来。因此，这是一种阶级社会，与绳文时代以来的平权社会完全不同。

"精英集团统治和剥削一般民众是理所当然的"[1]——这是市场经济的根本思想。因此，这种精英集团与过去"归化人"时代的精英集团是完全不同的。

市场经济原理不仅剥削一般民众，而且对于榨取自然资源也感觉不到应负任何道义上的责任。

美洲印第安人和印第安土著有着友善和诚心，不了解世间的残酷。与他们面对不法者入侵时的状况一样，现在，作为森林之民、稻作渔猎之民的日本人也正面临来自旱作畜牧民的第八次危机，即市场经济原理下的经济全球化。市场经济原理背后存在浓厚的一神教教义[2]，而日本人一直生活在绳文时代以来的多神教世界之中，两种世界观是完全不同的。

在这第八次危机中，如果处理不好，也许日本人会作为森林之民、稻作渔猎之民而灭亡。因此，日本人现在必须认清现实，谨慎对应经济全球化的浪潮。

当然，日本面临的现状与当年家畜之民、旱作畜牧民向美洲、澳洲、新西兰扩张，寻找新殖民地的时代有所不同。现在，家畜之民、旱作畜牧民带来外国资本，是因为他们向往日本先进的文明原理和文明体系。美国爆发金融危机后，日元被大量买入。这虽然造成了日元升值，但也说明日本的文明原理备受信赖。

市场经济原理引起的金融危机或者说金融崩溃，反而可以使人们察觉到绳文时代以来日本文明原理的优越性。而且我相信，只要一直坚持绳文时代以来的文明原理，日本将在 21 世纪引领全球。

右脚克拉克博士、左脚绳文文化　2008 年 7 月，在北海道举行了洞爷湖 G8 峰会。能够从峰会会场远眺的喷火湾（内浦湾）沿岸，正是绳文遗址的宝库。迄今为止，那里已经发现了从绳文草创期到续绳文时代的近 450 处遗址。至于为什么喷火湾沿岸会发展起来水平如此之高的绳文文化，丰富的海产资源应该是主要原因。不仅有海狗、海豚等海兽类动物，还有金枪鱼、鲱鱼、海胆、牡蛎等鱼贝类，以及海带等海草类。高水平的半栽培渔猎文化正是以如此丰富的鱼贝类资源为背景，在北海道南部的喷火湾沿岸发展起来的。

喷火湾的绳文文化与青森县三内丸山遗址的绳文文化互动。通过交流，他们不仅得到了沥青和玉石，甚至还得到了产地更靠南方的海贝。绳文文化以海兽、鱼贝类搭配橡实、核桃的半栽培渔猎为生活基础，繁荣了 10 000 年之久。

明治政府开发北海道，给北海道带来了一大转机，使北海道走上现代化道路，其象征就是从美国请来的克拉克（W. S. Clark）博士。

他不仅作为札幌农业学校第一任教务主任教授了植物学，而且还热心传授基督教，禁止学生吃米饭，推广面包，在北海道的现代化进程中留下了深深的足迹。克拉克博士最大的功劳就在于奖励饲养绵羊、山羊和奶牛，推广欧美的生活方式，将北海道变成欧美式牧场，从而实现了现代化。

以前，北海道一直生活着阿伊努人，他们在深深的枹栎和白桦林中生活。在明治政府开发北海道之前，北海道全部覆盖着森林，阿伊努人的生活顽强地继承着绳文时代的文化传统，他们在海里捕鱼和海兽，在森林中狩猎动物，采集山菜和树木果实，并在旱田里从事原始耕作。10 000 多年来，他们在日本列岛上一直继承着以森林和海洋为核心的绳文文化，即使到了明治时期也仍然有继承者。

洞爷湖东南部的白老町波罗多湖周边，是阿伊努人的聚居地之一。根据我们最近对波罗多湖所做的花粉分析，一直到阿伊努人还生活在那里的 18 世纪为止，其周边为枹栎和白桦树林所覆盖。但是，进入 19 世纪以后，枹栎林和白桦树林锐减至三分之一以下，可见发生了严重的森林破坏。明治政府的开发和克拉克博士带来的绵羊和山羊，使北海道的森林迅速消失了。

为什么绵羊、山羊和奶牛是破坏森林的元凶呢？因为即使在人们睡觉的时候，这些动物也还在不停地吃草。最可怕的是山羊，山羊的嘴是兜齿型的，它会把草连根吃掉。最初是吃森林地面上的草，然后渐渐会把森林中的树皮吃光。山羊甚至可以爬到树上吃嫩叶。就是这些家畜破坏了森林。

　　饲养家畜、吃面包、喝牛奶、吃黄油和奶酪，旱作畜牧民的这种生活方式始于美索不达米亚。由于旱作畜牧文明的扩张，世界上的森林被彻底破坏了。首先是地中海沿岸希腊、罗马的森林受到彻底破坏。12世纪以后，由于阿尔卑斯以北的大开垦，欧洲的森林也遭到破坏。瑞士 90% 的森林、德国 70% 的森林、英国 90% 的森林，都是在 17 世纪被破坏掉的。1620 年，盎格鲁撒克逊人带着绵羊、山羊和牛来到美洲大陆后，仅仅 300 年间，美洲就丧失了 80% 的森林。1840 年，盎格鲁撒克逊人又带着绵羊、山羊和牛来到新西兰，于是，那里的森林也很快地消失了。从 1880 年到 1900 年的仅仅二十年间，新西兰就减少了40% 的森林。7 世纪时，新西兰国土的 90% 为森林覆盖，但现在只剩下 30% 的国土还有森林覆盖。

　　同样，明治时代以来的 140 年间，北海道 30% 以上的森林遭到破坏。这都是因为克拉克博士带来了绵羊、山羊和牛。本州以南的森林自绳文时代以来，3 000 年间也只有 30% 的森林受到破坏，但在北海道，仅仅 140 年间森林就被破坏了 30% 以上，其破坏程度堪比欧美。如此大规模的森林破坏在短时间内发生，这在整个日本列岛范围内也只有北海道，其原因就在于克拉克博士带来了绵羊、山羊和奶牛。

　　随着北海道森林的破坏与消失，阿伊努人的权利也逐渐被剥夺，其文化也遭到践踏，可见现代化与欧美化，是与日本绳文时代以来的森林海洋文化成反比的。

　　北海道仿佛把右脚置于克拉克博士身上，同时把左脚置于绳文文化之中，这其实也是日本国的缩影。日本国也把右脚置于明治以来的欧美现代文明之上，而把左脚置于绳文时代以来的森林海洋文化和稻作文明之中。但是现在，地球环境面临危机，北海道仅仅以克拉克博士的视角来发展是走不下去的。同样，日本国也需要从绳文文化和稻作文明的视角重新审视未来。

旱作畜牧民来买日本的森林　面对地球环境危机，在 21 世纪初召开了 G8 洞爷湖峰会。在这次峰会上，日本向全世界发出的声音明显与旱作畜牧民的克拉克博士所发出的声音不同：与自然共存、保护丰饶的森林、不发动战争、敬畏自然、珍爱生命、和平生活——这种基于绳文森林海洋文化的声音，以及保护森林与水循环系统的可持续发展型稻作渔猎文明的声音，才是日本应该向世界发出的。

2008 年 6 月，顽强地维系着绳文文化传统的阿伊努人，终于被认定为北海道原住民。这虽然有种为时已晚的感觉，但将绳文文化的继承者阿伊努人认定为原住民，也就等于承认了日本文化的源头是阿伊努人创造的森林与海洋的绳文文化。日本人自己有必要重新认识绳文文化，并将其作为解决 21 世纪地球环境危机的智慧重新评价。热爱北海道绳文文化的有识之士在峰会会场的一角展示了出土于函馆市南茅部遗址的国宝级绳文中空陶偶。世界各国的领导人看到之后，对于绳文文化守护美丽的森林，将日本定位于森林国家这一点，或多或少都会有一些理解吧。

日本人应该铭记的是，在市场经济原理支配下的经济全球化过程中，140 年前的阿伊努人与倭人（此处的倭人指明治维新以前的日本人。译者注。）的关系，现在已经变成了日本人和旱作畜牧民之间的关系。140 年前，与自然共存、守护丰饶的森林、不发动战争、珍视生命的阿伊努人与倭人相遇了。阿伊努人有着安静平和的心，他们与新来的倭人并不是敌对关系。但是他们的生存空间瞬间被掠夺，他们的文化瞬间遭到破坏。21 世纪的今天，我们应该有所自觉，站在当年阿伊努人立场的已经变成了日本人。

北海道的尼濑古町一带的土地和根钏原野已经被境外资本买下，那片美丽的大地现在已经落入旱作畜牧民之手。旱作畜牧民得到土地后，首先是制造栅栏圈地。为了不让家畜逃跑，也为了防止外敌入侵，他们会用栅栏把牧场围起来。

记得我在土耳其的爱琴海作考察时，曾看到一片非常美丽的海岸，于是就想去游泳。但走近一看，那里有栅栏，进不去。那里写着德国人村庄、英国人村庄，在栅栏对面就有金发碧眼的白人躺在沙滩上。别说是我，就连土耳其本国人也无法去那里游泳。

同样的事情，在不久的将来也会在日本发生。在一直都可以自由进去挖野菜的山毛榉树林中，有一天恐怕会突然出现栅栏，除了被外国人雇用的日本清道夫以外，其他人都不能进入。当水资源危机到来时，购买水源森林的旱作畜牧民恐怕会修建堤坝，抽取地下水，然后再将其出售。如果作为水资源的森林被外国资本控制了，那就等于日本人被勒住了脖子，这无疑意味着日本民族的消亡。

农业用地有农业用地法保护，外国人不能很简单地买到。但是，山林原野却没有人管。政府应该尽快立法来保护作为日本人存在原点的国土和丰饶的森林和海洋，以免让其落入旱作畜牧民的市场经济的魔掌中。

日本人的危机　前文说过，21 世纪恐怕将成为日本人的第八次危机。旱作畜牧民基于市场经济原理的地球统治已经到了贪婪的地步，甚至有人怀疑应对全球气候变暖的二氧化碳排放权交易，都是旱作畜牧民统治地球战略的一环。现在，作为日本人自我认同原点的绳文时代，已经从肩负未来的孩子们的教科书中删除，这或许就是日本民族丧失自我认同的开始。

过去，作为稻作渔猎民的倭人曾经将阿伊努人赶尽杀绝，而现在，日本人作为绳文森林之民、弥生稻作渔猎之民，或许已经站到了与当年阿伊努人一样的立场上。

21 世纪，日本如果想作为拥有世界共通的普遍性文明原理的国家继续存在下去的话，那现在就必须认真思考如何应对上述问题。

日本人要对自己是森林之民和稻作渔猎民有所自觉，并坚持"森林文明"和"稻作文明"。我们只能以植物文明的文明原理为核心来勾画日本国与日本民族的未来蓝图，作为"森林环境之国"生存下去。

那么，为了实现这一目标，我们应该怎样做？下面，我就写下我的建言，以此来结束本书的写作。

历史观与文明观的转换　日本人要想生存下去，任何人都能做的就是转变过去的历史观和文明观。简而言之，就是将绳文作为文明来看待。从此做起，然后基于新的历史观和文明史观，大家一起来思考在小小的地球上超过 100 亿的人如何生存下去？日本作为其中的一个国家如何存在下去？人类与地球如何才能共存？各民族间要怎样才能避免争斗，共同分享有限的资源？对于上述问题不能做出回答的历史观和文明史观，至少在 21 世纪是没有意义的。

在迄今为止的人类文明史中，人们总认为文明只是指吃面包、喝牛奶、吃奶酪和以肉食为主的旱作畜牧文明。欧美人当然这么想，但是现在，连饭稻羹鱼的亚洲人也认为这就是人类文明史的真相。这其实是一种错觉，这种认识是受到 19 世纪以来欧美中心史观的影响而形成的。

在地球环境问题越发严重的情况下，欧美的文明史观日渐衰微，"稻作文明"和"森林文明"反而开始受到关注，长江文明和绳文文明的遗址一个接一个被发现。但是，即使在今天，对于长江文明和绳文文明的存在，日本还有许多考古学者持怀疑态度。他们仍然在欧美人建立起来的文明史观中考虑本国的历史和文明。

稻作是长江文明的生计方式。与麦作相比，稻作的单位耕地面积能够养活更多的人口，而且能够维持森林和水的循环以及生物多样性，是一种亲近自然的农耕形式。基于麦作与畜牧的文明彻底掠夺森林资源，让河流干涸，但以稻作和渔猎为组合的生计方式可以永久地维持森林、河流、水田以及海洋的水循环[3]。"森林文明"将再生与循环的世界观置于其基础，这种文明就像森林中的所有生灵都会随着季节变化而不停地再生和循环一样，与直奔世界末日的直线型发展的旱作畜牧文明有着根本性区别。

21 世纪的世界，近 100 亿的人口如果不考虑如何分享有限的地球资源，那人类文明终将无法持续下去。

19 世纪至 20 世纪，当地球资源好像无穷无尽的时候，认为人类文明史是向着光明的未来直线型发展的旱作畜牧文明，对人类社会的繁荣做出了贡献。现代的文明概念就是在这样的世界观之上建立起来的，其代表就是德国的卡尔·雅斯贝斯的轴心文明论[4]。基于市场经济原理，依靠大量消费和大量生产的美国文明也诞生于此。

但是，21 世纪将要拷问我们的是，在有限的地球资源中人类该如何维持繁荣。因此，在这样的时代里，我们就需要稻作渔猎文明那样对自然资源的掠夺程度低，而且能用更小的耕地养活更多人口的文明，或者像半栽培渔猎文明那样不破坏森林、河流、海洋的循环系统，以资源再生或再利用为基础，让人类与自然永久共存的文明。因此，我们如果不给稻作渔猎文明的代表"长江文明"，和半栽培渔猎文明的代表"绳文文明"赋予"文明"的资格，那人类也将无法生存下去。

在自然的风土环境中孕育出"森林文明"和"稻作文明"的，正是日本人。在 21 世纪面临地球环境危机的时代，日本人应该充满自信地向全世界发声："森林文明"和"稻作文明"确实有价值成为人类的普遍性文明原理之一。

逆向思维构筑森林环境国家　基于"森林文明""稻作文明"的历史观和文明史观思考，日本未来的国家形象应该是"森林环境国家"[5]。我的提案是，今后要建构融入"森林文明"和"稻作文明"之文明原理的"森林环境国家"。IT 革命也只是构建"森林环境国家"的手段而已，并非目的。当年的"日本列岛改造论"也是手段，到底要建构怎样的国家并不明确，所以制造出"公害列岛的日本"。没有一个清晰的国家蓝图，仅仅是为了眼前的经济复苏而盲目努力的话，即使搞 IT 革命，景气也不可能恢复。我们有必要通过 IT 革命告诉国民，未来我们要建构的日本具有怎样的文明原理和文明体系，日本的政治家必须通俗易懂地向国民说明日本国和日本人应该实现的目标。

关于解决地球环境问题，瑞典的卡尔·亨里克·罗贝尔提倡的逆向预测法（Backcasting）[4]受到人们的关注。正如三桥规宏氏[6]所指出的，预测未来主要有两种方法。一种是从过去透视现在，再预测未来，另一种是明确设定未来所要达到的目标值和蓝图，然后思考为了达到这个目标该怎样做，即从未来逆向规划现在，并付诸实施的逆向预测法。

从过去透视现在，再预测未来的方法也可以称为顺向预测法，是一种把"过去"连接到"未来"的方法。但是工业革命以后，欧洲列强开拓殖民地、残酷驱使奴隶、严重地破坏了地球环境。因此，他们要想用顺向预测法来预测未来，就必须返回非常遥远的人与自然美好共生的古代，从那里来预测未来。

近代以来没有美好过去的欧洲人不可能回归过去，所以他们设想出一个人与自然和谐共生的理想社会，从这个想象出来的虚妄社会来反观现实，然后再考虑要想实现那样的社会我们应该怎样做，应该完善怎样的社会经济系统和法律体系。这就是逆向预测法。

但是，日本不一样。只要追溯到40年前的20世纪60年代，我们就能看到丰饶的自然与人的共生，更不用说回到140年前自然与人共生的天国——江户时代了。在日本，要想恢复自然与人共生的社会，只需恢复经济高度增长期以前的那个日本就可以了。日本有着值得向世界骄傲的美好的过去。

作为恢复40年前自然与人和谐共生的事例，兵库县丰冈市做了复活白鹳的尝试[7]。在中贝宗治市长的引导下，全市努力发展有机栽培农业，于是白鹳完美地复活了。然后，有机栽培的白鹳米和用白鹳米制作的豆腐也大受欢迎，价格比市场价高几倍。而且到了周六或周日，很多观光客乘坐巴士来看白鹳。

日本人只要恢复40年前的自然环境，就能找回自然与人和谐共生的世界。我把这种方法命名为"逆·逆向预测法"，而日本经济产业部的前田泰宏氏给它取了个很棒的名字，叫"逆向蓝图"。

日本仅仅恢复到40年前就可以找回自然与人类和谐共生的美丽世界。在欧洲人还在构想人类与自然和谐共生的社会，并为实现这一目标而制定社会经济体制和法律的时候，日本人只是恢复40年前的美好过去就可以实现自然与人和谐共存的世界，这是一件多么幸运的事啊！

只要有此体验的人活着，只要体验还保留在人们的记忆里，将不久前体验过的事情再现于未来就不会那么困难。找回记忆中有并且实际体验过的过去，远比实现记忆中没有的理想型构想容易。去构想一个没有实际体验过的未来，其实就是一种妄想。因此我们可以说，40年前拥有自然与人和谐共生记忆和实际体验的日本人，在恢复自然环境领域已经走到了世界领先的位置。

不过，使白鹳复活这件事足足花费了40年。由此可知，恢复已经失去的自然环境并不是件容易的事。

"人类根据拥有怎样的过去，来决定选择怎样的未来。"自美国建国以来一直在破坏森林的盎格鲁撒克逊人，跟他们说"恢复森林吧""保护水源吧"这样的话，就仿佛是对牛弹琴。要说欧洲人为什么会对环保如此热心，那是因为他们通过18世纪以来的人工造林，将17世纪时已经失去将近90%的森林恢复了过来，他们有这样光荣的历史。

自绳文时代起日本人就与森林共生。在稻作基础上附加山林资源，成功地创造出世界少有的森林农耕。因此，日本的未来蓝图必须是建立在与森林和谐共生这一传统之上的都市[8]与国家。我们要强烈地认识到，森林是日本国土的生命线。日本国以此来防灾和保全国土，同时森林也是生命之水的源泉，我们要以源于森林的水域为基础建设国家。能实现当前规模的经济发展，同时让近70%的国土仍然覆盖着森林，这简直就是人类史上的一个奇迹。我希望政府能将这种卓越的文明原理贯穿于日本的国家经营及日常生活之中，将"森林环境国家"的构想作为日本未来蓝图的第一个目标。

现在，为了构建"森林环境国家"，许多企业和志愿者团体都在努力。国家有必要在纳税方面对这些企业和团体给予更多的优惠政策和支援。

神佛习合世界观的复活　地球环境的危机已经严重到威胁人类生存

的地步，人类必须认真地思考怎样做才能在地球上继续生存下去。除了人类，其他的一切生灵也都濒临危机，生物的多样性正在迅速消失。要解决地球环境问题，资源循环型技术的开发、生活方式的改变以及自然再生技术的研发等都是很有希望的尝试，但问题的根本在于人心。

要想让更多的人关心地球环境问题，人类只能在与自然的关系中找回控制欲望膨胀的心灵依托，而它并不是物质和金钱。只要人类找不回静静地感知"超自然力"，并为生命的闪光而感动的心，那地球环境问题就不可能得到解决。因此从这个意义上讲，宗教对于人类的未来起着巨大的作用。

生活在作为世界经济强国的日本，物质上无忧无虑的日本人，应该向全世界传递一种声音，即保持一颗能够静静地感知神佛存在于山川大地的心。能够传达此心的传统宗教自不用说，包括新兴的现代宗教，日本所有的宗教人士都应该超越教义的对立和宗派主义来相互合作，否则人类就无法避免灭亡。

"保护镇守林"这种长达千年之久的运动也值得重视。为了保护地球环境，我们不能无视日本人传统的世界观。但是，第二次世界大战战败以后，美国强加给日本很多法律制度，因此，政府官员不得不从所有的政策里排除宗教性，从而使许多环保项目变成了没有灵魂的木偶。

但是，绳文时代以来对于自然的敬畏和循环再生的世界观以及多神教世界观，还保留在日本人的传统生活之中，日本的神道教和佛教也反映着稻作渔猎民的世界观。所以我认为，可以称为日本人精神原点的传统宗教世界，其根本在于"神佛习合"思想。

现在，我成立了"自然共生环境生命文明研究会"，从2008年起每月一次，在全国各地举办演讲会，让"神佛习合"思想在保护21世纪地球环境和维护世界繁荣方面发挥作用。

但是，无论日本人怎么感受到高尚的"超自然力"[9]，也无论日本人具备多少可以控制欲望之心的方策，只要世界其他地方的人没有改变，环境问题还是无法解决。因此，我们要与世界上的宗教人士一起召开会议，加强与基督教、伊斯兰教等信奉一神教的人们的对话，让世界理解日本人的"神佛习合"思想，在启蒙、普及的同时，与一神教的人们携起手来，共同解决地球环境问题。

迈向生命文明的世纪　毋庸赘言，基督教的伦理规范对于资本主义社会的建设起到了很重要的作用。为了建构自然与人类和谐发展的经济社会，面临地球环境危机的我们非常有必要融合基督教和其他宗教的观点，以此来形成新的世界观，然后再来思考基于这种新世界观的事业。我相信，在日本传统的"神佛习合"思想中一定存在着一种可以取代大量生产、大量消费的市场经济原理，并建构出新型未来的思想。我认为，如果不能超越席卷全世界的市场经济原理，就不可能解决地球环境问题。

牛顿发现的万有引力成为 17 世纪科学革命的原动力。它是物质能源文明的引爆剂，使人类能够享受丰富的物质生活。培根提出统治自然，建立人类王国的思想，笛卡尔说"我思故我在"，表现出对自然与人类无限怀疑的思想，而且这种思想使得物质能源文明成为潮流，即使在科学世界里，理工科最优秀的学生必然会向物理学和数学方向发展，选择生物学或地理学的学生都是被淘汰的。

但是，21 世纪应该是终结这种物质能源文明的时代。我[10]预测，现代的物质能源文明会在 2 050—2 070 年间崩溃。迄今为止，地球上出现过的所有文明都不是永恒的。许多出现过的文明都崩溃了，所以现代物质能源文明也不例外。

无论何种文明都会崩溃，永恒的文明是不存在的。大量耗费地球环境资源的物质能源文明会在 2 050—2 070 年间崩溃——倘若以此为前提，人类从现在起就必须创造新的文明。那么，这种新文明是怎样一种文明呢？我[12]觉得它就像大桥力氏[11]所指出的，应该是地球上所有生灵都能够发出生命之光的生命文明。

作为一神教的基督教是物质能源文明的精神支柱，也是保证物质能源文明经济思想的根本。正如保坂俊司氏[13]所指出，作为人类心理活动的宗教与经济活动密切相关。我确信，重视生命之光的多神教和"神佛习合"思想，不仅能够在精神层面支撑 21 世纪新的生命文明，也能够保证生命文明在经济层面的富足。

解决问题型人才领导了二战以后的日本。这些只注重眼前利益的解决问题型人才常说的一句话就是："这样做能赚钱吗？"就连政府的委员会里也常能听到类似的发言。但是，很多以解决地球环境问题为宗旨的活动都不能赚钱，所以大部分解决问题型人才都会觉得，如果不能赚钱，理想再高尚也不会有人去做。

不过，近年来出现了很多年轻人，即使不赚钱，只要能对他者（其中包括自然）有好处，他们也会去做，并在其中发现人生价值。非政府组织和非营利组织的大量出现就证明了这一点。我们在经济产业部和财务部官员的支援下建立了非营利组织"匠人精神生命文明机构"，并举办了很多活动。我们开始推行地区货币，摸索一种与全球化市场经济原理不同的经济构造。在已经获得物质极大丰富的今天，比起赚钱，人们更加重视生存的价值。开始出现一批年轻人，他们从一流大学毕业后成为政府官员，并愿意为他者利益而生活，具有利他精神。在这些年轻人中应该会出现可与最澄和空海匹敌的"被剩下的天才"[14]，我们有必要把这些具有利他觉悟的年轻人培养成建设"森林环境国家"日本的"环境战士"。这些年轻人才是可以超越市场经济原理，建构新的生命文明时代的人。

建构环境列岛的日本　过去，我们将乌托邦和桃花源看作同一种理想。但现在我们知道，两者完全不同。

从生态史上讲，乌托邦是代表动物文明的旱作畜牧民的理想国，而桃花源则是代表植物文明的稻作渔猎民的理想国[5]。而且乌托邦具有强烈的未来指向，但桃花源则具有强烈的回归特质。

至今为止，人类追求乌托邦而创造出新的文明。要想在新天地中建构乌托邦，就需要无限的资源和土地。但是，谁都知道地球的资源是有限的，作为新天地而能够开拓的土地只剩下南北两极和海底了。因此，现在想继续在新天地寻求乌托邦已经很困难了。如果人类还想继续在这个小小的星球上生存下去，就不要再继续寻求乌托邦，而是应该把地球变成桃花源。现在，这种想法的转变更为重要。

减少大气中二氧化碳排放量的京都议定书，和将河流恢复原貌的自然再生项目，都是为了回归桃花源。但在现实中，京都议定书并没有发挥多大作用，自然再生的尝试也收效甚微。为了使回归过去的项目真正收到成效，现在就需要恢复稻作渔猎文明的能量。

在北海道举行的"21世纪东北构想推进会议"提出了"东北银河计划"，其中描绘的21世纪东北地区的未来是超音速喷气机和磁悬浮列车，但完全没有对富饶的山村和渔村的描述。有感于此[15]，我提出了"日本桃花源构想"。

当然，继续寻求这种乌托邦很重要。但现实是，如果要把经济增长和无限的资源作为前提的话，那它的实现几乎是不可能的。这样做，最多也只能给美丽的东北大地带来大规模的自然破坏和污染。

很多人期待，21世纪的日本东北地区能够成为日本第二国土轴心。不过，其内涵应该是农业、林业和渔业的从业者能够得到足够的收入，并能够在美丽的风景中愉快地生活。如果想在太平洋沿岸的第一国土轴心地带过上这样的生活，那真是太难了。

在美丽的自然环境中从事农业、林业和渔业，并过着富裕的生活，这样的社会就是现代桃花源。如果认为磁悬浮列车、超音速喷气机的理想国是乌托邦的话，那富足的农林渔村就是桃花源。

地球资源有限，过去那种永不停滞的经济增长已经无法持续。因此，在地球环境不断被破坏的过程中出现粮食危机的可能性越来越大，以此为背景的21世纪构想自然也不需要和旱作畜牧民的乌托邦构想一样。旱作畜牧民的乌托邦构想有明显的局限性，只有东方的稻作渔猎民所追求的桃花源，才是21世纪近100亿人能够在有限的资源中生存下去的理想国。

迄今为止，政治、经济、社会乃至学术界的历史学者和文明学者都在追求乌托邦。但是我们需要清楚地认识到，那种追求是有局限性的，我们需要把"乌托邦构想"转换成"桃花源构想"，以此来改变人类理想国的中轴线。首先，我们需要把以资源无限为前提的"自然·人类榨取型"的旱作畜牧文明转换成"自然·人类循环型"的森林文明和稻作渔猎文明。

在日本的经济高速增长期，日本人曾有过明确的追赶欧美的目标。为了实现这一目标而思考如何行动，如何将计划付诸实施，最后终于实现了经济增长。现在，解决地球环境问题也需要有明确的目标，需要有如何行动人类才能幸福，才能变得富足的明确计划。但现在，连蓝图还没有规划出来，所以地球环境问题也迟迟得不到解决。其实，解决地球环境问题的未来蓝图在过去，而不在未来。

将河流的美丽恢复到 30 年前，将小鸟与昆虫的数量恢复到 20 年前，将森林面积恢复到 20 年前，等等，我们要明确设立这样的目标，然后考虑如何采取措施，并落实到行动上。只有这样做，我们才能勾画出未来蓝图。这实际上就是探寻回归桃花源的生存方式，因此从这个意义上讲，提议将二氧化碳排放量减小到 20 世纪 90 年代的京都议定书，其实就是从稻作渔猎民桃花源式的生活方式中产生的，是日本人第一次向全世界表明稻作渔猎民的志向，这一点应该得到高度评价。

日本是森林、稻米和水资源的国度 21 世纪，现代文明将因水资源而陷入僵局。人体的 70% 由水构成，但水是会没有的。中国黄河的水已经开始枯竭，中国开始实行"南水北调"工程，建造三条巨大的管道把长江的水引入黄河。这项工程可与当年万里长城的修筑、隋炀帝的大运河相匹敌，将成为 21 世纪人类文明史上最大的土木工程。

叙利亚西北部是美索不达米亚文明诞生地，我踏访过位于旱作畜牧文明"西亚麦作半月弧"中心的特尔·雷朗（Tell Leilan）遗址，那时感到吃惊的是，4 500 年前那里曾生活着 10 万人，遗址甚至还修建了排水沟。但现在，据说打井需要向地下打 300 米才能看到水，小麦田里的灌溉水则需要打更深的水井，需要从地下 500 米取水。

为什么人所需要的水从美索不达米亚大地和黄河消失了呢？是因为人类彻底破坏了森林的缘故。黄土高原曾被森林覆盖，所有山岭上都生长着葱郁的森林，大量的清泉从森林中缓缓流出。但是，在文明的发展过程中森林遭到破坏，地下水位降低，于是大地就干涸了。

21 世纪的地球温暖化引发气候干燥，很有可能使干涸的大地更加干燥，甚至无法保证人类的饮用水。就算没有石油，还可以用太阳能、风能、原子能来代替，而且从技术上讲已经成为可能。但是，我们找不到可以代替饮用水的能源。在 21 世纪地球温暖化的时代里，人类要想找到生存所必需的完全干净的饮用水，将变得极其困难。

在这样的时代，日本有 70% 的国土被森林覆盖，简直就是一个"水罐"，确实可以称为"森林与水资源大国"。这不仅是因为自然降雨多，也是由于绳文时代的祖先们保护了森林和水资源，弥生时代以后的祖先继续保持了以水循环为核心的稻作渔猎生活方式的缘故。感恩祖先的睿智，同时把丰饶的"森林与水资源大国"传给子孙，这便是我们现代日本人的义务。

在 21 世纪地球温暖化的时代，日本可以作为"森林与水源大国"继续生存下去，而将日本缔造成"森林与水源大国"的，正是作为森林之民的绳文人，和从事稻作渔猎的弥生时代以后的日本人。我们要再次回想起祖先们的睿智，并将其作为开拓未来的勇气和力量。这难道不是一种"向历史学习"吗？

恢复稻作渔猎文明是日中友好的关键　日本和中国的共同基础是稻作渔猎文明，"美与慈悲的文明"才是日中共有的文明。为了日中两国共同的友好繁荣，我们应该更加关注饭稻羹鱼式的稻作渔猎文明。我们需要知晓日中两国共有"美与慈悲的文明"传统，为亚洲的和平与繁荣做出贡献。

稻作渔猎民从 6 000 年前起就创造了可与美索不达米亚文明、印度文明、埃及文明和黄河文明相匹敌的长江文明。长江文明不是将生计基础置于旱作畜牧之上，而是置于稻作渔猎之上，所以发现长江文明，其实等于发现了完全不同于旱作畜牧文明的古代文明。在人类文明史上，存在着饲养山羊、绵羊等家畜与农耕相互组合的旱作畜牧文明或者说动物文明谱系，和不饲养山羊与绵羊等家畜的稻作渔猎文明或者说植物文明谱系。前者是指美索不达米亚文明、印度文明、埃及文明和黄河文明。后者的代表是长江文明、绳文文明、玛雅文明以及安第斯文明，它们都属于森林文明、植物文明谱系。

迄今为止的人类文明史，其实是一个饲养家畜的旱作畜牧文明驱逐不饲养家畜的稻作渔猎文明、半栽培渔猎文明、玉米农耕文明、马铃薯农耕文明以及根栽植物文明的过程[5]。因为饲养家畜的旱作畜牧文明很早就开发出金属武器，而金属武器就成了动物文明驱逐植物文明的强大武器。因此，长江文明、绳文文明、玛雅文明、安第斯文明、南太平洋诸岛文明，都受到了动物文明的统治和驱逐，并最终被埋葬于历史深渊之中。

在这些被埋葬于历史深渊中的植物文明社会里，人们相互信赖。不仅仅是对人类，对自然也怀有深深的敬畏和信任，心态平和，过着和平的生活。但另一方面，这种社会的发展往往会出现停滞，个人的独立与发展也往往会被共同体所埋没。这就是这种社会不好的一面。

与此相反，动物文明则充满活力，是一种只要努力，连乞丐都能当上皇帝的充满活力的社会。只要个人肯努力，人生便可大展宏图。因此，这种动物文明可以统治和征服带有停滞性的植物文明。

但是，这种社会相当不稳定，虽说是当权者，可不知什么时候就会在睡觉时被人把头砍下。易姓革命就是这种社会所带来的必然结果。

不过，避免易姓革命的方法，就隐含在长江文明的文明原理和系统之中。不破坏自然也能维持富裕而安稳的生活秘诀，也隐含在长江文明之中。

其实，在稻作渔猎层面，日中两国是共有长江文明的。明白这一点不仅对日中两国的友好有利，也有利于亚洲及世界的和平与繁荣。

稻作渔猎文明拯救地球与人类　21世纪的地球环境问题，是旱作畜牧文明及其延长线上的物质能源文明所引发的。旱作畜牧文明破坏了森林和水的循环系统，把大地变成贫瘠的沙漠，然后再不停地迁徙，去寻找富饶的土地。由于旱作畜牧民的迁徙，地球上的森林被破坏，水循环系统被破坏，成千上万生活于森林和水中的生物惨遭灭绝。破坏森林，将大地变成沙漠之后，他们又开始使用化石燃料，从而获得了物质能源文明，并取得了近现代工业技术文明的发展。但是，这仅仅是森林变成煤炭、鲸鱼变成石油而已，单方面地榨取自然资源这一旱作畜牧文明的文明原理并没有发生根本性的改变。现在，使用化石燃料又引发了地球温暖化，就连人类生存的基础也都开始受到了威胁。

旱作畜牧文明和物质能源文明中一直有一种无视，对于人和家畜以外的生灵生命的无视。

但是，世界上也有人选择了与旱作畜牧民完全不同的生活方式，他们就是稻作渔猎民。我认为，稻作渔猎民的生活方式及其延长线上的"生命文明"，才是解决地球环境问题的关键。

我们说稻作渔猎民的生活方式可以拯救地球与人类，主要是基于以下五个理由：

（一）稻作渔猎民喜欢将不毛之地改造为丰饶沃土，并对此感到喜悦，所以稻作渔猎民能在陡坡上开垦出美丽的梯田。他们蹲在那里，口中数着这是爷爷开的田、那是爸爸开的田、这是我开的田，就这样一代又一代孜孜不倦地将自己的精力投入大地，建造出可以完美地维持水循环和生物多样性的梯田。

为什么稻作渔猎民乐于植树造林？他们将树木种植在不毛之地，从而构建出充满生命力的美丽世界，这对于他们来说是一种欣喜。为什么日本人喜欢植树？因为对于日本人来说，把不毛之地改变成富饶的、充满生机的沃土是一种喜悦。所以，日本人会自费去海外植树造林。

去海外植树造林的日本人最初都会被问："你为什么想植树造林呢？"听到这种疑问，日本人会感到困惑，因为日本人觉得植树造林是件好事，全世界所有人都会这么想。但实际上，真正能为植树造林而感到欣喜的民族很少，更不用说投入自己的精力，用自己好不容易积攒下来的钱去外国植树造林了。能对这种事情感到喜悦的民族是极其稀少的。

让绵羊和山羊吃草，自己睡午觉，等羊长肥了就获取它们的肉和毛皮，这种生活方式被认为是最棒的。现代文明就是在这种旱作畜牧文明的延长线上发展起来的。这种文明热衷于掠夺以化石燃料为主的地球资源，但从不想把不毛之地改变成丰饶沃土。如果出现了不毛之地，他们便轻易地舍弃，然后再寻找新的地方进行沙漠化，仅此而已。

将不毛之地改变成丰饶沃土，并对此感到喜悦。如果能以稻作渔猎民的这种心情将地球种满树木，那现代的地球环境问题就能够得到解决。

（二）稻作渔猎民为保持森林和水循环系统而选择食鱼获取蛋白质，从而使住在水源上游、中游和下游的人们以水为核心而构建出命运共同体。21 世纪的现代文明将因为水而面临危机，而稻作渔猎社会却是因水而维系的社会。要想使用干净的水，就需要考虑他人的幸福。如果住在上游的人污染了水，或是把水用完了，就会给下游的人带来麻烦。因此，用水时就要想到他人。自己水田用过的水别人也要用，所以要保持水的干净，把干干净净的水还给他人，于是就产生了利他之心。没有利他之心，就无法维持水循环的社会。在 21 世纪，只有稻作渔猎文明能够解救面临水源危机的现代文明。除了选择以水循环为核心、人与人以利他之心相互交流的稻作渔猎文明，别无其他选择。

（三）稻作渔猎民维持着生物多样性。这一点，去看看水田里生物之多便可以明了。水田不仅是生物的乐园，也可以净化地下水，维持气候的稳定。水田中不仅有鲤鱼、田甲虫、水草等生物，同时也让地下水得到净化。稻作农业是重体力劳动，要想将不毛之地改变成充满生机的沃土，并与所有生灵共生，人类就必须付出这样的重体力劳动。稻作渔猎民其实已经深深地领悟到这一点。

另外，稻作渔猎民创造出的声音环境也是充满生命的，青蛙和昆虫的叫声，还有潺潺的小河流水。大桥力氏[11]正在做这方面的研究，他认为，稻作渔猎民创造的充满生机的农村环境可以发出 20 千赫以上的高频波，它会对人的生命产生影响。这与旱作畜牧民创造的世界形成鲜明对照，因为在旱作畜牧民的世界里只有人和家畜。与只有人与家畜存在的旱作畜牧民的世界不同，稻作渔猎民的世界里充满了生命之音，而且最近的研究正在证明，在这些生命之音的环绕中生活，对人的健康是非常有利的。

正如最澄法师所说："山川国土草木悉皆成佛。"对稻作渔猎民来说，与所有生灵共同生活是最高的享受。说起来不可思议，巴厘岛上的稻作渔猎民制作的佳美兰音乐和日本的琵琶等乐器可以发出 100 千赫以上的高频波，而旱作畜牧民制造的钢琴却只有 20 千赫以下的声波[16]。希望在美丽的地球上与所有生灵一起生活 1 000 年、10 000 年——对于稻作渔猎民的这种朴素的睿智，所有的地球人难道不应该认真汲取吗？现在已经到了这个时候了。

（四）稻作渔猎民有慈悲和利他之心，而慈悲和利他之心，是由美丽地利用水资源这一意识产生的。要想美丽地利用水资源，就必须考虑他人利益。因此，稻作渔猎民可以相信他人，相信自然。

日本神道教是稻作渔猎民的宗教，在信奉日本神道教的伊势神宫御杣山上，人们为了迁宫仪式而种植日本扁柏。扁柏上画着一根或两根白漆线，问过之后才知道，一根线的柏树是 100 年后采伐的，两根线的是 200 年后采伐的。可见日本人可以为相信一两百年后的自然而生活[1]。

在 21 世纪，民族与民族、国家与国家之间不仅会围绕水和食物，还会围绕资源能源进行争夺，最后等待人们的将是核战争。要想避免核战争，建构和平稳定的世界，就只能是生活在地球上的所有人重新找回稻作渔猎民相信他人、相信自然的心。

（五）现代文明的危机，特别是地球环境危机，是旱作畜牧文明的欲望所引发的。正如大桥氏[16]所指出的，人类的行动是由大脑的回报系统决定的。如果说大脑寻求快感而激活回报系统是人类本能的话，那被回报系统支配的欲望就是使人类成为人类的本源。如果真是这样的话，那要想调整现代文明的方向，使之转换成新的文明，人类就需要获得新的欲望以满足大脑的回报系统，但依靠旱作畜牧民那种继续破坏地球环境的欲望肯定是不行的。这种新的欲望其实正是稻作渔猎民的欲望：能够永远地与一切生灵一起生活在这美丽的地球上。稻作渔猎民的这种欲望，才能解决地球和人类的危机。

稻作渔猎民也是人，所以也不可能完全从强烈的欲望和自私中解脱出来。因此，他们将控制自己欲望的方法融入社会。为控制私欲，稻作渔猎社会将那些破坏水循环和不守寨规的人赶出村寨，并加以严厉制裁（但实际上，被制裁的人很少）。他们重视人情义理、婚葬仪式以及祭祀活动的参与，把"参与共同体"定为所有寨民的义务。"不欠人情""重视人与人的交往"，这些都是稻作渔猎社会的教诲。在二战以后的日本，有些人认为这些教诲太限制人，太繁琐而将其抛弃了。但人们现在又重新发现，稻作渔猎民所维系的这种共同体社会，在保护地球环境，使人体面地生活方面是必要的。从居委会到"水利共同体"，所有人都互助关照，共同维护美丽的地球环境。人们现在已经开始醒悟，再次认识到这种共同体的重要性。

要想控制人类与生俱来的私欲，使其感知建立在利他之心和慈悲之心之上的新型欲望，有时候需要借助宗教的力量。我现在成立了"自然共生环境文明研究会"，正在根据"神佛习合"思想来改变人类文明史，努力将旱作畜牧民创造的"力量与斗争的文明"转变为稻作渔猎民创造的"美与慈悲的文明"和"生命文明"。

"生命文明"出现在稻作渔猎民生活方式的延长线上[12]，"生命文明"才是解决21世纪地球环境问题的关键。

小河里清水流淌，森林中生命辉煌。所有生灵在辉煌中与美丽的大地共生，这才是我们真正的幸福。不需要其他东西，只要世界上有美丽的大地、森林、水和生物存在，我们就能够在地球上继续生存下去。这就是构成"生命文明"之根本的思想，其源头则存在于稻作渔猎民的生活方式之中。在地球上让所有生灵都能绽放生命的辉煌，这一点正是稻作渔猎文明及其延长线上的"生命文明"所期待的。

参考文献

［ 1 ］ 中谷巌《资本主义为何自我崩溃？》，集英社，2008 年。

［ 2 ］ 金子晋右《文明的冲突与地球环境问题》，论创社，2008 年。

［ 3 ］ 安田喜宪《食鱼文明·食肉文明》，《日本研究》20 周年特集，2007 年。

［ 4 ］ 安田喜宪《一神教的黑暗》，筑摩新书，2006 年。

［ 5 ］ 安田喜宪《日本，成为森林环境的国家吧！》，中公丛书，2002 年。

［ 6 ］ 三桥规宏《环境再生与日本经济》，岩波新书，2004 年。

［ 7 ］ 鹫谷泉《白鹳的礼物》，地人书馆，2007 年。

［ 8 ］ 平野秀树《追求理想国》，中公新书，1976 年。

［ 9 ］ 村上和雄《Something Great 大自然的看不见的力量》，SUNMARK 出版社，1999 年。

［10］ 安田喜宪《渡过大灾时代》，WEDGE 选书，2005 年。

［11］ 大桥力《音与文明》，岩波书店，2003 年。

［12］ 安田喜宪《迈向生命文明的世纪》，第三文明社，2008 年。

［13］ 保坂俊司《宗教的经济思想》，光文社新书，2006 年。

［14］ 安田喜宪《东西文明的风土》，朝仓书店，1999 年。

［15］ 安田喜宪《世界史中的绳文文化》，雄山阁，1987 年。

［16］ 大桥力《连载 脑中的有限与无限 0 回-10 回》，《科学》76.1-78.7，岩波书店，2006—2008 年。

［17］ 安田喜宪《100 年后的日本文化》，《科学》第 8 期，岩波书店，2007 年。

后　记

　　那是 1992 年，我第一次和梅原猛先生一起旅行，我们去了希腊和土耳其。那次旅行谈不上豪华，早上六点从酒店出发，坐着小型面包车一路摇晃，晚上十点再回到酒店，每天都很累。从雅典开始，我们去了伯罗奔尼撒半岛的迈锡尼、奥林匹亚，还有希腊的圣地德尔菲，最后还去了克里特岛。途中梅原先生对我说的每一句话都似乎变成了我的血与肉。

　　梅原先生说，他与和辻哲郎氏一样，都是田野哲学家。旅行时的梅原先生很有朝气，会被看到的所有事物感动，然后从看到的事物中凭敏锐的直觉读取其本质，而且他的直觉几乎都是对的。他为希腊的那些连绵无尽、不生草木的山岭而感慨。希腊文明的发展破坏了森林，因此河流干涸，海洋也变得不那么丰饶了。"森林与海是一对恋人"，第一次从梅原先生的口中听到这句话，就是在希腊。

　　在从德尔菲回来的路上，我们还走访了特比斯废墟，那时已夕阳西下。梅原先生跟我讲了俄狄浦斯王的故事。从那以后，俄狄浦斯王的故事就再也没从我脑海里消失过。我发现，在近亲通奸这一悲剧的背后其实隐含着文明对于大自然的破坏，森林遭到破坏，蛇被捕杀就是其象征（拙著《蛇与十字架》，人文书院，1994 年）。很可能是疟疾这种疫病在俄狄浦斯王的悲剧里投下了深深的阴影，而在希腊文明的发展过程中，疟疾是森林遭到破坏后才流行起来的。由于森林遭到破坏，底比斯所面对的科派伊湖被土壤埋没，变成了大量产生疟疾蚊子的湿原。古希腊人认为，俄狄浦斯王所犯下的近亲通奸罪是大自然对于人类破坏森林的报复，是自然的鬼神在作祟。

结束希腊之旅，我们又去了小亚细亚的土耳其。梅原先生曾将赫拉克利特作为大学毕业论文的研究对象。为赫拉克利特思想所吸引，还特意买了希腊语的原版书。但是，那篇论文却没有得到田中美知太郎教授的称赞。梅原先生曾在《日本冒险（一）》（角川书店，1990 年）中写道，他当时极其愤怒地离开了田中教授。

赫拉克利特，对梅原先生来说就好像是青春时代的恋人。从赫拉克利特的"万物都是火"这句话里，梅原先生为自己的长女取名叫"火满里"（ひまり）。但是，如此为赫拉克利特思想所吸引的梅原先生，居然到现在为止都没有机会去小亚细亚的米利都、埃菲索斯等赫拉克利特曾经活跃过的舞台。当我得知此事后，深深地感到日本二战后的学者们所不得不接受的时代烙印。如果梅原先生离开田中教授而来到赫拉克利特故乡的话，那又会怎样呢？作为一个学者，梅原先生或许会走上另一条道路。如果是现代的学生，肯定会这样。但是，对于二战结束后不久的日本学生来说，那是根本不可能的。梅原先生也是二战刚刚结束这个特殊时代的孩子。

在距离埃菲索斯很近的库莎达西（Kuşadası）的海滨酒店里，梅原先生给我的学生作了两个多小时的讲座，这些年轻学生都是随我从日本来作学术考察的。他们才 20 岁左右就参加了埃菲索斯和米利都的学术考察，而梅原先生到现在才实现了 50 多年前青春时代的梦想。我听着不断涌来的地中海的波涛声，不禁感到战后 50 年岁月的沉重和时代的变迁。那时带去土耳其作学术考察的学生当中，现在已经有人当上了英国某大学的准教授，并活跃在国际学术界。梅原先生年轻时的日本和现在的日本不同，这对学术也产生了深刻影响。今后，在讨论梅原学说的学术史意义时，大概无法忽视他与二战后特殊时代烙印的关联性。

我与梅原先生的相遇，始于保护白神山地山毛榉树林的学术研讨会（《山毛榉林带文化》，思索社，1985 年。新版，1995 年），而且我们之后的关系也一直与森林相关。为了探究森林与文明的关系，我们一起去了土耳其和希腊；为了追寻稻作渔猎文明，我们又一起去了中国。在旅

1993年7月，长江文明发现之旅的归途，"飞鸟"号邮轮上的梅原先生和夫人（安田摄）

途中，梅原先生教给我很多，是森林与稻作文明之旅，把我和梅原先生联系在一起了。

而且现在，为了把美丽的森林、大地、河流以及海洋留给子孙，也为了开拓一个自然与人类可以共生的新的文明时代，我们正在竭尽全力地努力着。为了人类与地球，我与梅原先生、伊东俊太郎先生一起出版了《文明与环境》系列丛书，共15卷（朝仓书店，1995—1996年）。

与梅原先生的旅行中，梅原夫人一直陪同，在背后支持着梅原先生。因此，我想对梅原夫人表示深深的谢意。多年来，我一直想带梅原先生去看看埃及文明和玛雅文明的遗址，并邀请了很多次。因为梅原先生一直对埃及金字塔和玛雅金字塔所展示的世界观抱有强烈的兴趣。2008年1月，在吉村作治氏和松井孝典氏的帮助下终于请梅原先生来到了埃及。"如果没去过当地，那就什么也谈不上啦！"这是梅原先生的口头禅，梅原先生永远是亲自观察，重视对当地风土直觉的田野哲学家。旅行时，梅原先生的精神一直很好。虽然去埃及的途中脸色不太好，在迪拜机场还坐了轮椅，但等旅行归来的时候却神情矍铄，脸被晒成了红铜色。我感觉梅原先生的身体充分吸收了埃及能量，从而恢复了生机。我甚至觉得，或许是埃及的神灵祝福梅原先生，并给予了梅原先生永久的生命。那次埃及之旅，后来由梅原先生和吉村作治氏共同写成一本书出版了，题目叫《寻找太阳的哲学》（PHP，2008年）。迄今为止，我出版了60多本书，但没有一本能够得到梅原先生的好评，他一定是提出很多意见，说"这里还不够好，再去写一本这方面的书吧"等等，但唯一一本最近写的《一神教的黑暗》（筑摩新书，2006年）获得了他的好评："你写了一本很好的书嘛！"梅原先生认为，除了这本书，我其他的书都不够成熟。梅原先生的指导是对我的鼓励，也是我继续研究的动力。

还有一个人表扬了我的《一神教的黑暗》，他就是京瓷名誉会长稻盛和夫先生。来到京都以后，我能有机会得到两位有资格代表日本的伟人的指导，真的是太幸运啦！

2008 年，稻盛和夫先生及夫人也和我们一起去了埃及。稻盛先生与梅原先生一同旅行，始于 1995 年对中国浙江良渚遗址的踏访，那次旅行最终成为发现长江文明的契机（稻盛和夫、梅原猛《梦幻的长江文明 良渚遗址之旅》，PHP，1995 年）。从那次旅行算起，这次一起去埃及已经相隔了 13 年。从良渚遗址回来以后，稻盛先生开始关注文明的存在方式，从这次埃及之旅回来后，梅原先生和稻盛先生又共同出版了《拯救人类的哲学》（PHP，2009 年）。稻盛先生在这本书中说："我们必须终止那种以欲望和自私等邪恶之心为基础的文明，我们要在 21 世纪构建出一种以关怀、爱、仁慈、利他之心为基础的、基于善良之心的文明"，而基于善良之心的文明精髓，就存在于"绳文文明"和"稻作渔猎文明"之中。这就是《拯救人类的哲学》的主旨。

现在，我要把这本《稻作渔猎文明》献给梅原先生。梅原先生或许会说："这种书也配拿来献给我吗？"但是，我已经做好了思想准备。梅原先生开启了我的人生，契机就是我以前写的那本《世界史中的绳文文化》（雄山阁，1987 年）。我来到国际日本文化研究中心以后，有幸与梅原先生一起研究，其成果便是现在的这本《稻作渔猎文明》。我总觉得，《世界史中的绳文文化》和《稻作渔猎文明》都是在与梅原先生深深的缘分中写成的。

衷心感谢梅原猛先生多年来的指导，并祝梅原先生身体康健。在此，谨以此书献给梅原猛先生。

2007 年，距离我出版《世界史中的绳文文化》整整过去了 20 年。这期间，该书修订过三次，至今还在畅销，可以说已经成为经久不衰的畅销书。而校对完《稻作渔猎文明》的 2008 年，是我到国际日本文化研究中心工作的第 20 个年头。也就是说，《稻作渔猎文明》也是在第 20 年这个时间节点上完成的，这之间好像有某种命运的巧合。

编辑这两本书的都是雄山阁出版社的宫岛了诚主编。这次又决定出版普及版，而普及版的编辑是桑门智亚纪氏。我要对雄山阁编辑部长年给予我的帮助表示感谢。希望这本《稻作渔猎文明》也能和《世界史中的绳文文化》一样，成为经久不衰的畅销书。

是为后记。

2013 年 5 月 3 日于仙台

安田喜宪

译者后记

本书的翻译是浙江工商大学东亚研究院的一项研究成果。译稿完成后，入选"山东大学人文东亚研究丛书"，得到山东大学哲学与社会发展学院的出版资助，由中西书局正式出版。

特此说明，并对以上三家单位表示由衷的谢忱！

2019 年 10 月 30 日

作者及译者简历

作者简历：

安田喜宪（1946—　），男，博士，日本三重县人，曾任国际日本文化研究中心教授，现任立命馆大学环太平洋文明研究中心主任教授。瑞典皇家科学院院士，日本环境考古学创始人，稻作文化研究家，日本紫绶褒章获得者。出版学术专著70余部，发表论文300余篇，本译著是其代表作之一。

译者简历：

李国栋（1958—　），男，博士，北京市人，曾任日本广岛大学外国语教育研究中心教授，贵州大学外国语学院教授，现任浙江工商大学东亚研究院特聘教授，代表作：《稻作背景下的苗族与日本》（中国社会科学出版社，2019年8月）。从事学术研究37年，出版学术专著19部，发表论文100余篇。

杨敬娜（1990—　），女，博士，山东临沂人，山东建筑大学外国语学院讲师，研究方向：中日对歌习俗比较研究。

曹红宇（1989—　），女，博士，山东潍坊人，济南大学外国语学院日语系讲师，研究方向：中日巫文化研究。

图书在版编目(CIP)数据

稻作渔猎文明：从长江文明到弥生文化/（日）安
田喜宪著；李国栋，杨敬娜，曹红宇译. —上海：中
西书局，2021
ISBN 978-7-5475-1929-5

Ⅰ.①稻… Ⅱ.①安… ②李… ③杨… ④曹… Ⅲ.
①文化研究－日本 Ⅳ.①G131.3

中国版本图书馆 CIP 数据核字（2021）第 264018 号

Original Japanese title: INASAKU GYOROU BUNMEI
Copyright © 2009 Yoshinori Yasuda
Original Japanese edition published by Yuzankaku. Inc.
Simplified Chinese translation rights arranged with
Yuzankaku. Inc.
through The English Agency (Japan) Ltd.

DAOZUO YULIE WENMING
—CONG CHANGJIANG WENMING DAO MISHENG WENHUA

稻作渔猎文明——从长江文明到弥生文化

[日] 安田喜宪 著 李国栋 杨敬娜 曹红宇 译

责任编辑	吴志宏	
装帧设计	梁业礼	
出版发行	上海世纪出版集团 **中西書局**（www.zxpress.com.cn）	
地　址	上海市闵行区号景路159弄B座（邮政编码：201101）	
印　刷	上海商务联西印刷有限公司	
开　本	700×1000毫米　1/16	
印　张	21.75　插页0.25	
字　数	295000	
版　次	2021年12月第1版　2021年12月第1次印刷	
书　号	ISBN 978－7－5475－1929－5/G·654	
定　价	108.00元	

本书如有质量问题，请与承印厂联系。电话：021-56044193